FORUM
ARBEITS- UND SOZIALRECHT

Herausgegeben von
Prof. Dr. Meinhard Heinze † und Prof. Dr. Horst Konzen

Band 19

Die vorzeitige Beendbarkeit des Anstellungsverhältnisses eines AG-Vorstandsmitglieds gegen seinen Willen

Marion Schumacher-Mohr

Centaurus Verlag & Media UG 2004

Marion Schumacher-Mohr, geb. 1973, studierte Rechtswissenschaften an der Universität Bonn und promovierte dort 2003 zum Dr. jur. Sie ist derzeit als Wissenschaftliche Assistentin am Institut für Arbeitsrecht und Recht der Sozialen Sicherheit der Universität Bonn tätig.

Bibliographische Information der Deutschen Bibliothek

Schumacher-Mohr, Marion:
Die vorzeitige Beendbarkeit des Anstellungsverhältnisses
eines AG-Vorstandsmitglieds gegen seinen Willen /
Marion Schumacher-Mohr. –
Herbolzheim : Centaurus-Verl., 2004
(Forum Arbeits- und Sozialrecht; Bd. 19)
Zugl.: Bonn, Univ., Diss., 2003
ISBN 978-3-8255-0473-1 ISBN 978-3-86226-384-4 (eBook)
DOI 10.1007/978-3-86226-384-4

ISSN 0936-028X

Umschlaggestaltung: DTP-STUDIO, Antje Walter, Hinterzarten
Satz: Vorlage der Autorin

Meinem Vater

Vorwort

Die vorliegende Arbeit wurde im Sommersemester 2003 von der Rechts- und Staatswissenschaftlichen Fakultät der Rheinischen Friedrich-Wilhelms-Universität Bonn als Dissertation angenommen. Rechtsprechung und Literatur sind für die Veröffentlichung bis April 2003 berücksichtigt.

Meinem inzwischen leider verstorbenen verehrten Doktorvater, Herrn Professor Dr. *Meinhard Heinze*, danke ich von Herzen für die mir während meiner Tätigkeit am Institut für Arbeitsrecht und Recht der Sozialen Sicherheit gewährte Freiheit, für die verständnisvolle und wohlwollende Förderung der Arbeit sowie für die zügige Erstellung des Erstgutachtens. Mein Dank gilt ferner Herrn Prof. Dr. *Raimund Waltermann* für die Erstellung des Zweitgutachtens.

Darüber hinaus verdanke ich wertvolle Anregungen meinem Kollegen, Herrn Dr. *Oliver Ricken*, der meine Arbeit stets mit großem Interesse begleitet und mich moralisch unterstützt hat. Frau *Sonja Boller* danke ich sehr dafür, dass sie sich den Mühen des Korrekturlesens unterzogen und mir wichtige Hinweise gegeben hat.

Schließlich gilt mein herzlichster Dank meiner Familie, besonders meinem Mann *Thorsten Mohr*, für die liebevolle Unterstützung.

Die Arbeit ist in Liebe und Dankbarkeit dem Andenken meines Vaters gewidmet.

Bonn, im November 2003

Marion Schumacher-Mohr

Gliederung

Einführung

In den letzten Jahren hat die Organisationsform der Aktiengesellschaft[1] stark an Bedeutung gewonnen. Lange Zeit war diese Rechtsform in der Praxis fast ausschließlich Großunternehmen vorbehalten, während kleinere Unternehmen vorwiegend als Gesellschaft mit beschränkter Haftung[2] organisiert waren. Dieses Bild hat sich inzwischen gewandelt. So haben auch mittelständische Unternehmen vielfach die AG für sich entdeckt. Die gestiegene Relevanz der AG an sich, aber nicht zuletzt auch die negative Entwicklung der wirtschaftlichen Lage vor allem im Bereich der New Economy, wird notwendigerweise die Frage nach den Möglichkeiten der Beendbarkeit von Bestellungs- und Anstellungsverhältnis eines AG-Vorstandsmitglieds in den Vordergrund rücken.

Im Rahmen der vorliegenden Arbeit wird der Blick vorrangig auf die Möglichkeiten der Beendbarkeit des Anstellungsverhältnisses gegen den Willen des Vorstandsmitglieds vor Ablauf einer vereinbarten oder der gesetzlich zulässigen Höchstdauer gerichtet werden. Weiterhin wird erörtert, durch welche Gestaltungsmöglichkeiten aus Sicht der Gesellschaft kündigungsrechtliche Problematiken vermieden werden können.

Eine isolierte Betrachtung des Anstellungsverhältnisses ist angesichts der nicht zu leugnenden wesentlichen Prägung desselben durch das Vorstandsamt bzw. durch das aktienrechtliche Gesamtsystem insgesamt nicht möglich. Hierdurch würde vernachlässigt, dass das Vorstandsamt und die Anstellung zumindest in einem tatsächlichen Zusammenhang stehen, der möglicherweise auch rechtliche Auswirkungen auf die hier gestellte Beendigungsfrage hat. Daher ist es erforderlich, den Betrachtungen der hier zu erörternden Beendigungsfrage einleitend eine Einordnung des Vorstandsmitglieds in das Gesamtsystem der Aktiengesellschaft voranzustellen, sowie die Rechtsverhältnisse des Vorstandsmitglieds zur Gesellschaft zu beleuchten. Die Kenntnis der diesbezüglichen Grundzüge ist für jegliche Diskussion über das Schicksal des Anstellungsverhältnisses unerlässlich. Sie muss daher den Ausgangspunkt der weiteren Betachtungen darstellen.

Wegen der vielfältigen strukturellen Ausgestaltungsmöglichkeiten des Anstellungsverhältnisses kann die Frage nach den Beendigungsmöglichkeiten zudem nicht pauschal und einheitlich für alle Vorstands-Anstellungsverhältnisse beantwortet werden.

Die Beendigungsfrage wird im Rahmen der vorliegenden Arbeit daher zunächst isoliert für diejenigen Vorstands-Anstellungsverhältnisse betrachtet, die entsprechend der aktienrechtlichen Grundstruktur konzipiert sind. Im Anschluss hieran

[1] Im folgenden auch kurz *AG* genannt.
[2] Im folgenden auch kurz *GmbH* genannt.

werden als Sonderkonstellationen die praktisch wichtigsten alternativen Ausgestaltungsvarianten des Anstellungsverhältnisses, insbesondere die Besonderheiten der Vorstandsmitgliedschaft im Konzernverbund, im Hinblick auf die vorzeitige Beendbarkeit des Anstellungsverhältnisses erörtert.

Die in der Vergangenheit im Vergleich zur GmbH stark untergeordnete praktische Bedeutung der AG hat es mit sich gebracht, dass sich in der Rechtsprechung weit mehr Entscheidungen zum Themenkreis der vorzeitigen Beendigung des Anstellungsverhältnisses des GmbH-Geschäftsführers finden als dies zum Themenkomplex der vorzeitigen Beendigung der Vorstandsanstellung der Fall ist. Da sich beide Organisationsformen aufgrund ihres kapitalgesellschaftsrechtlichen Charakters ähneln und aufgrund der Gemeinsamkeiten ggf. auch Parallelen zwischen der rechtlichen Behandlung des GmbH-Geschäftsführers und eines Vorstandsmitglieds bestehen, wird im Rahmen der vorliegenden Bearbeitung dort, wo zur AG ergangene Entscheidungen fehlen, untersucht, ob und inwieweit die zum GmbH-Geschäftsführer ergangenen Entscheidungen auf das Vorstandsmitglied einer AG übertragen werden können bzw. ob und inwieweit die Besonderheiten der jeweiligen Organisationsform einer Übertragung der Rechtsprechung entgegenstehen und eine andere Sichtweise gebieten.

Teil I
Die Grundstrukturen von Organ- und Anstellungsverhältnis

Bei der Beurteilung der Frage nach den Voraussetzungen für die Zulässigkeit der vorzeitigen Beendbarkeit des Anstellungsverhältnisses eines Vorstandsmitglieds gegen dessen Willen, stellen sich vielfältige Probleme, die im Kern darauf beruhen, dass das Vorstandsmitglied in der Gesellschaft eine doppelte Rechtsstellung inne hat.[3] Zum einen handelt es sich hierbei um das körperschaftliche Bestellungsverhältnis (Organverhältnis) und zum anderen um das (in der Regel daneben bestehende)[4] schuldrechtliche Anstellungsverhältnis.[5]

A. Das Organverhältnis

I. Einführung

Die AG als juristische Person des Privatrechts ist zwar selbst rechtsfähig, jedoch nicht handlungsfähig.[6] Sie kann daher am Rechtsleben nur durch bestimmte Personen und Personenmehrheiten tätig werden.[7] Diese werden, da ihre Handlungen als Wille bzw. Handlung der juristischen Person selbst gelten, als Organe bezeichnet. Bei der AG ist die Errichtung bestimmter Organe zwingend vorgeschrieben (sog. notwendige Organe)[8], während andere Organe auf freiwilliger Basis eingerichtet werden können (sog. fakultative Organe)[9]. Zu den notwendigen Organen gehören alle diejenigen, die mit der Willensbildung oder Leitung der Gesellschaft befasst sind. Hierzu zählen Vorstand (§§ 76-94 AktG), Aufsichtsrat (§§ 95-116 AktG) und Hauptversammlung (§§ 118-147 AktG). Als fakultative Organe kommen Beiräte, Verwaltungsräte, technische Ausschüsse sowie Regionalausschüsse und ähnliche Einrichtungen in Betracht.[10]

Die Aufgaben und Kompetenzen der notwendigen Organe sind im gesetzlichen Modell der AG zwingend geregelt. Seit der Aktienrechtsnovelle von 1884[11] bildet die Hauptversammlung das „Willensorgan", der Vorstand das „Ausführungsorgan"

---

[3] Vgl. *Weber/Ehrich/Hoß*, Teil 3 I 1 Rz. 4.
[4] Eine Ausnahme kann in Konzernkonstellationen vorliegen, vgl. hierzu im einzelnen: Teil VI, Ziff. B.
[5] Vgl. etwa BAG, Beschluss vom 06.05.1999 – 5 AZB 22/98 – in NZA 1999, 839.
[6] Vgl. MüKo.AG/*Heider*, § 1 Rz. 40
[7] Vgl. *Godin/Wilhelmi*, § 76 Anm. 2.
[8] Vgl. *Meyer-Landrut* in Großkomm. AktG, Anm. 5 zu § 76.
[9] Vgl. *Meyer-Landrut* in Großkomm. AktG, Anm. 7 zu § 95.
[10] Vgl. *Henn*, 5. Kapitel Rz. 524.
[11] RGBl., S. 123.

und der Aufsichtsrat das „Kontrollorgan" der Gesellschaft (vgl. Artt. 225 und 227).[12] Diese Kompetenzverteilung führt zu einer Verflechtung, die ein einheitliches Gesamtsystem der inneren Ordnung der AG schafft.

II. Zustandekommen und Dauer der Vorstandschaft

1. Das Gesamtorgan

Der Vorstand wird vom Aufsichtsrat auf höchstens fünf Jahre bestellt, § 84 Abs. 1 S. 1 AktG. Eine wiederholte Bestellung oder Verlängerung der Amtszeit ist zulässig, kann aber gleichfalls nur für eine Amtszeit von fünf Jahren erfolgen, § 84 Abs. 1 S. 2 AktG. Über die Wiederbestellung muss ein erneuter Aufsichtsratsbeschluss gefasst werden, der erst frühestens ein Jahr vor Ablauf der Amtszeit zulässig ist, vgl. § 84 Abs. 1 S. 3 AktG. Eine Vereinbarung, die die automatische Verlängerung der Amtszeit vorsieht, sofern die Bestellung nicht widerrufen wird, wäre daher nichtig.[13]

Innerhalb der Fünf-Jahres-Frist ist die Verlängerung der Amtszeit ohne einen erneuten Aufsichtsratsbeschluss möglich. Eine solche Konstellation ist beispielsweise dann denkbar, wenn der Bestellungsbeschluss eine Amtsdauer von zwei Jahren mit einer automatischen Verlängerung auf fünf Jahre für den Fall vorsieht, dass die Bestellung nicht drei Monate vor Ablauf der ersten Frist widerrufen wird.[14]

Der Vorstand kann aus einer oder mehreren natürlichen, unbeschränkt geschäftsfähigen Personen bestehen, § 76 Abs. 2 S. 1, Abs. 3 S. 1 AktG.

2. Das einzelne Vorstandsmitglied

Das einzelne Vorstandsmitglied ist Mitglied des Gesamtorgans Vorstand[15] und besitzt als solches nach herrschender Auffassung selbst Organstatus.[16]

Die Vorstandschaft des einzelnen Vorstandsmitglieds kommt gem. § 84 Abs. 1 AktG im Wege der sog. Bestellung zustande. Sie ist ein einseitiger, körperschaftlicher, nach außen gerichteter Rechtsakt, durch den gesetzliche und satzungsmäßige Kompetenzen übertragen werden.[17] Der für die Bestellung zuständige Aufsichtsrat entscheidet hierüber durch Beschluss. Durch diesen Beschluss allein wird die Vorstandsbestellung allerdings noch nicht wirksam. Erforderlich ist weiterhin, dass der Beschluss dem zukünftigen Vorstandsmitglied kundgegeben wird und dieser die

---

[12] Vgl. hierzu näher auch *Kucera*, S. 27.
[13] Vgl. BGH, Urteil vom 11.07.1953 – II ZR 126/52 – in BGHZ 10, 187 (194 f.).
[14] Beispiel aus *Hüffer*, § 84 Rz. 6.
[15] Mertens in Kölner Kommentar § 76 Rz. 11.
[16] Vgl. *Hefermehl* in Geßler/Hefermehl, § 76 Rz. 5; *Hüffer*, § 76 Rz. 6; Kölner Komm./*Mertens*, § 76 Rz. 60.
[17] Vgl. etwa: BAG, Beschluss vom 06.05.1999 – 5 AZB 22/98 – in NZA 1999, 839; Kölner Komm./*Mertens*, § 84 Rz. 4; Großkomm. AktG/ *Meyer-Landrut*, § 84 Anm. 1.

Bestellung annimmt, was auch konkludent erfolgen kann.[18] Durch die Annahme verliert die Bestellung ihre Rechtsnatur als einseitiger, körperschaftlicher Akt jedoch nicht, insbesondere lässt die Erforderlichkeit der Annahme die Bestellung nicht zu einem Vertrag mit dem Bestellten im Sinne der §§ 311, 241 ff. BGB werden, da der Aufsichtsrat mit der Bestellung ausschließlich sein Recht auf Gestaltung der gesellschaftlichen Angelegenheiten wahrnimmt.[19] Es ist daher davon auszugehen, dass die Bestellung eine „mitwirkungsbedürftige Maßnahme der körperschaftlichen Selbstverwirklichung" darstellt und somit ein einseitiger Akt bleibt.[20]

Zum Vorstandsmitglied kann bestellt werden, wer hierzu persönlich geeignet ist. Wann das Gesetz vom Fehlen der erforderlichen persönlichen Eignung zur Besetzung des Vorstandsamts ausgeht, ist in § 76 Abs. 3 S. 1 – 4 AktG eingehend geregelt. Zu nennen ist beispielsweise eine rechtskräftige Verurteilung wegen einer Insolvenzstraftat nach §§ 283 – 283 d StGB. Eine unter Missachtung von Bestellungshindernissen erfolgte Bestellung ist gem. § 134 BGB wegen Gesetzesverstoßes nichtig. Vorstandsmitglied kann, muss aber kein Aktionär der Gesellschaft sein. Es gilt das Prinzip der Fremdorganschaft.

III. Die Stellung des Vorstands im Gesamtgefüge der AG

1. Die Stellung des Gesamtorgans

Zentrale Norm zur Bestimmung der Stellung des Vorstands innerhalb der AG ist § 76 AktG, wonach dieser die Befugnis zur Leitung der Gesellschaft (§ 76 AktG) hat. Daneben obliegt ihm auch die Geschäftsführungsbefugnis (§ 77 AktG) sowie die Befugnis zur Vertretung der Gesellschaft (§ 78 AktG).

a. Die Leitungskompetenz des Vorstands gem. § 76 AktG

Das Gesetz fasst die Leitungskompetenz in § 76 AktG generalklauselartig[21] wie folgt zusammen:

> „Der Vorstand hat unter eigener Verantwortung die Gesellschaft zu leiten."

Hierdurch räumt das Gesetz dem Vorstand die eigenverantwortliche Entscheidungsgewalt über alle betrieblichen Funktionen ein.[22] Unter der „Leitung der AG"

---

[18] Vgl. BAG, Beschluss vom 06.05.1999 – 5 AZB 22/98 – in DB 1999, 1811 f.; *Geßler*, § 84 AktG Rz. 4; Großkomm. AktG/ *Meyer-Landrut*, § 84 Anm. 1.

[19] Vgl. BGH, Urteil vom 22.09.1969 – II ZR 144/68 – in BGHZ 52, 316 ff; Großkomm. AktG/ *Meyer-Landrut*, § 84 Anm. 1; *Hüffer*, § 84 Rz. 4.

[20] Vgl. BGH, Urteil vom 22.09.1969 – II ZR 144/68 – in BGHZ 52, 316 ff. (der BGH spricht von einem Sozialakt der körperschaftlichen Willensbildung); vgl. auch: BAG, Beschluss vom 06.05.1999 – 5 AZB 22/98 – in DB 1999, 1811 f.; Kölner Komm./*Mertens*, § 84 Rz. 3 m.w.N. Zweifelnd: *Hüffer*, § 84 Rz. 4.

[21] Vgl. *Henn*, § 18 Rz. 570.

[22] Vgl. *Kessler*, S. 28

wird die Wahrnehmung der eigentlichen unternehmerischen Tätigkeit verstanden, die der Vorstand im Interesse des Unternehmens auszuüben hat. Dabei obliegt ihm die sog. Richtlinienkompetenz für die Unternehmenspolitik, die nicht nur die Führung des laufenden Tagesgeschäfts und die Verwaltung des Produktions-, Vertriebs- und Finanzierungsprozesses mit sich bringt, sondern auch Führungsentscheidungen, wie etwa die Unternehmensplanung, die Unternehmenskoordination und die Unternehmenskontrolle.[23] Die freie Leitungsmacht berechtigt den Vorstand, seine Leitungsentscheidungen nach eigenem Ermessen zu treffen; er hat jedoch die Interessen der Kapitalgeber (Aktionäre), der Arbeitnehmer und des Gemeinwohls (Öffentlichkeit) zu berücksichtigen.[24] Im Rahmen seiner freien Leitungsmacht ist der Vorstand berechtigt, auch geschäftliche Risiken bewusst einzugehen.

Der direkte Vergleich zwischen § 76 AktG und der die Stellung des GmbH-Geschäftsführers bestimmenden Vorschrift des § 37 Abs. 1 GmbH-Gesetz zeigt, dass der AG-Vorstand innerhalb der AG eine wesentlich stärkere Machtposition inne hat, als der Geschäftsführer der GmbH.
In § 37 Abs. 1 GmbHG heißt es im Vergleich zu § 76 AktG enger:

> „Die Geschäftsführer sind der Gesellschaft gegenüber verpflichtet, die Beschränkungen einzuhalten, welche für den Umfang ihrer Befugnis, die Gesellschaft zu vertreten, durch den Gesellschaftsvertrag oder, soweit dieser nicht ein anderes bestimmt, durch Beschlüsse der Gesellschafter festgesetzt sind."

Bei isolierter Betrachtung des § 76 AktG zeigt sich, dass das Vorstandsamt mit einer ganz erheblichen Machtfülle ausgestattet ist, die insbesondere auch die gesamte unternehmerische Führung der Gesellschaft beinhaltet. Hierbei wird ihm durch § 76 AktG ein Höchstmaß an Entscheidungsfreiheit und Unabhängigkeit eingeräumt. Insoweit unterscheidet sich das AG-Vorstandsamt ganz wesentlich vom Amt des GmbH-Geschäftsführers.

b. Die Geschäftsführungskompetenz des Vorstands gem. § 77 AktG

Gem. § 77 Abs. 1 S. 1 AktG sind bei einem mehrköpfigen Vorstand sämtliche Vorstandsmitglieder grundsätzlich nur gemeinschaftlich zur Geschäftsführung befugt (sog. Gesamtvertretung). Dies bedeutet, dass der Vorstand nur handeln kann, wenn alle Mitglieder der Maßnahme ausdrücklich oder zumindest konkludent zugestimmt haben.[25] Abweichendes kann gem. § 77 Abs. 1 S. 2 AktG jedoch in der Satzung der Gesellschaft oder der Geschäftsführungsordnung des Vorstands bestimmt

---

[23] Vgl. *Kucera*, S. 30; *Martens* in FS für Fleck, 191 (195).
[24] Vgl. *Hüffer*, § 76 Rz. 12, *Schmidt*, § 28 II 1, S. 805.
[25] Vgl. *Hüffer*, § 77 Rz. 6.

werden. In Betracht kommt hier beispielsweise, dass dort die Einzelvertretungsbefugnis der Vorstandsmitglieder vorgesehen wird.

Unter der Geschäftsführung ist jede tatsächliche oder rechtsgeschäftliche Tätigkeit für die AG zu verstehen[26] bzw. jede auf die Verfolgung des Gesellschaftszwecks gerichtete Tätigkeit. Von der Leitung gem. § 76 AktG ist die Geschäftsführung insoweit abzugrenzen, als es bei ersterer um die Führungsfunktion des Vorstands, also um einen herausgehobenen Teilbereich der Geschäftsführung, geht.[27] Für den Vorstand der AG ergibt sich die Geschäftsführungsbefugnis und deren Umfang deshalb aus der Zuweisung der umfassenden Leitungsmacht in § 76 Abs. 1 AktG.[28] Hieraus folgt, dass der Vorstand grundsätzlich die alleinige Verantwortung für die Geschäftsführungsmaßnahmen hat. Ihm obliegen sowohl die Entscheidungs- als auch die Durchführungskompetenz. Der Umfang der eingeräumten Geschäftsführungsbefugnis bestimmt das gesellschaftsinterne rechtliche Dürfen eines Vorstandsmitglieds, betrifft also lediglich das Innenverhältnis. Der innergesellschaftliche Rechtskreis darf nicht mit dem Außenverhältnis verwechselt werden. Die Geschäftsführungsbefugnis des Vorstandsmitglieds ist kraft Gesetzes durch § 111 Abs. 4 AktG sowie durch § 119 AktG beschränkt bzw. beschränkbar. Durchaus üblich ist es insbesondere, dass Satzungsbestimmungen eine Beschränkung der Geschäftsführungsbefugnis durch die Implementierung eines Katalogs zustimmungspflichtiger Geschäfte vorsehen.

c. Die Vertretungsbefugnis gem. § 78 AktG

Der Umfang der Vertretungsmacht im Außenverhältnis ist in § 78 AktG normiert. "Vertretung“ i.S.d. § 78 AktG meint die Vornahme von Prozesshandlungen für die Gesellschaft sowie jedes nach außen gerichtete rechtsgeschäftliche Handeln in ihrem Namen.[29]

Im Gegensatz zur Geschäftsführungsbefugnis ist die Vertretungsmacht des Vorstands grundsätzlich unbeschränkt und auch unbeschränkbar, vgl. § 82 AktG. Etwas anderes gilt nur dort, wo das Aktienrecht dies vorschreibt. So etwa im Fall des § 112 AktG, der die Vertretungskompetenz der Gesellschaft gegenüber Vorstandsmitgliedern dem Aufsichtsrat zuweist.

2. Die Stellung des einzelnen Vorstandsmitglieds

Die Rechtsstellung des einzelnen Vorstandsmitglieds innerhalb der Gesellschaft hängt davon ab, ob der Vorstand im Einzelfall aus einer oder aus mehreren Personen besteht.

---

[26] Vgl. *Hüffer*, § 76 Rz. 7; *Schwarz*, S. 8.
[27] Vgl. *Hüffer*, § 76 Rz. 7.
[28] Vgl. *Schwarz*, S. 9.
[29] Vgl. *Hüffer*, § 78 Rz. 3.

Beim Einpersonenvorstand übt dieser die freie Leitungsmacht gem. § 76 AktG allein aus. Gleiches gilt für die Geschäftsführungs- sowie die Vertretungsbefugnis gem. §§ 77 f. AktG. Das einzelne Vorstandsmitglied hat hier die denkbar weitreichendsten Machtbefugnisse.

Bei Bestehen eines mehrköpfigen Vorstands variiert die Stellung je nach Ausgestaltung der Geschäftsführungs- und Vertretungsregeln. Eine starke Rechtsposition hat das einzelne Vorstandsmitglied bei der Mehrpersonen-Geschäftsführung dann inne, wenn das Organ nach dem gesetzlichen Grundmodell der Gesamtgeschäftsführung organisiert ist. Zur Durchführung von Geschäftsführungsmaßnahmen bedarf es hier der ausdrücklichen oder zumindest konkludenten Zustimmung eines jeden Vorstandsmitglieds. Die Vertretung der Gesellschaft muss ebenfalls grundsätzlich durch alle Vorstandsmitglieder gemeinschaftlich erfolgen. Der Vorstand kann in dieser Konstellation mithin nur im Einvernehmen sämtlicher Vorstandsmitglieder handeln. Schon eine einzelne Nein-Stimme führt dazu, dass das Kollegialorgan eine in Aussicht genommene Geschäftsführungsmaßnahme nicht durchführen kann. Jedes einzelne Vorstandsmitglied besitzt somit ein Vetorecht.[30]

In der Praxis wird das gesetzliche Grundmodell der Gesamtgeschäftsführung jedoch zumeist abgedungen, da das Einstimmigkeitserfordernis bei der Entscheidungsfindung zu umständlich ist. In den weitaus meisten Fällen ist die Geschäftsführung daher als Mehrheitsgeschäftsführung konzipiert oder den einzelnen Vorstandsmitgliedern sind Geschäftsführungs-Ressorts zugewiesen, in denen sie jeweils Einzelgeschäftsführungsbefugnis besitzen. Bei der Mehrheitsgeschäftsführung verliert das einzelne Vorstandsmitglied sein Vetorecht. Es kann daher durch ein „Nein" Geschäftsführungsmaßnahmen nicht verhindern, so dass die Stellung des einzelnen Vorstandsmitglieds innerhalb der Gesellschaft geschwächt wird. Demgegenüber führt die Einräumung einer Ressortzuständigkeit wegen der hiermit eingeräumten Einzelgeschäftsführungsbefugnis innerhalb des zugewiesenen Ressorts wiederum zu einer Stärkung der Position des einzelnen Vorstandsmitglieds.

Neben den beschriebenen Rechten, die aus dem Vorstandsamt resultieren, bringen die dem Vorstand verliehenen Kompetenzen jedoch auch umfangreiche, dem einzelnen Vorstandsmitglied gegenüber der Gesellschaft obliegende Pflichten mit sich. Hervorzuheben ist hier vor allem die organschaftliche Treue- und Loyalitätspflicht. Sie verlangt vom Vorstandsmitglied insbesondere, seine Privatinteressen hinter die Interessen der Gesellschaft zurückzustellen[31] sowie die Organstellung nicht zum eigenen Vorteil auszunutzen.[32] Ebenso ergibt sich hieraus eine Pflicht

---

[30] Vgl. etwa: *Baumbach/Hueck*, § 77 Rz. 2.
[31] Vgl. Kölner Komm. AktG/*Mertens*, § 93 Rz. 57 ff.
[32] Vgl. *Henn*, § 18 Rz. 550.

des Vorstandsmitglieds zur vertrauensvollen Zusammenarbeit mit den anderen Organen der Gesellschaft.[33] Im Aktiengesetz hat die organschaftliche Treuepflicht Ausprägungen z.B. im dort geregelten Wettbewerbsverbot (§ 88 AktG) und in der Verschwiegenheitspflicht (§ 93 AktG) gefunden.

3. Beeinträchtigung der Leitungskompetenz des Vorstands durch Stellung und Kompetenzen von Hauptversammlung und Aufsichtsrat

Der Umstand, dass die Verteilung der Kompetenzen zwischen den Organen detailliert und zwingend im Aktiengesetz geregelt ist, bedeutet nicht, dass die Aufgaben der Organe dergestalt nebeneinander stehen, dass eine Beeinflussung des einen Organs durch ein anderes Organ ausgeschlossen ist. Das rechtliche Schicksal des Anstellungsverhältnisses kann daher nicht allein anhand einer isolierten Betrachtung nur des Vorstands und der ihm verliehenen Kompetenzen untersucht werden. Erforderlich ist es vielmehr, auch die Kompetenzen anderer Organe, namentlich die von Hauptversammlung und Aufsichtsrat, mit in die Betrachtung einzubeziehen, soweit sie den Rechtskreis des Vorstands tangieren und die Frage nach den Beendigungsmöglichkeiten des Anstellungsverhältnisses beeinflussen.

a. Stellung und Kompetenzen des Aufsichtsrats

aa. Die Kontrollfunktion des Aufsichtsrats

Der Aufsichtsrat, dem nach der Konzeption des AktG eine Kontrollfunktion hinsichtlich der Geschäftsführung des Vorstands zukommt (vgl. § 111 AktG), setzt sich aus Vertretern der Aktionäre und der Arbeitnehmer zusammen. Zentrale Vorschrift für die Bestimmung seiner Kompetenzen ist § 111 AktG. Hiernach hat der Aufsichtsrat die Geschäftsführung des Vorstands zu überwachen. In einigen Angelegenheiten ist der Aufsichtsrat darüber hinaus sogar zu einer Mitentscheidung befugt, vgl. § 111 Abs. 4 S. 2 AktG.

Maßnahmen der Geschäftsführung dürfen auch dem Aufsichtsrat grundsätzlich nicht übertragen werden. Die Satzung kann allerdings bestimmen, dass bestimmte Arten von Geschäften nur mit der Zustimmung des Aufsichtsrats vorgenommen werden dürfen, § 111 Abs. 4 S. 2 AktG. Verweigert der Aufsichtsrat seine Zustimmung, so kann der Vorstand verlangen, dass die Hauptversammlung über die Zustimmung beschließt (§ 111 Abs. 4 S. 3 AktG).

Dagegen, dass sich aus der Vorschrift des § 111 AktG und den hieraus resultierenden Rechten des Aufsichtsrats gegenüber dem Vorstand ein gesellschaftsrechtliches Weisungsrecht, das zur Einschränkung der eigenverantwortlichen Leitungsmacht des Vorstands führen würde, ableiten lässt, spricht zunächst, dass in der Vorschrift des § 111 AktG vom Bestehen eines Weisungsrechts des Aufsichtsrats ge-

[33] Vgl. *Hüffer*, § 84 Rz. 9.

genüber dem Vorstand nicht ausdrücklich die Rede ist. Bereits dies deutet an, dass ein solches nach dem Willen des Gesetzgebers auch nicht bestehen soll. Wie die Vorschrift des § 308 AktG, die die Machtverhältnisse zwischen zwei Vorständen in der Sonderkonstellation des Bestehens eines Beherrschungsvertrages gem. § 291 AktG regelt, zeigt, war der Gesetzgeber sich bei der Schaffung der aktienrechtlichen Vorschriften der Möglichkeit der Normierung eines Weisungsrechts durchaus bewusst.
In § 308 AktG heißt es:

> „Besteht ein Beherrschungsvertrag, so ist das herrschende Unternehmen berechtigt, dem Vorstand der Gesellschaft hinsichtlich der Leitung der Gesellschaft Weisungen zu erteilen."

In Ergänzung zu diesem Weisungsrecht bestimmt das Gesetz sodann in Abs. 2 S. 1 des § 308 AktG, dass der Vorstand des beherrschten Unternehmens zur Befolgung von Weisungen des herrschenden Unternehmens verpflichtet ist. Dies gilt jedenfalls dann, wenn die Weisung rechtlich zulässig ist.[34] Hat der Vorstand der abhängigen Gesellschaft eine solche zulässige Weisung des herrschenden Unternehmens befolgt, so entfällt gem. § 310 Abs. 3 AktG seine Haftung für die durch diese Weisung verursachten Schäden.

Das gesellschaftsrechtliche Weisungsrecht weist somit zwei wesentliche Strukturmerkmale auf: Zum einen gibt es dem Vorstand des herrschenden Unternehmens als Anweisenden die Möglichkeit, hinsichtlich der Geschäftsführung initiativ tätig zu werden und gestaltend auf diese einzuwirken. Zum anderen besteht auf der Seite des beherrschten Unternehmens eine Folgepflicht des Vorstands als Spiegelbild der Weisungsbefugnis des herrschenden Unternehmens.[35] Diese Folgepflicht bewirkt, dass dem Vorstand des beherrschten Unternehmens die Geschäftsführungsbefugnis insoweit aus der Hand genommen wird, als er im Fall einer rechtmäßigen Weisung seine eigenen Präferenzen nicht entgegen der Weisung des herrschenden Unternehmens durchsetzen darf.

Im Fall des § 111 AktG kann ein Vorliegen dieser für ein gesellschaftsrechtliches Weisungsrecht maßgeblichen Strukturmerkmale nicht festgestellt werden.

Das Gesetz stellt dem Aufsichtsrat kein Recht zur Verfügung, mit dem er gestaltend in die Geschäftsführung eingreifen und positiv die Durchführung von Geschäftsführungsmaßnahmen gegen den Willen des Vorstands bewirken könnte.

Im Anwendungsbereich des § 111 Abs. 4 S. 2 AktG ist die Rechtsposition zwar stärker ausgestaltet, als dies im Anwendungsbereich des § 111 Abs. 1 AktG der Fall ist. Handelt es sich um ein zustimmungspflichtiges Rechtsgeschäft i.S.d. § 111

---

[34] Vgl. *Henn*, § 9 Rz. 264 m.w.N.
[35] Vgl. *Hüffer*, § 308 Rz. 20.

Abs. 4 S. 2 AktG kann der Aufsichtsrat nämlich Geschäftsführungsmaßnahmen im Sinne eines Vetorechts verhindern.[36]

Auch hier stellt das Gesetz dem Aufsichtsrat jedoch weder ein Initiativrecht noch ein Recht zur Verfügung, mittels dessen der Aufsichtsrat gestaltend in die Geschäftsführung eingreifen könnte. Auch sind keine Instrumente ersichtlich, mit denen der Aufsichtsrat die Durchsetzung seiner Geschäftsführungsidee erreichen könnte.

Im Ergebnis ist somit festzuhalten, dass sich aus der Vorschrift des § 111 AktG kein Weisungsrecht des Aufsichtsrates ergibt, das zur Einschränkung der eigenverantwortlichen Leitungskompetenz des Vorstands führen würde.

bb. Die Abberufungskompetenz gem. § 84 Abs. 3 AktG

Für das Verhältnis zwischen Aufsichtsrat und Vorstand kommt neben § 111 AktG auch der Vorschrift des § 84 AktG besondere Bedeutung zu.

Gem. § 84 Abs. 1 AktG ist die Bestellung des Vorstands Aufgabe des Aufsichtsrats. Mit der reinen Statusbegründungskompetenz sind die Befugnisse des Aufsichtsrats in diesem Zusammenhang allerdings noch nicht erschöpft. Als zweites wichtiges Recht gegenüber dem Vorstand steht dem Aufsichtsrat auch das Recht zu, das Amt eines Vorstandsmitglieds vor Ablauf der Bestellungsdauer vorzeitig zu beenden. Die aktienrechtlich in den Vorschriften der §§ 76 ff. AktG garantierte freie Leitungsmacht des Vorstands würde allerdings leer laufen, wenn es dem Aufsichtsrat möglich wäre, das Vorstandsamt auch gegen den Willen eines Vorstandsmitglieds jederzeit zu beenden. Dies verhindert der Gesetzgeber, indem er in § 84 Abs. 3 AktG der Beendbarkeit des Organverhältnisses Schranken setzt.

Gem. § 84 Abs. 3 AktG kann die Bestellung zum Vorstandsmitglied oder zum Vorstandsvorsitzenden nur widerrufen werden, wenn hierfür ein „wichtiger Grund" vorliegt, § 84 Abs. 3 S. 1 AktG.[37] Ein „wichtiger Grund" für den Widerruf der Bestellung i.S.d. § 84 Abs. 3 AktG ist gegeben, wenn die Fortsetzung des Organverhältnisses bis zum Ende der Amtszeit für die AG unzumutbar ist.[38] Die Feststellung der Unzumutbarkeit setzt zwar nach herrschender Meinung voraus, dass die Interessen der Gesellschaft und die des Vorstandsmitglieds gegeneinander abgewogen werden,[39] gegen eine Einbeziehung der Individualinteressen des Vorstandsmitglieds spricht aber, dass es beim Widerruf der Bestellung allein um den Entzug organschaftlicher, also gesellschaftlicher Rechte geht. Die Individualinteressen des Vorstandsmitglieds werden hiervon nicht tangiert. Es ist daher kein Grund ersicht-

---

[36] Vgl. *Hüffer*, § 76 Rz. 11.

[37] Vgl. zum Erfordernis des Vorliegens eines wichtigen Grundes zur Abberufung eines Vorstandsmitglieds einer Sparkasse: OLG Naumburg, Urteil vom 11.01.2001 – 2 U 27/00 – in NZG 2001, 901 ff.

[38] Vgl. *Hüffer*, § 84 Rz. 26.

[39] Vgl. *Hefermehl* in Geßler/Hefermehl, § 84 Rz. 69; *Hüffer*, § 84 Rz. 26; Großkomm. AktG/ Meyer-*Landrut*, § 84 Anm. 331.

lich, warum diese bereits im Rahmen des Bestellungswiderrufs Beachtung finden sollten. Den Interessen des Vorstandsmitglieds ist vielmehr im Rahmen einer angemessen Berücksichtigung bei der Beurteilung der Beendbarkeit seines Anstellungsverhältnisses hinreichend Genüge getan. Bei der Bewertung, ob ein „wichtiger Grund" im Sinne des § 84 Abs. 3 AktG vorliegt, kommt dem Aufsichtsrat kein Beurteilungsspielraum zu, so dass eine gerichtliche Überprüfung im vollen Umfang möglich ist.[40] In § 84 Abs. 3 S. 2 AktG führt das Gesetz Beispielsfälle auf, in denen ein „wichtiger Grund" für die Abberufung des Vorstandsmitglieds vorliegt.

Danach kommen insbesondere drei Abberufungsgründe in Betracht:

- Grobe Pflichtverletzung,
- Unfähigkeit zur ordnungsgemäßen Geschäftsführung,
- Vertrauensentzug durch die Hauptversammlung, es sei denn, dass das Vertrauen aus offenbar unsachlichen Gründen entzogen worden ist.

Weitere Gründe sind unter der Voraussetzung denkbar, dass sie in der Sache ähnlich gravierend sind.[41] Ob ein wichtiger Grund für den Widerruf der Bestellung vorliegt, ist trotz Bestehens einer diesbezüglichen umfangreichen Rechtsprechung in jedem Einzelfall zu prüfen.[42]

(1.) Grobe Pflichtverletzung

Die Rechtsprechung hat eine grobe Pflichtverletzung i.S.d. § 84 Abs. 3 S. 2 AktG in folgenden Fällen angenommen:[43]

- Schädigung des Ansehens der Gesellschaft durch anrüchige Spekulationsgeschäfte,[44]
- Strafbare Handlungen, auch im privaten Bereich,
- Mangelnde Offenheit gegenüber dem Aufsichtsrat,[45]
- Aneignung von Gesellschaftsvermögen,[46]
- Unangemessen hohe Verschuldung,[47]
- Fälschung von Belegen,[48]
- Zerwürfnis innerhalb der Geschäftsführung, dass eine weitere ordnungsgemäße Zusammenarbeit unmöglich macht.[49]

---

[40] Vgl. *Hüffer*, § 84 Rz. 26.
[41] Vgl. *Weber/Ehrich/Hoß*, Teil 3 III 1 a Rz. 72.
[42] Vgl. *Hefermehl* in Geßler/Hefermehl, § 84 Rz. 69.
[43] Fallbeispiele aus *Hüffer*, § 84 Rz. 27.
[44] Vgl. BGH; Urteil vom 25.01.1956 – VI ZR 175/54 – in WM 1956, 865.
[45] Vgl. BGH, Urteil vom 26.03.1956 – II ZR 57/55 – in BGHZ 20, 239 (246).
[46] Vgl. BGH, Urteil vom 17.10.1983 – II ZR 31/83 – in WM 1984, 29 (29).
[47] Vgl. OLG Hamburg, Urteil vom 27.08.1954 – 1 U 395/53 – in BB 1954, 978.
[48] Vgl. OLG Hamm, Urteil vom 07.05.1984 – 8 U 22/84 – in GmbHR 1985, 119 (wichtiger Grund zur Abberufung eines GmbH-Geschäftsführers).

(2.) Unfähigkeit

Ein Widerruf der Bestellung wegen Unfähigkeit kommt dann in Betracht, wenn dem Vorstandsmitglied notwendige Kenntnisse zur Ausübung seiner Tätigkeit fehlen[50] oder eine Unverträglichkeit vorliegt, die die kollegiale Zusammenarbeit gefährdet oder gar ausschließt.[51] Auch eine langandauernde Krankheit[52] kann das Merkmal der Unfähigkeit erfüllen, wenn in einem solchen Fall die ordnungsgemäße Führung der Geschäfte der Gesellschaft durch den Vorstand nicht mehr gewährleistet ist. Des weiteren kann das Fehlen von Fähigkeiten zur Bewältigung von Sonderlagen – etwa in Sanierungsfällen – das Merkmal der Unfähigkeit begründen.[53]

(3.) Vertrauensentzug durch die Hauptversammlung

Gem. § 84 Abs. 3 S. 2 3. Fall AktG ist ein „wichtiger Grund" für den Widerruf der Bestellung auch der Vertrauensentzug durch die Hauptversammlung, es sei denn, dass dieser aus offenbar unsachlichen Gründen erfolgt ist. Bloße Zweifel an seiner sachlichen Berechtigung reichen daher nicht aus.[54] Diese Vorschrift will dem Umstand Rechnung tragen, dass Machtbefugnisse eines Vorstandsmitglieds der inneren Berechtigung entbehren, wenn er das Vertrauen der Hauptversammlung verloren hat.[55]

Der Vertrauensentzug durch die Hauptversammlung erfolgt durch Beschluss gem. § 93 Abs. 3 S. 2 i.V.m. § 119 Abs. 1 AktG[56] und bedarf keiner Begründung.[57] Diesem ist der Vertrauensentzug durch einen Mehrheitsaktionär außerhalb der Hauptversammlung nicht gleichzusetzen.[58] Auch ist der Aufsichtsrat nicht nach erfolgtem Vertrauensentzug durch die Hauptversammlung zum Widerruf der Bestellung verpflichtet. Der Aufsichtsrat trifft vielmehr seine Entscheidung, ob er ein Vorstandsmitglied abberufen will oder nicht, eigenverantwortlich, wobei jedoch das Misstrauensvotum der Hauptversammlung eingehend zu beraten ist.

(4.) Weitere Beendigungsgründe

Hinsichtlich der vorzeitigen Beendbarkeit der Bestellung vor Ablauf einer vereinbarten oder der gesetzlich zulässigen Höchstdauer, trifft die Vorschrift des § 84

---

[49] Vgl. BGH, Urteil vom 17.10.1983 – II ZR 31/83 – in WM 1984, 29 für den Fall der Beleidigung unter Mitgeschäftsführern einer GmbH.
[50] *Hüffer*, § 84 Rz. 28.
[51] Vgl. BGH, Urteil vom 17.10.1983 – II ZR 31/83 – in WM 1984, 29 f.
[52] Vgl. *Hefermehl* in Geßler/Hefermehl, § 84 Rz. 70.
[53] Vgl. *Hüffer*, § 84 Rz. 28.
[54] Vgl. BGH, Urteil vom 03.07.1975 – II ZR 35/73 – in DB 1975, 1548.
[55] Vgl. BGH, Urteil vom 03.07.1975 – II ZR 35/73 – in DB 1975, 1548 (1549).
[56] Vgl. *Hefermehl* in Geßler/Hefermehl, § 84 Rz. 30; Großkomm. AktG/*Meyer-Landrut*, § 84 Rz. 35; *Hüffer*, § 84 Rz. 30; Kölner Komm./*Mertens*, § 84 Rz. 106; .
[57] Vgl. *Hüffer*, § 84 Rz. 29.
[58] Vgl. BGH, Urteil vom 07.06.1962 – II ZR 131/61 – in WM 1962, 811.

Abs. 3 AktG eine abschließende Regelung. Die vorzeitige Beendigung des Organverhältnisses ist daher nur bei Vorliegen der dort genannten Voraussetzungen zulässig.[59] Eine ordentliche Kündbarkeit der Organstellung bzw. die Zulässigkeit der Vereinbarung einer auflösenden Bedingung ist abzulehnen, da hierdurch die in § 84 Abs. 3 AktG genannten Voraussetzungen für eine vorzeitige Beendbarkeit der Organstellung unterlaufen würden.[60]

cc. Folgen der Abberufungskompetenz für das Verhältnis zwischen Vorstandsmitglied und Aufsichtsrat

Aufgrund der dem Aufsichtsrat gegenüber dem Vorstand zustehenden Abberufungskompetenz ist es nicht fernliegend, dass der Vorstand im Eigeninteresse seine Geschäftsführung im Einvernehmen mit dem Aufsichtsrat ausgestalten wird. Andernfalls müssten die Vorstandsmitglieder aufgrund der dem Aufsichtsrat ihnen gegenüber zustehenden Abberufungskompetenz damit rechnen, ihr Vorstandsamt zu verlieren.

Hieraus resultiert die Möglichkeit des Aufsichtsrats, wenn nicht rechtlich, so doch faktisch, auf die Geschäftsführung des Vorstands Einfluss nehmen zu können, was eine gesellschaftsrechtliche Weisungsgebundenheit des Vorstands bewirken könnte.[61]

Gegen das Bestehen einer (faktischen) Weisungsgebundenheit kann nicht eingewandt werden, dass die Vorstandsbestellung vom Aufsichtsrat nicht frei, sondern nur bei Vorliegen der Voraussetzungen des § 84 Abs. 3 AktG, mithin aus „wichtigem Grund", widerrufen werden kann. Die Regelung des § 84 Abs. 3 AktG vermag praktisch zugunsten des Vorstandsmitglieds nur wenig Schutz zu entfalten. Gem. § 84 Abs. 3 S. 4 AktG bleibt der Widerruf der Bestellung wirksam, bis seine Unwirksamkeit rechtskräftig festgestellt worden ist. Dies bedeutet, dass die Vorstandsstellung beendet ist, sobald der Widerruf der Bestellung – ob berechtigt oder unberechtigt – ausgesprochen ist. Selbst wenn Widerrufsgründe nur formal behauptet werden sollten, birgt der Widerruf der Bestellung für die Gesellschaft keine großen Risiken. In den meisten Fällen wird nämlich die Bestellungsdauer ohnedies dann abgelaufen sein, wenn das Urteil, in dem über die Rechtmäßigkeit des Wider-

---

[59] So die h.M.: *Baumbach–Hueck*, § 84 AktG Rz. 5, 14, 16; *Baums*, S. 296 f.; v. *Godin-Wilhelmi*, § 84 Anm. 5; *Hefermehl* in Geßler/Hefermehl, § 84 AktG Rz. 21 ff: *Mack*, S. 57 ff.

[60] Im einzelnen ist streitig, ob die Zulässigkeit einer ordentlichen Kündbarkeit bzw. einer auflösenden Bedingung generell abzulehnen ist (so die h.M.) oder sich deren Wirksamkeit an der Vorschrift des § 84 Abs. 3 AktG messen lassen muss. Da im Rahmen der vorliegenden Bearbeitung jedoch die schwerpunktmäßige Betrachtung nicht auf das Organ-, sondern auf das Anstellungsverhältnis gelegt werden soll, soll auf diese Frage hier nicht näher eingegangen werden. Wie die Argumentation zur Zulässigkeit einer Vereinbarkeit von auflösenden Bedingungen im Rahmen des Anstellungsverhältnisses, bei der es sich insoweit um eine Parallelproblematik handelt, zeigen wird, sprechen die besseren Argumente dafür, auflösende Bedingungen jedenfalls im Rahmen des § 84 Abs. 3 AktG für grundsätzlich zulässig zu erachten.

[61] Vgl. *Heyll*, S. 49.

rufs der Bestellung entschieden wird, Rechtskraft erlangt. Auch wenn dies nicht der Fall sein sollte, wird das Vorstandsmitglied allenfalls eine Wiedereinsetzung für eine kurze Zeitdauer erreichen können.[62] Trotz der auf den ersten Blick durch § 84 Abs. 3 AktG erschwerten Widerrufsmöglichkeit ist daher im Ergebnis eine ernstzunehmende Hürde, die der Aufsichtsrat beim Widerruf der Bestellung eines Vorstandsmitglieds überwinden müsste, nicht festzustellen. Kann der Aufsichtsrat ihm missliebige Vorstandsmitglieder daher vergleichsweise leicht ihres Amtes entheben, kann auch von einer zumindest faktischen Einflussnahmemöglichkeit auf die Leitung und Geschäftsführung ausgegangen werden.

Fraglich ist allerdings, ob diese rein faktische Einflussnahmemöglichkeit des Aufsichtsrats auf die Leitungsfunktion bzw. Geschäftsführung des Vorstands gleichbedeutend ist mit dem Merkmal des Vorliegens von gesellschaftsrechtlicher Weisungsgebundenheit im oben dargestellten Sinn. Dies erscheint schon deshalb zweifelhaft, weil das Weisungsrecht im hier verstandenen Sinn voraussetzt, dass der Weisende die Durchführung seiner Weisung positiv bewirken kann. Das ist bei bloß faktischen Einflussnahmemöglichkeiten naturgemäß jedoch nicht der Fall. Auch ist nicht ersichtlich, woraus sich im Zusammenhang mit der Vorschrift des § 84 AktG ein positives Gestaltungsrecht des Aufsichtsrats hinsichtlich der Leitung und Geschäftsführung ergeben sollte.

Dass die Anerkennung einer bloß faktischen Einflussnahmemöglichkeit für die Anerkennung eines Weisungsrechts zu weitgehend wäre, zeigt auch der Vergleich mit sonstigen im Wirtschaftsleben vorkommenden Gestaltungslagen: Aus taktischen Gründen wird jeder Auftragnehmer geneigt sein, sich die Gunst seines Auftraggebers dadurch zu erhalten, dass er dessen Vorstellungen – soweit vertretbar und wirtschaftlich sinnvoll – in adäquater Weise entspricht. Insoweit wird auch er sich durch fremde Vorstellungen leiten lassen und ist daher gleichfalls einer faktischen Einflussnahme ausgesetzt. Trotzdem würde auch hier niemand auf die Idee kommen, ihn als weisungsgebunden gegenüber seinem Auftraggeber anzusehen. Warum im Fall des Verhältnisses von Vorstand und Aufsichtsrat etwas anderes gelten sollte, ist nicht ersichtlich.

Mit den dem Aufsichtsrat gegenüber dem Vorstand in § 84 AktG eingeräumten Rechten lässt sich daher eine gesellschaftsrechtliche Weisungsgebundenheit des Vorstands gegenüber dem Aufsichtsrat gleichfalls nicht begründen.

b. Stellung und Kompetenzen der Hauptversammlung

Die Hauptversammlung, die sich gem. § 118 AktG aus den Aktionären der Gesellschaft, den sog. Anteilseignern, zusammensetzt, besitzt keine umfassenden Zuständigkeiten.[63] Sie beschließt nur in denen durch Gesetz in der Vorschrift des § 119

---

[62] Vgl. *Peltzer*, BB 1976, 1259 (1250).
[63] Vgl. *Hefermehl* in Einf. zur dtv-Ausgabe des AktG, S. XVI; *Henn,* § 20 Rz. 688.

AktG aufgezählten oder den in der Satzung bestimmten Fällen.. Zu den in § 119 AktG gesetzlich bestimmten Aufgabenbereichen zählen die Verabschiedung und die Änderung der Satzung der Gesellschaft, die Wahl des Abschlussprüfers und – unter Beachtung der Mitbestimmung der Arbeitnehmer und des Rechts der Entsendung – die Wahl des Aufsichtsrats, die Beschaffung von Eigenkapital, die Verwendung des Bilanzgewinns, die Entlastung der Mitglieder des Vorstands und des Aufsichtsrats sowie die Auflösung der Gesellschaft. Wie diese Auflistung zeigt, ist der Wirkungskreis der Hauptversammlung im Wesentlichen auf die mit dem wirtschaftlichen und rechtlichen Aufbau der Gesellschaft zusammenhängenden Fragen beschränkt. Bei der Bestimmung des Verhältnisses der Hauptversammlung zum Vorstand hat der Umstand zentrale Bedeutung, dass die Geschäftsführung nicht zu den Kompetenzen der Hauptversammlung gehört. Nach § 119 Abs. 2 AktG kann sie über Fragen der Geschäftsführung nur dann entscheiden, wenn dies der Vorstand von ihr verlangt. Dem Vorstand steht also ein Vorlagerecht zu. Übt er dies aus, so ist er – sofern die Hauptversammlung einen rechtmäßigen Beschluss über die vorgelegte Frage gefasst hat – von der Haftung für hieraus resultierende Schäden entbunden, vgl. § 93 Abs. 4 AktG.

Lediglich bei schwerwiegenden Eingriffen in die Aktionärsinteressen (z.B. die Ausgliederung eines wichtigen Betriebes) kann der Vorstand ausnahmsweise einmal nicht nur berechtigt, sondern sogar dazu verpflichtet sein, eine Entscheidung der Hauptversammlung über die beabsichtigte Geschäftsführungsmaßnahme herbeizuführen.[64]

Eine gesellschaftsrechtliche Weisungsgebundenheit des Vorstands gegenüber der Hauptversammlung in Fragen der Geschäftsführung führen die der Hauptversammlung in § 119 AktG zugestandenen Rechte allerdings nicht herbei. Im Bereich des § 119 Abs. 2 AktG fehlt es an dem für eine Weisung erforderlichen Initiativrecht der Hauptversammlung. Das aktive Gestaltungsrecht ist zudem insoweit beschränkt, als es nach der ausdrücklichen gesetzlichen Normierung nur dann zum Tragen kommt, wenn der Vorstand dies verlangt.[65] Zwar ist der Vorstand im Fall des § 119 Abs. 2 AktG verpflichtet, den Beschluss der Hauptversammlung gem. § 83 Abs. 2 AktG auszuführen,[66] aber auch dies vermag eine Weisungsgebundenheit im hier verstandenen Sinne nicht zu begründen. Die Geschäftsführungsbefugnis wird dem Vorstand nicht gegen seinen Willen, sondern auf sein Verlangen hin aus der Hand genommen. Schon aus diesem Grund hat die Folgepflicht im

---

[64] Vgl. *Hefermehl* in Einf. zur dtv-Ausgabe des AktG, S. XVII.

[65] Zur Frage, ob der Vorstand im Fall der Ausgliederung eines Betriebes, der den wesentlichen Teil des Gesellschaftsvermögens ausmacht, verpflichtet ist, die Zustimmung der Hauptversammlung einzuholen, vgl. die sog. Holzmüller-Entscheidung des BGH vom 25.02.1982 – II ZR 174/80 – in DB 1982, 795 ff.

[66] Vgl. *Hüffer*, § 119 Rz. 15.

Bereich des § 119 Abs. 2 AktG bereits einen viel weniger einschneidenden Charakter, als dies bei einer gesellschaftsrechtlichen Weisung der Fall ist.

c. Ergebnis

Es ist daher festzuhalten, dass eine gesellschaftsrechtliche Weisungsgebundenheit des Vorstands gegenüber anderen Gesellschaftsorganen und damit eine Beschränkung der ihm in der Vorschrift des § 76 AktG garantierten freien Leitungsmacht, grundsätzlich nicht besteht.[67] Die Unabhängigkeit des Vorstands ist aktienrechtlich fest verankert und kann durch Einflussmöglichkeiten anderer Gesellschaftsorgane nicht unterlaufen werden. Die Leitungsmacht ist unveräußerlich.[68]

IV. Wesentliches Zwischenergebnis

Als wesentliches Zwischenergebnis der bisherigen Untersuchung kann festgehalten werden, dass der Vorstand im Gesamtgefüge der AG eine überragende Stellung einnimmt.[69] Dieser ist zur unabhängigen Leitung der Gesellschaft befugt, die insbesondere auch die Geschäftsführung umfasst. Der Vorstand ist zudem das gesetzliche Vertretungsorgan der Gesellschaft, vgl. §§ 76-78 AktG. Die Kompetenzen sind für die Bestimmung der Unternehmensgeschicke essentiell. Das Gesetz versetzt den Vorstand in die Lage, sämtliche unternehmerischen Entscheidungen in bezug auf die Gesellschaft zu treffen und diese auch entsprechend umzusetzen, sofern sich nicht aus dem Gesetz oder der Satzung ausnahmsweise etwas anderes ergibt. Der Vorstand ist insoweit mithin als Unternehmer anzusehen. Er ist als gesetzliches Organ innerhalb des ihm vom AktG zugewiesenen Aufgabenkreises zwingend zuständig, d.h. der ihm gesetzlich zugewiesene Aufgabenkreis kann nicht im Wege privatautonomer Gestaltung auf die anderen Organe der Gesellschaft übertragen werden. Zwar werden auch den anderen Organen durch das Gesetz wichtige Befugnisse verliehen, diese treten aber an Rang und Bedeutung hinter diejenigen des Vorstands zurück. Besonders hervorzuheben ist, dass der Vorstand innerhalb seiner Zuständigkeiten nicht weisungsgebunden gegenüber Hauptversammlung oder Aufsichtsrat ist.

Die Befugnisse werden dem Vorstand in den §§ 76-78 AktG allerdings als Gesamtorgan zugestanden. Der gesetzliche Begriff „Vorstand" ist nicht notwendig gleichzusetzen mit dem Begriff „Vorstandsmitglied". Hieraus folgt, dass die gesetzliche Konzeption nicht unbedingt fordert, dass jedes einzelne Vorstandsmitglied sämtliche Rechte in Person vereinigt. Dass die Rechte des einzelnen Vorstandsmitglieds sogar höchst unterschiedlich sein können, lässt sich deutlich anhand der verschiedenen in Betracht kommenden Geschäftsführungsvarianten nach-

[67] Vgl. zur Ausnahme in Konzernkonstellationen: Teil VI, Ziff. B.
[68] *Schmidt*, § 28 II 1, S. 805.
[69] *Henn*, § 18, Rz. 530.

weisen. Es muss jedoch sichergestellt sein, dass der Vorstand als Gesamtorgan die ihm gesetzlich verliehenen Rechte wahrnehmen kann.

Auch wenn dem Vorstand die Unabhängigkeit garantiert ist, ergeben sich aus dem Umstand, dass er seine Existenz von Aufsichtsrat und Hauptversammlung ableitet, gewisse Abhängigkeiten. Um zu verhindern, dass die anderen Organe hierüber auf den Vorstand Einfluss nehmen, hat der Gesetzgeber in § 84 Abs. 3 S. 1 und 2 AktG allerdings bestimmt, dass eine Abberufung vom Vorstandsamt nur aus wichtigem Grund zulässig ist. Ein solcher liegt in der Regel nur dann vor, wenn dem Vorstandsmitglied ein vorwerfbares Verhalten angelastet werden kann. Die in § 84 Abs. 3 AktG S. 1 und 2 normierte Abberufungshürde vermag praktisch zugunsten des Vorstandsmitglieds jedoch nur wenig Schutz zu entfalten, da die Abberufung gem. § 84 Abs. 3 S. 3 AktG wirksam bleibt, bis ihre Unwirksamkeit rechtskräftig festgestellt ist.

Der Gesetzgeber hat im AktG hinsichtlich des Rangs und der Bedeutung des Vorstandsamts eine eindeutige Wertenscheidung getroffen. Ob und inwieweit diese Einfluss auf die Gestaltungsmodalitäten des Anstellungsverhältnisses sowie auf die hier ins Zentrum der Betrachtung gerückte Beendigungsfrage ausübt, wird noch zu erörtern sein.

B. Das Anstellungsverhältnis

Das vom Organverhältnis zu unterscheidende[70] Anstellungsverhältnis regelt diejenigen Rechte und Pflichten der Vertragsparteien, die sich nicht schon aus dem Organverhältnis ergeben. Es ergänzt damit das organschaftliche Rechtsverhältnis.[71]

I. Rechtsnatur

Bei der Anstellung zum Zwecke des Tätigwerdens handelt es sich um einen schuldrechtlichen, gegenseitigen Vertrag.[72] Dieser regelt die persönlichen Rechtsbeziehungen des Vorstandsmitglieds zur Gesellschaft.

1. Rechtsnatur bei unentgeltlicher Tätigkeit

Wird das Vorstandsmitglied unentgeltlich tätig, so ist als zugrundeliegendes Rechtsverhältnis ein Auftrag gem. §§ 662 ff. BGB anzunehmen.[73]

[70] Vgl. *Schmidt*, § 14 III 2, S. 416 f.
[71] *Flume*, § 10 I 2 (S. 346).
[72] Vgl. BAG, Urteil vom 16.09.1998 – 5 AZR 181/97 – in NZA 1999, 554 ff.; BAG, Beschluss vom 06.05.1999 – 5 AZB 22/98 – in NZA 1999, 839; *Boemke*, ZfA 1998, 209 (210); *Geßler*, § 84 AktG Rz. 14. Vgl. hierzu schon oben: Ziff C I 1 (S. 20).
[73] Vgl. *Hefermehl* in Geßler/Hefermehl, § 84 Rz. 34.

2. Rechtsnatur bei entgeltlicher Tätigkeit

a. Rechtsnatur im Regelfall

Soweit das Vorstandsmitglied dagegen – wie dies dem Regelfall entspricht – gegen Entgelt tätig wird, wird der Anstellungsvertrag von der herrschenden Meinung als Dienstvertrag, der eine Geschäftsbesorgung zum Gegenstand hat, qualifiziert, vgl. §§ 611, 675 BGB.[74]

Im Rahmen der anstellungsvertraglichen Rechtsbeziehung verpflichtet sich das AG-Vorstandsmitglied gegenüber der Gesellschaft zur Leistung von Diensten gegen eine vereinbarte Vergütung. Bei dem Vertragsverhältnis handelt es sich daher zweifelfrei um eine Dienstverhältnis gem. § 611 BGB.

Fraglich ist jedoch, ob dem Dienstvertrag von der herrschenden Auffassung zu Recht Geschäftsbesorgungscharakter beigemessen wird. Geschäftsbesorgung i.S.d. § 675 BGB bedeutet – insoweit übereinstimmend mit § 662 BGB –[75] eine Tätigkeit in fremdem Interesse. Nach herrschender Auffassung ist der Begriff der Geschäftsbesorgung i.S.d. § 675 BGB jedoch enger als beim Auftragsverhältnis gem. § 662 BGB auszulegen. Während im Fall der Geschäftsbesorgung nach § 662 BGB jedes Tätigwerden in fremdem Interesse genügt,[76] liegt eine Geschäftsbesorgung gem. § 675 BGB nur dann vor, wenn der Verpflichtete eine selbständige Tätigkeit wirtschaftlicher Art im Rahmen eines Dienst- oder Werkvertrages zu leisten hat.[77] Die geschuldete Tätigkeit muss im Fall des § 675 BGB mithin Raum für eigenverantwortliche Überlegung und Willensbildung des Geschäftsbesorgers bieten.[78] Eine Tätigkeit in fremdem Interesse ist dann anzunehmen, wenn der Geschäftsbesorger dem Geschäftsherrn Geschäfte abnimmt, für die ursprünglich der Geschäftsherr in Wahrnehmung seiner Vermögensinteressen zu sorgen hatte.[79] Entgeltliche Geschäftsbesorgungsverträge liegen typischerweise bei der Anlageberatung, Anlagevermittlung, Finanzierungsberatung, bei der Beauftragung eines Rechtsanwalts, Steuerberaters oder eines Wirtschaftsprüfers zugrunde.[80] Im Rahmen der aktienrechtlich in § 76 AktG garantierten freien Leitungsmacht und der hiermit einhergehenden Geschäftsführungskompetenz, erbringt das AG-Vorstandsmitglied eine Tätigkeit, die als selbständig anzusehen ist. Auch hat diese zweifelsohne Bezug zu fremden Vermögensinteressen, so dass eine Geschäftsbesorgung i.S.d. § 675 BGB

---

[74] Vgl. *Hefermehl* in Geßler/Hefermehl, § 84 Rz. 34; *Godin/Wilhelmi*, § 84 Anm. 9; *Hüffer*, § 84 Rz. 11; Kölner Komm./*Mertens*, § 84 Rz. 33; Palandt/*Putzo*, Rz. 23 Einf v § 611.
a. A. *Krauss*, S. 95 ff. Er qualifiziert den Anstellungsvertrag als „Dienstvertrag sui generis“.

[75] Palandt/*Sprau*, § 675 Rz. 2.

[76] Vgl. Palandt/*Sprau*; § 662 Rz. 7. ; Palandt/*Sprau*, § 675 Rz. 4.

[77] BGH, Urteil vom 25.04.1966 – VII ZR 120/65 – in BGHZ 45, 223 (228).

[78] BGH, Urteil vom 17.10.1991 – III ZR 352/98 – in NJW-RR 1992, 560 f.

[79] BGH, Urteil vom 17.10.1991 – III ZR 352/98 – in NJW-RR 1992, 560 f.; Palandt/*Sprau*, § 675 Rz. 4.

[80] Vgl. zu den Beispielen: Palandt/, § 675 Rz. 10 ff., 22 ff.

vorliegt. Trotzdem entspricht seine Tätigkeit nicht dem Leitbild typischer Geschäftsbesorgungsverträge, auf die das Gesetz in § 675 BGB die Anwendung auftragsrechtlicher Vorschriften anordnet, da es sich beim Geschäftsbesorger i.S.v. § 675 BGB regelmäßig um außenstehenden Dritten handelt, während das AG-Vorstandsmitglied in die Gesellschaft integriert und somit ein Teil von ihr ist. Außerdem ist ein außenstehender Dritter gerade aufgrund seiner Stellung wirtschaftlich unabhängig. Dieses Merkmal trifft auf AG-Vorstandsmitglieder gleichfalls regelmäßig nicht zu, da diese zur Schaffung und Unterhaltung ihrer Lebensgrundlage auf die Tätigkeit als Vorstandsmitglied angewiesen sind.[81] Hinzu kommt, dass sich die Beauftragung der o.g. Personengruppen dadurch auszeichnet, dass diese mit der Erbringung bestimmt umrissener Aufgaben betraut werden. Auch diesem Leitbild entspricht das AG-Vorstandsmitglied nicht. Mit seiner Bestellung wird das Vorstandsmitglied ggf. im Zusammenwirken mit den Vorstandskollegen pauschal mit der Leitung der Gesellschaft beauftragt. Es wird mit einer Vielzahl von Rechten und Pflichten ausgestattet, die bei der Bestellung vom Geschäftsherrn, also der Gesellschaft, in ihrem Umfang und ihrer Tragweite noch gar nicht abgeschätzt werden können. Davon, dass es sich bei der Geschäftsbesorgung i.S.v. § 675 BGB um eine bestimmte oder ihrem Inhalt nach zumindest bestimmbare Tätigkeit handeln muss, geht auch der Gesetzgeber offensichtlich aus, wenn er in § 675 BGB die Anwendung der dort genannten auftragsrechtlichen Vorschriften anordnet. [82] So sind die in § 665 BGB vorgesehene Möglichkeit einer Abweichung von Weisungen sowie die Auskunfts- und Rechenschaftspflicht gem. § 666 BGB nur dann sinnvoll, wenn der Geschäftsherr (die Gesellschaft, vertreten durch den Aufsichtsrat) den Inhalt der zu erledigenden Geschäfte überhaupt kennt und zur Weisung berechtigt ist. Insbesondere eine Weisungsberechtigung der Gesellschaft für die Durchführung Geschäftsführungsmaßnahmen des Vorstands ist jedoch in der Regel[83] durch § 76 AktG ausgeschlossen. Insoweit ist die Qualifizierung des Anstellungsvertrages des AG-Vorstandsmitglieds als Geschäftsbesorgungsvertrag gem. § 675 BGB zweifelhaft.

Die Bedenken mehren sich mit Blick auf die Rechtsfolgen, die das Gesetz – insbesondere im Fall der Insolvenz – an das Vorliegen eines Geschäftsbesorgungsvertrages knüpft. Hier kann es zu Wertungswidersprüchen kommen. Gem. § 116 i.V.m. § 115 InsO erlöschen Geschäftsbesorgungsverträge mit der Eröffnung des Insolvenzverfahrens. Dass diese Rechtsfolge nach dem Willen des Gesetzgebers in Bezug auf Vorstands-Anstellungsverhältnisse nicht eintreten soll, wird in § 87 Abs. 3 AktG deutlich, der lediglich vom Bestehen eines Kündigungsrechts des Insol-

[81] Vgl. zum ganzen eingehend auch: *Krauss*, S. 101.
[82] *Krauss*, S. 102
[83] Vgl. zur Ausnahme in Konzernrechtsverhältnissen: Teil VI, Ziff. B.

venzverwalters gegenüber Vorstandsmitgliedern im Fall der Insolvenz der Gesellschaft ausgeht.[84]

Ist die Qualifizierung als Dienstvertrag mit Geschäftsbesorgungscharakter gem. §§ 611, 675 BGB somit mit den oben beschriebenen Problemen und Unstimmigkeiten belastet, stellt sich die Frage, worin die entscheidenden Vorteile einer solchen rechtlichen Einordnung liegen. Vorteile böte die Qualifizierung dann, wenn in § 675 BGB Rechtsfolgen angeordnet würden, die auch im Fall des AG-Vorstandsmitglieds zu interessengerechten Ergebnissen führen und diesen Rechtsfolgen auf andere Weise als durch Qualifizierung des Vertragsverhältnisses als Geschäftsbesorgungsvertrag nicht zur Durchsetzung verholfen werden könnte. Als hinsichtlich der Rechtsfolge interessengerechte Vorschrift könnte etwa der in § 670 BGB geregelte Aufwendungsersatzanspruch in Betracht kommen. Indessen setzt seine Anwendung nicht zwingend die Einordnung des Rechtsverhältnisses als Geschäftsbesorgungsvertrag voraus. Ihm kann – ebenso wie anderen auftragsrechtlichen Vorschriften – auch im Wege einer analogen Anwendung Geltung verschafft werden.

Im Ergebnis ist daher davon auszugehen, dass das Anstellungsverhältnis eines AG-Vorstandsmitglieds entgegen der herrschenden Auffassung nicht als Dienstvertrag mit Geschäftsbesorgungscharakter gem. §§ 611, 675 BGB einzuordnen ist, da die Qualifizierung als Rechtsverhältnis gem. § 675 BGB zu Problemen führt, die gegenüber den hiermit verbundenen Vorteilen überwiegen. Das Dienstverhältnis des AG-Vorstandsmitglieds ist daher in der Regel als Dienstverhältnis sui generis zu qualifizieren.[85] Soweit dies im Einzelfall interessengerecht erscheint, ist hierauf über § 675 BGB Auftragsrecht analog anzuwenden.

b. Rechtsnatur im Ausnahmefall

Die Frage, ob das Anstellungsverhältnis des AG-Vorstandsmitglieds im Fall der Entgeltlichkeit materiell-rechtlich auch ein Arbeitsverhältnis sein kann, wird von der Rechtsprechung[86] sowie der ganz herrschenden Auffassung in der Literatur[87] zumeist abgelehnt.

---

[84] Vgl. zum Schicksal des Anstellungsverhältnisses in der Insolvenz im einzelnen: Teil II, Ziff. F.

[85] Im Ergebnis auch: *Krauss*, S. 97 ff.

[86] Vgl. zur GmbH auch: BGH, Urteil vom 29.01.1981 – II ZR 92/80 – in DB 1981, 982 f.; BGH, Urteil vom 10.01.2000 – II ZR 251/98 – in NJW 2000, 1864 (1865).

[87] Vgl. etwa: *Brox/Rüthers*, Rz. 24; *Hanau/Adomeit*, S. 147; Gottwald/*Heinze*, § 102 Rz. 48 (Allerdings wird die mögliche Arbeitnehmereigenschaft hier nicht mit der grundsätzlichen Inkompatibilität von Arbeitnehmer- und Organstatus verneint, sondern es wird darauf abgestellt, dass die Voraussetzungen des Arbeitnehmerbegriffs bei Vorstandsmitgliedern regelmäßig nicht erfüllt seien. Von diesem Grundsatz seien jedoch in Extremfällen Ausnahmen denkbar.); *Hromadka/Maschmann*, Rz. 84; *Lieb*, S. 11; *Löwisch* Rz. 8; *Hümmerich*, NJW 1995, 1177; im Ergebnis auch *Kucera*, S. 117; MüKo/*Müller-Glöge*, § 611 Rz. 113; *Nebendahl*, NZA 1992, 289 (insbesondere 294) (für den GmbH-Geschäftsführer); Palandt/*Putzo*, Einl. vor § 611 Rz. 23; *Reiserer*, DB 1994, 1822 (1822); RGRK-*Anders/Gehle*, § 611 Rz. 462; Rowedder/Schmidt-Leithoff/*Koppensteiner*, § 35 Rz. 78; *Schmidt*, § 28 II 2 d, S. 809; *Söllner*, § 3 III 2 c, S. 18; Staudinger/*Richardi*, Vorbem. zu §§ 611 ff. Rz. 201, 262; *Zöllner/Loritz*, § 4 III 5 b, S. 48.

Auf den ersten Blick erscheint diese Auffassung auch überzeugend, da die Arbeitnehmereigenschaft, deren wesentliches Merkmal die Leistung abhängiger Arbeit ist, mit der aktienrechtlich in den §§ 76 ff. AktG garantierten freien Leitungsmacht wenig vereinbar scheint. Dass eine Arbeitnehmereigenschaft in der Praxis jedenfalls nicht den Regelfall darstellen wird, wird daher kaum bestritten werden können. Fraglich ist jedoch, ob die Statusbestimmung im Einzelfall nicht überdacht werden muss. Dies könnte deshalb erforderlich sein, weil es den Einheitstypus des Vorstandsmitglieds in der Praxis nicht gibt. Oben wurde bereits gezeigt, dass die Stellung des einzelnen Vorstandsmitglieds u.a. wesentlich davon abhängt, wie die Geschäftsführungsbefugnis der Gesellschaft im Einzelfall ausgestaltet ist. Gerade in den letzten Jahren, in denen auch mittelständische Unternehmen vielfach als AG organisiert worden sind, hat sich zudem gezeigt, dass Vorstandsmitglieder in der unternehmerischen Wirklichkeit vielfach keine so starke Machtposition inne haben, wie es dem gesetzlichen Leitbild eines Vorstandsmitglied gemeinhin entspricht. Hier weicht das gesetzliche Leitbild oftmals grundlegend von der Unternehmenswirklichkeit ab. Insbesondere in kleinen Aktiengesellschaften sind Vorstandsmitglieder in ihrer Stellung und sozialen Schutzbedürftigkeit vielfach mit leitenden Angestellten vergleichbar, die nach allgemeiner Auffassung ebenfalls als Arbeitnehmer zu qualifizieren sind.[88] Auch die strukturelle Ausgestaltung des Anstellungsverhältnisses lässt die Möglichkeit einer Arbeitnehmereigenschaft nicht von vornherein abwegig erscheinen. So ist das Anstellungsverhältnis des Vorstandsmitglieds – ebenso wie ein Arbeitsverhältnis – personenbezogen, d.h. das Vorstandsmitglied ist verpflichtet, seine Dienstleistung selbst zu erbringen. Zudem üben Vorstandsmitglieder ihre Tätigkeit zumeist zur Schaffung und Sicherung ihrer Lebensgrundlage sowie der ihrer Familie aus. Sie sind daher vielfach wirtschaftlich auf ihre Tätigkeit angewiesen. Auch sind sie in eine fremde Arbeitsorganisation eingegliedert.

Die Problematik soll an dieser Stelle noch nicht abschließend diskutiert werden. Hierauf wird allerdings im Rahmen der weiteren Bearbeitung noch zurückzukommen sein, wenn die Frage nach der Arbeitnehmereigenschaft praktische Relevanz für die Möglichkeiten der vorzeitigen Beendbarkeit des Anstellungsverhältnisses entfaltet.

II. Wirksamwerden und Inhalt des Anstellungsverhältnisses

Das Wirksamwerden des Anstellungsverhältnisses eines Vorstandsmitglieds ist nach allgemeinen Grundsätzen über die Wirksamkeit von Verträgen zu beurteilen.[89] Entscheidend ist daher grundsätzlich der Zugang der Annahmeerklärung des AG-Vorstands bei der Gesellschaft. Falls die Parteien eine aufschiebende Bedin-

---

[88] Zu diesem Aspekt auch *Hueck* in FS für Hilger und Stumpf, 365 (379).
[89] Vgl. *Hüffer*, § 84 Rz. 11.

gung gem. § 158 Abs. 1 BGB vereinbart haben, wird der Anstellungsvertrag wirksam mit dem Eintritt dieser aufschiebenden Bedingung. Zwar ist der Abschluss des Anstellungsvertrages formfrei möglich.[90] In der Praxis empfiehlt es sich jedoch – nicht zuletzt aus Gründen der Rechtssicherheit – die wesentlichen Vertragsbedingungen schriftlich niederzulegen.

Enthalten sind in einem solchen Vertragswerk in der Regel Bestimmungen zu folgenden Punkten:[91]

- Laufzeit (diese hat der Zeitdauer der Bestellung zu entsprechen, § 84 Abs. 1 S. 5 AktG),
- Arbeitsbereich (Ressort),
- Bezüge (Gehalt und Gewinnbeteiligung bzw. Tantieme),
- Pensions- und Hinterbliebenenregelung,
- Evtl. Nebentätigkeitsgenehmigungen,
- Regelungen über die Wahrnehmung öffentlicher Ämter,
- Reise- und Aufwandsentschädigungen,
- Nebenleistungen (insbes. Dienstwagen),
- Urlaub,
- Sonstige Nebenbestimmungen.

III. Dauer des Anstellungsverhältnisses

Die Dauer des Anstellungsvertrages muss der Bestellungsdauer nicht entsprechen.[92] Dies folgt aus dem Trennungsprinzip. Gem. § 84 Abs. 1 S. 5 i.V.m. § 84 Abs. 1 S. 1 AktG darf der Anstellungsvertrag jedoch höchstens für fünf Jahre geschlossen werden. Die Begrenzung der Höchstdauer auf fünf Jahre verfolgt den Zweck, die Entschließungsfreiheit des Aufsichtsrats hinsichtlich der Wiederbestellung nach dem Ablauf der Amtszeit sicherzustellen. Würde der Anstellungsvertrag nämlich nach Ablauf der Amtszeit weiterlaufen, so würde sich der Aufsichtsrat allein aufgrund dieses Umstands zur Wiederbestellung veranlasst sehen, um zu verhindern, dass die Gesellschaft mit der Pflicht zur Zahlung doppelter Vorstandsbezüge belastet wird. Unzulässig ist daher die Vereinbarung von „automatischen Verlängerungsklauseln“, wonach sich das Dienstverhältnis der Parteien unabhängig von der Wiederbestellung über fünf Jahre hinaus verlängert, falls es nicht vor Ablauf der Kündigungsfrist gekündigt wird.[93] Gem. § 84 Abs. 1 S. 5 AktG kann jedoch bereits im Anstellungsvertrag vereinbart werden, dass dieser sich <u>im Fall der Wiederbestellung</u> automatisch verlängern soll. § 84 Abs. 1 S. 3 AktG sieht vor, dass der Beschluss über eine Verlängerung frühestens ein Jahr vor Beendigung

[90] Vgl. Münch.Hdb.AG/*Wiesner*, § 21 Anm. 18.
[91] Vgl. Aufstellung bei *Henn*, § 18 Rz. 552.
[92] Vgl. *Hefermehl* in Geßler/Hefermehl, § 84 Rz. 42.
[93] Vgl. *Weber/Dahlbender*, II § 2 C Rz. 157; *Weber*, DB 1996, 2373.

der bisherigen Amtszeit gefasst werden darf. Beschließt der Aufsichtsrat früher, so sind sowohl der gefasste Beschluss und die hiermit verbundene Neubestellung als auch die Verlängerung des Anstellungsvertrages gem. § 134 BGB nichtig.[94] Ist die vereinbarte bzw. die gesetzlich zulässige Höchstdauer des Anstellungsverhältnisses erreicht, so endet es automatisch, d.h. ohne dass es einer Kündigung bedarf.

Die in § 84 AktG enthaltenen Befristungsgrenzen stellen für die Zulässigkeit der Befristung von Vorstands-Anstellungsverhältnissen Sonderregelungen dar.[95] Im Rahmen der Grenzen des § 84 AktG ist die Befristung von Vorstands-Anstellungsverhältnissen daher ohne weiteres möglich.[96]

---

[94] Vgl. LG Hamburg, Urteil vom 22.01.1995 – 415 O 80/95 – (unveröffentlicht).
[95] Wie hier auch *Peltzer*, BB 1976, 1249 (1252).
[96] Vgl. *Krauss*, S. 106.

Teil II
Die Beendigung des Anstellungsverhältnisses vor Ablauf der vereinbarten bzw. der gesetzlich zulässigen Höchstdauer

A. Die automatische Beendigung des Anstellungsverhältnisses bei Fortfall der Organstellung

Wie bereits ausgeführt wurde, sind Anstellungs- und Organverhältnis in tatsächlicher Hinsicht miteinander verknüpft. Neben diesem tatsächlichen Zusammenhang könnte auch eine rechtliche Verbindung dergestalt bestehen, dass der Fortfall der Organstellung unmittelbare Auswirkungen auf den Bestand des Anstellungsverhältnisses entfaltet.

I. Das Trennungsprinzip

Die Beantwortung der Frage, ob die Beendigung der Organstellung automatisch auch zur Beendigung des Anstellungsverhältnisses führt, hängt davon ab, wie das grundsätzliche Verhältnis zwischen Organ- und Anstellungsverhältnis zu beurteilen ist.

Nach fast einhelliger Auffassung in Rechtsprechung[97] und Schrifttum[98] können Organ- und Anstellungsverhältnis zwar tatsächlich und rechtlich erhebliche Auswirkungen aufeinander haben. Dies ändert jedoch nichts daran, dass sie trotzdem grundsätzlich als getrennte Rechtsverhältnisse anzusehen sind (sog. Trennungsprinzip). Die Geltung des Trennungsprinzips wird in der Systematik des § 84 AktG deutlich. In § 84 Abs. 1 S. 1 und 2 AktG heißt es zur Bestellung:

> „Vorstandsmitglieder bestellt der Aufsichtsrat auf höchstens fünf Jahre. Eine wiederholte Bestellung oder Verlängerung der Amtszeit, jeweils für höchstens fünf Jahre ist zulässig."

[97] Vgl. zur höchstrichterlichen Rechtsprechung: BGH, Urteil vom 14.07.1980 – II ZR 161/79 – in DB 1980, 1980; BGH, Urteil vom 24.11.1981 – II ZR 182/79 – in DB 1981, 308 (308); BGH, Urteil vom 14.11.1983 – II ZR 33/83 – in DB 1984, 104 (105);

[98] Vgl. *Bauer*, DB 1992, 1413, *ders.*, Aufhebungsverträge, Rz. 387; ders. BB 1994, 855; *Fleck*, WM 1981 Sonderbeil. 3 S. 1 (3); *Hefermehl* in Geßler/Hefermehl, § 84 Rz. 6, ; *Hüffer*, § 84 Rz. 2; Kölner Komm./*Mertens*, § 84 Rz. 2; Großkomm. AktG/ *Meyer-Landrut*, § 84 Anm. 49; Rowedder/Schmidt-Leithoff/*Koppensteiner*, § 35 Rz. 69 (für den GmbH-Geschäftsführer); *Schmidt*, § 14 III 2 b, (S. 416 f.), 28 II 2 d (S. 809); *Weber/Ehrich/Hoß*, Teil 3 I 1 Rz. 1; vgl. zur Gegenauffassung: Baums, S. 1 ff.

Bezüglich des Anstellungsverhältnisses trifft das Gesetz in § 84 Abs. 1 S. 5 AktG dagegen folgende Regelung:

> „Dies gilt sinngemäß auch für den Anstellungsvertrag; er kann jedoch vorsehen, dass er für den Fall einer Verlängerung der Amtszeit bis zu deren Ablauf weitergilt."

Zum Widerruf der Bestellung trifft das Gesetz in § 84 Abs. 3 S. 1 AktG folgende Regelung:

> „Der Aufsichtsrat kann die Bestellung zum Vorstandsmitglied und die Ernennung zum Vorstandsmitglied widerrufen, wenn ein wichtiger Grund vorliegt."

Hinsichtlich des Anstellungsverhältnisses bestimmt das Gesetz dagegen in § 84 Abs. 3 S. 5 AktG:

> „Für die Ansprüche aus dem Anstellungsvertrag gelten die allgemeinen Vorschriften."

1. Die Entwicklung des Trennungsprinzips

Bevor die Trennung zwischen Anstellungs- und Bestellungsverhältnis statuiert wurde, nahm man an, dass das Vorstandsmitglied einer AG in einem einheitlichen Rechtsverhältnis zur Gesellschaft stehe. Bei vorzeitiger Beendigung dieses Mandats ende automatisch das gesamte Rechtsverhältnis des Vorstandsmitglieds zur Gesellschaft (sog. Einheits- oder Mandatstheorie).[99] Die Annahme eines einheitlichen Rechtsverhältnisses wurde in der Folgezeit jedoch schon durch das Reichsgericht selbst in Frage gestellt.[100] Bereits in seiner Entscheidung vom 04.07.1882 stellte der 2. Zivilsenat fest, dass im Falle der Entlassung untersucht werden müsse, ob diese nach Maßgabe des Dienstvertrages eine berechtigte oder unberechtigte gewesen sei. Im Fall der unberechtigten Entlassung sei weiterhin zu prüfen, ob dem Betroffenen aufgrund dieses Umstandes Entschädigungsansprüche zuzubilligen seien. In einer weiteren Entscheidung[101] billigte das Gericht einem widerrufenen Vorstandsmitglied dann nicht lediglich Schadensersatzansprüche, sondern darüber hinaus auch Erfüllungsansprüche aus dem zwischen ihm und der Gesellschaft weiterhin bestehenden gegenseitigen Vertrag zu. Somit war der Grundstein dafür gelegt, dass dem Vorstandsmitglied trotz des Widerrufs der Bestellung die Ansprüche aus dem Anstellungsvertrag grundsätzlich[102] erhalten bleiben können, sofern sich aus der Anwendung der bürgerlich-rechtlichen Vorschriften nicht etwas anderes er-

[99] Vgl. hierzu ausführlich: *Baums*, S. 9 ff.; *Eckardt*, AG 1989, 431 (432).
[100] Vgl. RG-Urteil vom 04.07.1882 – II 286/82 – in RGZ 7, 77 ff.
[101] Vgl. RG-Urteil vom 12.10.1888 – II 223/88 – in RGZ 22, 35 (37).
[102] Vgl. zum Umfang des Beschäftigungsanspruchs im einzelnen: Teil IV, Ziff. B.

gibt. Das Trennungsprinzip wurde erstmals im AktG 1937 positiv-rechtlich festgeschrieben und auch bei Novellierung des Aktiengesetzes unverändert beibehalten.

2. Die Funktion des Trennungsprinzips

In keiner der beiden reichsgerichtlichen Entscheidungen findet sich eine Begründung dafür, warum das Gericht an der vorher vertretenen Einheitstheorie nicht festgehalten hat, sondern zur Auffassung der grundsätzlichen Trennung von Mandats- und Anstellungsverhältnis gelangt ist. Auch in den Materialien der Gesetzgebungsverfahren zum AktG 1937 bzw. zur Novellierung des AktG im Jahre 1965 finden sich keine Aussagen zum Sinn und Zweck des Trennungsprinzips. Mit *Eckardt* ist davon auszugehen, dass der Sinn und Zweck des Trennungsprinzips darin liegt, den Aufsichtsrat in die Lage zu versetzen, über den Fortbestand der Organstellung eines Vorstandsmitglieds befinden zu können, ohne sich gleichzeitig auch Gedanken über die Folgen eines möglichen Entzugs der Organstellung für die soziale Stellung des Betroffenen machen zu müssen.[103] Es dient somit dazu, den Interessen der Gesellschaft am Bestand einer für das Unternehmenswohl geeigneten Geschäftsführung zur Durchsetzung zu verhelfen und dem Aufsichtsrat eine diesbezüglich unbelastete Entscheidung zu ermöglichen. Zudem entfaltet es einen Schutzmechanismus zugunsten des von einer Abberufung betroffenen Vorstandsmitglieds,[104] da dieses bei Fortbestand des Anstellungsverhältnisses zunächst seinen aus diesem resultierenden Gehaltsanspruch behält. Zu vernachlässigen ist auch nicht, dass ihm hierdurch eine Befriedungsfunktion zukommt. Wären Anstellungs- und Bestellungsverhältnis dergestalt miteinander verbunden, dass die Beendigung der Bestellung automatisch auch die Beendigung der Anstellung nach sich ziehen würde, wäre das abberufene Vorstandsmitglied zur Wahrung seiner Rechte aus dem Anstellungsverhältnis gezwungen, auch die Beendigung des Bestellungsverhältnisses anzugreifen.

II. Auswirkungen des Trennungsprinzips auf das Anstellungsverhältnis bei Fortfall der Organstellung

Für die Frage nach den Möglichkeiten der Beendigung des Anstellungsverhältnisses eines AG-Vorstandsmitglieds vor Ablauf der vertraglich vereinbarten Dauer bzw. der gesetzlichen Höchstdauer folgt aus dem Trennungsprinzip, dass die diesbezüglichen Möglichkeiten grundsätzlich unabhängig vom Schicksal des Organverhältnisses zu betrachten sind. Der Widerruf der Bestellung beendet den Anstellungsvertrag daher nicht automatisch.[105] Vielmehr bedarf es in der Regel[106] eines

---

[103] Vgl. *Eckardt*, AG 1989, 431 (432).
[104] In diesem Sinne auch: *Baums*, S. 289.
[105] Vgl. *Fleck*, WM 1981 Sonderbeil. 3, 3 (10).

gesonderten Beendigungstatbestandes. Nach Auffassung von *Mertens*[107] unter Berufung auf ein Urteil des BGH aus dem Jahr 1973[108] soll allerdings normalerweise im Widerruf der Bestellung zugleich auch konkludent eine außerordentliche Kündigung des Anstellungsvertrages liegen. Dem kann indessen vor dem Hintergrund der Geltung des Trennungsprinzips nicht gefolgt werden. Festzuhalten ist deshalb, dass zusätzlich zum Beschluss über den Widerruf der Organstellung auch ein ausdrücklicher Beschluss über die Beendigung des Anstellungsverhältnisses gefasst werden muss.[109]

B. Die ordentliche Kündigung des Anstellungsverhältnisses

Als Beendigungstatbestand kommt zunächst die ordentliche Kündigung des Anstellungsverhältnisses in Betracht.

I. Grundsätze für die Zulässigkeit der ordentlichen Kündigung

1. Dienstrechtliche Ausgangssituation

Den Ausgangspunkt für die Beurteilung der Zulässigkeit einer ordentlichen Kündigung des Anstellungsverhältnisses bildet § 620 Abs. 1 und 2 BGB.

Dort heißt es:

> „[I] Das Dienstverhältnis endigt mit dem Ablaufe der Zeit, für die es eingegangen ist.
> [II] Ist die Dauer des Dienstverhältnisses weder bestimmt noch aus der Beschaffenheit oder dem Zweck der Dienste zu entnehmen, so kann jeder Teil das Dienstverhältnis nach Maßgabe der §§ 621 bis 623 kündigen."

Wie bereits dem Wortlaut des § 620 BGB zu entnehmen ist, ist die Zulässigkeit der ordentlichen Kündigung danach zu beurteilen, ob es sich im Einzelfall um ein befristetes oder um ein unbefristetes Dienstverhältnis handelt. Während nach der gesetzlichen Anordnung des § 620 Abs. 2 BGB das unbefristete Dienstverhältnis nach Maßgabe der §§ 621 bis 623 BGB gekündigt werden kann, schweigt sich das

---

Zu der Frage, ob im Fall der vorzeitigen Beendigung des Organverhältnisses auf das Anstellungsverhältnis die Grundsätze über den Wegfall der Geschäftsgrundlage angewandt werden können, vgl. Ziff. F IV 2 b (S. 189 ff.).

[106] D.h., soweit nicht ausnahmsweise eine wirksame Koppelung des Anstellungsverhältnisses an das Bestellungsverhältnis erfolgt ist, vgl. hierzu unten unter Ziff. F IV 1 (S. 177 ff.).

[107] Vgl. Kölner Komm./*Mertens*, § 84 Rz. 94.

[108] Vgl. BGH, Urteil vom 29.03.1973 – II ZR 20/71 – in WM 1973, 639.

[109] Vgl. BAG, Beschluss vom 06.05.1999 – 5 AZB 22/98 – in NZA 1999, 839.

Gesetz zur Möglichkeit einer ordentlichen Kündigung des in § 620 Abs. 1 BGB geregelten befristeten Dienstverhältnisses aus. Hieraus wird allgemein der Schluss gezogen, dass bei Vorliegen eines befristeten Dienstverhältnisses die ordentliche Kündigung während des Laufs der vereinbarten Befristung grundsätzlich ausgeschlossen ist. Etwas anderes gilt nur dann, wenn die ordentliche Kündigungsmöglichkeit ausdrücklich vertraglich vereinbart worden ist.[110]

Sofern – wie dies dem Regelfall entspricht – im Anstellungsvertrag der Vorstandsmitglieder eine Laufzeit des Vertrages ausdrücklich bestimmt ist, bereitet die Qualifizierung des Anstellungsverhältnisses als befristet im o.g. Sinn keine Probleme. In diesem Fall ergibt sich aus dem oben Gesagten, dass die ordentliche Kündigung des Anstellungsverhältnisses eines Vorstandsmitglieds während der vereinbarten Vertragsdauer ausgeschlossen ist, sofern nicht ausnahmsweise die ordentliche Kündbarkeit ausdrücklich vereinbart wurde.

Anders könnte jedoch die Konstellation zu werten sein, wenn im Anstellungsvertrag ausnahmsweise keine Vertragslaufzeit enthalten ist. Hier liegt bei strikter Anwendung der oben dargestellten Grundsätze der Schluss nahe, dass es sich dann bei dem Anstellungsverhältnis um ein solches von unbefristeter Dauer handelt mit der Folge, dass die ordentliche Kündigungsmöglichkeit auch ohne besondere dahingehende Vereinbarung grundsätzlich offen steht.[111] Ob diese Sichtweise vor dem Hintergrund des Aktienrechts Bestand haben kann, ist allerdings zweifelhaft. Gem. § 84 Abs. 1 S. 1 AktG werden Vorstandsmitglieder vom Aufsichtsrat auf höchstens fünf Jahre bestellt. Diese Vorschrift findet gem. § 84 Abs. 1 S. 5 1. HS AktG sinngemäß auch auf den Anstellungsvertrag des Vorstandsmitglieds Anwendung. Auch das Anstellungsverhältnis kann daher nur für eine Höchstdauer von fünf Jahren wirksam eingegangen werden. Selbst wenn im Einzelfall eine längere Dauer vereinbart worden sein sollte, tritt das Ende des Anstellungsverhältnisses, hiervon unbeeinflusst, jedenfalls mit Ablauf der Fünf-Jahres-Frist ein.[112] Bei der gesetzlich bestimmten Fünf-Jahres-Frist handelt es sich mithin um eine Höchstdauerbefristung.

---

[110] Dies entspricht der allgemeinen Auffassung sowohl in der Rechtsprechung als auch in der Literatur, vgl. hierzu statt aller: Palandt/*Putzo*, § 620 Rz. 10; *Schaub*, § 39 Rz. 124 (jeweils m.w.N).

[111] So sieht dies offenbar *Hefermehl* in Geßler/Hefermehl, § 84 Rz. 85.
Zwar nimmt dieser nicht ausdrücklich zur Frage des Erfordernisses einer Kündbarkeitsvereinbarung Stellung, er ist jedoch ausdrücklich der Auffassung, dass auch im Fall des AG-Vorstandsmitglieds ein unbefristetes Dienstverhältnis vorliegen könne, auf das die Vorschriften der §§ 620 Abs. 2, 621BGB anwendbar seien. Dies legt den Schluss nahe, dass er eine besondere Kündbarkeitsvereinbarung nicht für erforderlich hält.
Auch *Bauer* geht von der Möglichkeit der Vereinbarung eines unbefristeten Dienstverhältnisses aus, ohne hieraus allerdings den m.E. zwingenden Schluss der ordentlichen Kündbarkeit des Dienstverhältnisses zu ziehen, vgl. *Bauer*, DB 1992, 1413 (1414).

[112] Vgl. auch Münch.Hdb. AktG/*Wiesner*, § 21 Rz. 80.
A.A. *Krauss*, S. 107. Dieser nimmt an, dass die Überschreitung der gesetzlich zulässigen Höchstbefristungsdauer dazu führe, dass der Anstellungsvertrag wegen Gesetzesverstoßes gem. § 134 BGB i.V.m. § 84 AktG nichtig sei.

Wegen der gesetzlich normierten Höchstbefristungsdauer ist davon auszugehen, dass auch in Fällen, in denen das Anstellungsverhältnis nach dem äußeren Erscheinungsbild des Anstellungsvertrages zunächst unbefristet zu sein scheint, materiell-rechtlich ein befristetes Anstellungsverhältnis vorliegt. Dies hat zur Folge, dass die ordentliche Kündbarkeit bei fehlender diesbezüglicher vertraglicher Vereinbarung nicht gegeben ist.[113]

Im Ergebnis ist das Anstellungsverhältnis eines Vorstandsmitglieds daher ordentlich unkündbar. Etwas anderes gilt nur dann, wenn die ordentliche Kündigungsmöglichkeit ausdrücklich vereinbart worden ist.

2. Einschränkung des ordentlichen Kündigungsrechts aus gesellschaftsrechtlichen Gründen

Ist die ordentliche Kündbarkeit des Vorstands-Anstellungsverhältnisses aus dienstrechtlicher Sicht ausnahmsweise möglich, stellt sich die weitergehende Problematik, ob aus gesellschaftsrechtlichen Gründen eine weitere Einschränkung des ordentlichen Kündigungsrechts erforderlich ist.

a. Sichtweise bei isolierter Anwendung des Trennungsprinzips

Bei isolierter Anwendung der Grundsätze des Trennungsprinzips[114] ist zunächst nicht ersichtlich, warum aus gesellschaftsrechtlichen Gründen eine Einschränkung des ordentlichen Kündigungsrechts geboten sein soll. Sofern die Möglichkeit der ordentlichen Kündigung aus dienstrechtlicher Sicht ausnahmsweise eröffnet ist, spricht auf den ersten Blick daher nichts dagegen, der Gesellschaft unbeschränkt das Recht zuzugestehen, das Anstellungsverhältnis auch bei bestehender Organstellung ordentlich zu kündigen.[115]

b. Sichtweise unter Einbeziehung des Vorrangprinzips

Das Verhältnis zwischen Organ- und Anstellungsverhältnis lässt sich jedoch nicht auf das beschriebene Trennungsprinzip reduzieren, da hierdurch die aktienrechtlich normierte Kompetenzordnung insgesamt und insbesondere die Garantie der freien Leitungsmacht des Vorstands sowie seine Unabhängigkeit von Weisungen anderer Gesellschaftsorgane, unterlaufen werden könnte.

Die macht folgendes Beispielsszenario deutlich: Könnte das Anstellungsverhältnis eines Vorstandsmitglieds bei bestehender Organstellung jederzeit ordentlich gekündigt werden, so würde dies zwar wegen des Trennungsprinzips nicht den

---

[113] Von welcher Befristungsdauer in diesem Fall auszugehen ist, bestimmt sich nach den Umständen des Einzelfalls. Einen brauchbaren Anhaltspunkt für die anzunehmende Vertragsdauer kann die vereinbarte Bestellungsdauer darstellen.

[114] Vgl. zur Trennungsprinzip im einzelnen: C I (S. 19 ff.)

[115] Diese Sichtweise entspricht auch einer überkommenen Auffassung in der Literatur, vgl. *Baumbach-Hueck*, § 84 AktG Rz. 18; *Hefermehl* in Geßler/Hefermehl, § 84 AktG Rz. 85; wohl auch *Hueck*, DB 1954, 274 (276).

Fortbestand der Organstellung tangieren. Da mit dem Fortfall des Anstellungsverhältnisses jedoch auch die Grundlage für den anstellungsvertraglichen Vergütungsanspruch sowie die Grundlage für die einem Vorstandsmitglied üblicherweise gewährten umfangreichen Zusatzleistungen (Versicherungsentgelte, Gewinnbeteiligungen, Aufwandsentschädigungen, Provisionen, Dienstwagen u.s.w.) wegfallen, liegt nahe, dass das Organmitglied seine Organstellung wegen mangelnder finanzieller Attraktivität in einem solchen Fall freiwillig niederlegen wird. Zwar würde das ehemalige Vorstandsmitglied auch in dieser Konstellation weiterhin einen Vergütungsanspruch für seine Vorstandstätigkeit erheben können. Dessen Bemessung würde sich allerdings nach § 612 Abs. 2 BGB belaufen und sich sicherlich wirtschaftlich wesentlich ungünstiger darstellen, als derjenige Betrag, der vormals aufgrund der vertraglichen Grundlage zu zahlen war.

Über das Instrumentarium der jederzeitigen ordentlichen Kündbarkeit des Anstellungsverhältnisses könnte sich der Aufsichtsrat somit eines ihm unliebsamen Vorstandsmitglieds auch unabhängig vom Vorliegen der Voraussetzungen des § 84 Abs. 3 AktG entledigen.[116] Im Fall der jederzeitigen ordentlichen Kündbarkeit des Anstellungsverhältnisses wäre der Vorstand daher stets darauf angewiesen, sich die Gunst des Aufsichtsrats zu erhalten. Es liegt daher nahe, dass er dann seine Geschäftsführung den Interessen des Aufsichtsrats stets unterordnen würde, da andernfalls die Vorstandsmitglieder befürchten müssten, ihr Anstellungsverhältnis mit den oben beschriebenen wirtschaftlichen Konsequenzen aufs Spiel zu setzen. Hierdurch würde die aktienrechtlich in den §§ 76 ff. AktG garantierte freie Leitungsmacht des Vorstands erheblich beeinträchtigt, wenn nicht gar unmöglich gemacht.

Um die Beeinträchtigung der freien Leitungsmacht zu verhindern, fasst der 2. Senat des BGH in seiner Entscheidung vom 29.05.1989 das Verhältnis zwischen Organstellung und Anstellungsverhältnis so zusammen, dass der Organstellung und Anstellungsverhältnis zwar grundsätzlich zwei getrennte Rechtsgeschäfte seien, im Hinblick auf die wesentliche Bedeutung der Organstellung für die eigenverantwortliche Leitung und Vertretung der Gesellschaft sei im Interesse des Unternehmens der Sicherung der organschaftlichen Rechtsstellung jedoch der Vorrang vor der dienstvertraglichen Regelung einzuräumen (sog. Vorrangprinzip).[117] Das Vorrangprinzip wird ebenso wie das Trennungsprinzip in der Systematik von § 84 AktG deutlich: Gem. § 84 Abs. 1 S. 2 i.V.m. Abs. 1 S. 5 AktG ist die Dauer des Anstellungsverhältnisses auf den für die Organbestellung höchstzulässigen Zeitraum beschränkt. Eine Vereinbarung über die Verlängerung des Anstellungsverhältnisses ist nur für den Fall der Verlängerung der Amtszeit und nur bis zu deren

[116] In diesem Sinne auch: *Schwarz*, S. 134 f.
[117] Vgl. BGH, Urteil vom 29.05.1989 – II ZR 220/88 – in NJW 1989, 2683; auch BGH, Urteil vom 24.11.1980 – II ZR 182/79 – in BGHZ 79, 39 (41 ff.).

Ablauf zulässig. Die Geltung des Vorrangprinzips ergibt sich auch aus der Kompetenzverteilung im Zusammenhang mit der Bestellung einerseits und der Anstellung andererseits. Aus der Formulierung des § 84 Abs. 1 AktG, wonach der „Aufsichtsrat" den Bestellungsbeschluss fassen muss, folgt, dass nur der Gesamtaufsichtsrat die Bestellungskompetenz besitzt. Dieser ist hierfür ausschließlich und zwingend zuständig.[118] Die Bestellungskompetenz kann nicht auf einen Aufsichtsratsausschuss übertragen werden, vgl. § 107 Abs. 3 S. 2 i.V.m. § 84 Abs. 1 S. 1 AktG. Dagegen kann die Entscheidung über den Anstellungsvertrag auch einem Ausschuss übertragen werden. Über den Anstellungsvertrag kann daher ein geringer besetztes Gremium als über das Organverhältnis entscheiden. Auch hierin zeigt sich, dass der Gesetzgeber die Bestellungskompetenz und die im Zusammenhang mit der Bestellung stehenden Rechtsakte stärker gewichtet hat als die Anstellungskompetenz und die mit der Anstellung zusammenhängenden Handlungen.[119] Aus der Kompetenzverteilung folgt auch, dass die dem Gesamtgremium vorbehaltenen Entscheidungen über die Bestellung nicht durch die Gestaltung des Anstellungsverhältnisses vorweggenommen werden dürfen.[120] Die Anstellungskompetenz darf daher nur akzessorisch ausgeübt werden.[121] Unzulässig wäre es deshalb, im vom Aufsichtsratsausschuss ausgehandelten Anstellungsvertrag eine Verpflichtung des Gesamtaufsichtsrats zur Bestellung zu normieren.[122] Geht ausnahmsweise der durch einen Ausschuss ausgehandelte Anstellungsvertrag der Bestellung voran, so steht der Anstellungsvertrag automatisch unter der aufschiebenden Bedingung der nachfolgenden Bestellung.[123] Außer in der Vorschrift des § 84 AktG wird die Geltung des Vorrangprinzips auch in anderen aktienrechtlichen Vorschriften deutlich. Beispielhaft zu nennen ist hier § 87 AktG, der eine Regelung über die einem Vorstandsmitglied zu zahlenden Bezüge enthält. Die Vorschrift dient dem Schutz der AG und ihrer Gläubiger und Arbeitnehmer vor übermäßigen Bezügen.[124] Der Gesetzgeber limitiert also auch in diesem Bereich die Privatautonomie der Parteien aus gesellschaftsrechtlichen Gründen.[125]

Wie *Martens* zu Recht ausführt, ergibt sich der Vorrang des Organverhältnisses nicht zuletzt auch aus rechtspolitischen Aspekten.[126] Durch die Bestellung zum Vorstandsmitglied wird das Rechtsverhältnis zur Gesellschaft konstituiert. Dies geht mit der Verleihung weitreichender Kompetenzen einher. Im Vergleich zu der

---

[118] Vgl. *Hüffer*, § 84 Rz. 5 m.w.N.
[119] Vgl. *Martens* in FS für Werner, 495 (507).
[120] Vgl. BGH, Urteil vom 24.11.1980 – II ZR 182/79 – in BGHZ 79, 39 (42).
[121] Vgl. *Säcker*, BB 1979, 1321 (1322).
[122] Vgl. Kölner Komm./*Mertens*, § 84 Rz. 7.
[123] Vgl. *Bauer*, Aufhebungsverträge, Rz. 392.
[124] Vgl. *Hüffer*, § 87 Rz. 1.
[125] Vgl. *Martens*, FS für Werner, 495 (508).
[126] Vgl. *Martens*, FS für Werner, 495 (508).

Bedeutung der mit der Bestellung verliehenen Funktion hat das Anstellungsverhältnis eine untergeordnete, ergänzende Bedeutung.

3. Konsequenzen für das ordentliche Kündigungsrecht

Die Freiheit der Parteien bei der Ausgestaltung und Beendigung des Anstellungsverhältnisses muss somit dort ihre Grenze finden, wo hierdurch die gesellschaftsrechtliche Stellung des Organmitglieds bzw. dessen Kompetenzen und Pflichten beeinträchtigt werden können. Kann es zur Kollision zwischen den Rechten aus dem Vorstandsamt, hier insbesondere mit dem Grundsatz der freien Leitungsmacht gem. § 76 AktG kommen, bedarf die ordentliche Kündbarkeit des Anstellungsverhältnisses Schranken. Nur so kann die Wahrung der aktienrechtlichen Kompetenzordnung, der nach dem oben Gesagten der Vorrang einzuräumen ist, sichergestellt werden.[127] Bei uneingeschränkter Zugestehung eines ordentlichen Kündigungsrechts wäre die Unabhängigkeit des Vorstandsmitglieds von anderen Organen der Gesellschaft, insbesondere vom Aufsichtsrat, gefährdet.[128]

Auch wenn über das grundsätzliche Erfordernis der Einschränkung des ordentlichen Kündigungsrechts Einigkeit besteht, ist in Rechtsprechung und Literatur nicht einheitlich anerkannt, in welcher Weise eine Einschränkung des ordentlichen Kündigungsrechts zur Wahrung der gesellschaftsrechtlichen Kompetenzordnung erforderlich ist.

4. Nähere Modalitäten der Einschränkung des ordentlichen Kündigungsrechts

a. Die in Literatur und Rechtsprechung vertretenen Auffassungen

Nach *Eckardt* soll das ordentliche Kündigungsrecht der Gesellschaft gänzlich ausgeschlossen sein. Er ist der Auffassung, dass die ordentliche Kündbarkeit des Anstellungsvertrages eines Vorstandsmitglieds individualvertraglich niemals zulässigerweise vereinbart werden könne. Eine vorzeitige Beendigungsmöglichkeit sei vielmehr ausschließlich unter den Voraussetzungen einer außerordentlichen Kündigung gem. § 626 BGB anzuerkennen, mithin bei Vorliegen eines „wichtigen Grundes" und unter Wahrung des Verhältnismäßigkeitsgrundsatzes. Nur auf diese Weise könne die Wahrung der dem Vorstand gesellschaftsrechtlich garantierten Kompetenzen erreicht werden.

Die Vertreter der herrschenden Meinung in der Literatur befürworten dagegen eine im Vergleich zu *Eckardt* weniger strenge Sichtweise. Sie halten den völligen Ausschluss des ordentlichen Kündigungsrechts aus gesellschaftsrechtlichen Grün-

[127] *Heyll* (vgl. S. 83) meint zwar dass dienstvertragliche Vorschriften weder dazu gedacht, noch dazu geeignet seien, die gesellschaftsrechtliche Kompetenzordnung abzusichern. Dieser Standpunkt ist jedoch abzulehnen. Er vernachlässigt die dargestellten tatsächlichen Zusammenhänge zwischen Anstellungs- und Bestellungsverhältnis und die sich hieraus ergebenden Wechselwirkungen.

[128] Vgl. hierzu auch: *Miller*, BB 1973, 1089.

den nicht für erforderlich, sondern lassen auch eine Beschränkung des ordentlichen Kündigungsrechts ausreichen, um der aktienrechtlichen Kompetenzordnung zur Durchsetzung zu verhelfen. Ein der Gesellschaft zustehendes ordentliches Kündigungsrecht sei auf diejenigen Fälle zu beschränken, in denen auch die Organstellung wegen Vorliegens eines wichtigen Grundes i.S.d. § 84 Abs. 3 AktG vorzeitig beendet werden könne.[129]

In der Instanzrechtsprechung findet sich lediglich eine Entscheidung des OLG Karlsruhe aus dem Jahr 1973, die sich ausdrücklich mit der hier diskutierten Problematik befasst.[130] In dieser äußert sich das Gericht im Sinne der oben beschriebenen herrschenden Literaturauffassung.[131]

An einer höchstrichterlichen Entscheidung, in der sich der BGH explizit dazu äußert, unter welchen Voraussetzungen er die ordentliche Kündbarkeit des Anstellungsverhältnisses eines Vorstandsmitglieds anerkennen will, fehlt es bislang. In der Rechtsprechung bis Anfang 1989 war ein Standpunkt des BGH nicht sicher auszumachen, wobei der 2. Senat allerdings ebenfalls eine Affinität zur oben dargestellten herrschenden Literaturauffassung zu haben schien.[132] Dieser Eindruck bestätigt sich unter Hinzuziehung des Urteils vom 29.05.1989[133], in dem das Gericht über die Wirksamkeit sog. Koppelungsklauseln[134] zu befinden hatte. Hier vertrat der 2. Senat die Auffassung, das Anstellungsverhältnis könne dergestalt an das Organverhältnis gekoppelt werden, dass die Kündigung des Anstellungsverhältnisses aus denselben Gründen zulässig erfolgen könne, wie der Widerruf der Bestellung. Liege eine solche Koppelung vor, so trete die Beendigungswirkung in Bezug auf das Anstellungsverhältnis jedoch erst mit Ablauf der ordentlichen Kündigungsfrist gem. § 622 Abs. 1 S. 2 BGB (a.F.) ein. Aus seiner Stellungnahme zur Zulässigkeit dieser Koppelungsklausel ist zu folgern, dass das Gericht bei Vorliegen der Voraussetzungen des § 84 Abs. 3 AktG auch eine ordentliche Kündigung des Anstellungsverhältnisses für zulässig erachten hätte, da diese Konstellation sich materiell-rechtlich in ihren Voraussetzungen und Rechtsfolgen von der entschiedenen Konstellation nicht unterscheidet.

b. Eigene Stellungnahme und Zwischenergebnis

Die Beschränkung des Rechts der Gesellschaft zur ordentlichen Kündigung des Anstellungsverhältnisses eines Vorstandsmitglieds auf Fälle, in denen auch das

---

[129] Vgl. *Bauer*, DB 1992, 1413 (1414), ders. DB 1994, 855; *Baums*, S. 384 f.; *Geßler*, § 84 AktG Rz. 15; *Krieger*, S. 180 f.; Kölner Komm./*Mertens*, § 84 Rz. 50; *Krauss*, S. 222 ff.; *Säcker*, BB 1979 1321 (1322 f.); *Schwarz*, S. 134 f; Münch.Hdb. AktG/*Wiesner*, § 21 Rz. 80.

[130] Vgl. OLG Karlsruhe, Beschluss vom 10.07.1973 – 8 U 74/73 – in BB 1973, 1088.

[131] Das OLG Karlsruhe spricht insoweit davon, dass § 84 Abs. 3 AktG als lex specialis auch hinsichtlich der Beendbarkeit des Anstellungsverhältnisses anzusehen sei.

[132] Vgl. hierzu im einzelnen den ausführlichen Rechtsprechungsüberblick bei: *Eckardt*, S. 124 ff.

[133] Vgl. BGH, Urteil vom 29.05.1989 – II ZR 220/88 – in NJW 1989, 2683 (2684).

[134] Vgl. hierzu: Teil III, Ziff. C.

Organverhältnis wegen Vorliegens eines wichtigen Grunds i.S.d. § 84 Abs. 3 AktG vorzeitig beendet werden kann, führt zu einem angemessenen Ausgleich der widerstreitenden Interessen. Hierdurch kann sowohl dem Erfordernis der Einhaltung der aktienrechtlichen Kompetenzordnung als auch dem Interesse der Gesellschaft an einer Beendbarkeit des Anstellungsverhältnisses eines Vorstandsmitglieds hinreichend Rechnung getragen werden. Die von *Eckardt* vertretene Auffassung ist zu eng. *Eckardt* vermag nicht überzeugend zu begründen, warum eine im Vergleich zur herrschenden Auffassung in Rechtsprechung und Literatur noch weitergehende Einschränkung des Kündigungsrechts in Form der gänzlichen Ablehnung einer Kündbarkeit unterhalb der Schwelle des § 626 BGB erforderlich sein soll, um die gesellschaftsrechtliche Kompetenzordnung sicherzustellen. Dass seine Sichtweise in der Praxis zu unhaltbaren Ergebnissen führen kann und deshalb als unverhältnismäßig abzulehnen ist, zeigt auch folgendes Beispielsszenario: Der Aufsichtsrat einer Gesellschaft widerruft die Organstellung aufgrund eines vorrangegangenen Vertrauensentzuges durch die Hauptversammlung nach § 84 Abs. 3 S. 2 3. Fall AktG. Der durch die Hauptversammlung ausgesprochene Vertrauensentzug ist rechtlich nicht zu beanstanden, da er nicht aus offenbar unsachlichen Gründen erfolgt ist. Die Gründe, die dem Vertrauensentzug rechtfertigen, sind jedoch nicht geeignet, zugleich einen wichtigen Grund für die außerordentliche Kündigung des Anstellungsverhältnisses im Sinne von § 626 BGB darzustellen. In diesem Fall hat die Gesellschaft zwar wirksam die Organbestellung beendet. Dies nutzt ihr allerdings – jedenfalls wirtschaftlich betrachtet – wenig. Da die Gründe, die zum Widerruf der Bestellung berechtigt haben, in ihrer Intensität nicht geeignet sind, zugleich einen wichtigen Grund zur außerordentlichen Kündigung des Anstellungsverhältnisses gem. § 626 BGB darzustellen, ist die Gesellschaft gezwungen, das ehemalige Vorstandsmitglied unter Fortzahlung der Bezüge adäquat weiterzubeschäftigen[135] oder es – ebenfalls unter Fortzahlung der Bezüge – bis zum Ablauf der vereinbarten Befristung (dies können u.U. mehrere Jahre sein) freizustellen. Gegen den Eintritt dieses finanziellen Risikos könnte sich die Gesellschaft unter Zugrundelegung der Auffassung von *Eckardt* in keiner Weise schützen. Um die Realisierung eines solchen finanziellen Risikos zu vermeiden, wird der Aufsichtsrat sich in der Praxis daher vielfach dazu gezwungen fühlen, von einem berechtigten Widerruf der Organstellung abzusehen. Hierdurch würde aber die aktienrechtlich in § 84 Abs. 3 AktG zum Ausdruck kommende Grundentscheidung des Gesetzgebers, dem Aufsichtsrat bei Vorliegen eines der dort genannten wichtigen Gründe einen Schutzmechanismus zugunsten der Gesellschaft zur Verfügung zu stellen, unterlaufen. Der Auffassung von *Eckardt*, die die ordentliche Kündigungsmöglichkeit aus gesellschaftsrechtlichen Gründen gänzlich ablehnt, kann daher

[135] Vgl. zur adäquaten Weiterbeschäftigung: Teil IV.

insbesondere deshalb, weil hierdurch die vom Gesetzgeber in § 84 Abs. 3 AktG zum Ausdruck gebrachte Wertung missachtet würde, nicht gefolgt werden.

c. Ergebnis

Im Ergebnis ist daher festzuhalten, dass ein ordentliches Kündigungsrecht der Gesellschaft (nur) dann anzuerkennen ist, wenn dies

einzelvertraglich vereinbart ist

und

> gleichzeitig auch die Voraussetzungen für den vorzeitigen Widerruf der Organstellung gem. 84 Abs. 3 AktG vorliegen.

5. Formulierungsvorschlag für eine entsprechende Vertragsklausel

Eine entsprechende Klausel im Anstellungsvertrag des Vorstandsmitglieds könnte wie folgt gefasst werden:

> *„Das Anstellungsverhältnis beginnt am ... und endet am ... ohne dass es einer Kündigung bedarf.*
> *Vor Ablauf des ... kann es mit einer Frist von ... zum ... gekündigt werden, sofern die Bestellung von ... zum Vorstandsmitglied der Gesellschaft aus einem der in § 84 Abs. 3 AktG bezeichneten wichtigen Gründe widerrufen wird."*[136]

II. Das Erfordernis der Beachtung von Arbeitnehmerschutzrecht bei der Kündigung des Anstellungsvertrages eines AG-Vorstandsmitglieds

Ergibt sich unter Anwendung der oben dargestellten Prinzipien, dass die ordentliche Kündbarkeit des Anstellungsverhältnisses ausnahmsweise grundsätzlich zulässig ist, bedeutet dies noch nicht, dass diese ohne weiteres wirksam erfolgen kann.

Auch im Fall der Kündigung des Anstellungsverhältnisses eines Vorstandsmitglieds könnte die Gesellschaft zur Beachtung von Arbeitnehmerschutzrecht in Form der dort normierten Kündigungsschutzbestimmungen verpflichtet sein.[137] Zu denken ist in diesem Zusammenhang insbesondere an die Anwendbarkeit der Vorschriften des KSchG, der im SGB IX normierten Vorschriften zum Kündigungsschutz Schwerbehinderter sowie an den Kündigungsschutz gem. den Bestimmun-

[136] Vgl. zur maßgeblichen Kündigungsfrist: Teil II, Ziff. A, III.

[137] Die Kündigung darf zudem nicht sittenwidrig sein, vgl. hierzu LG Frankfurt, Urteil vom 7.03.2001 – 3-13 O 78/00 – in NZA-RR 2001, 298f.

gen des MuSchG sowie des BErzGG. Auch könnte eine Pflicht der Gesellschaft zur Beachtung des Kündigungsverbots gem. § 2 Abs. 1 ArbPlSchG bestehen.

1. Die direkte Anwendbarkeit von Arbeitnehmerschutzrecht

Die direkte Anwendbarkeit der einschlägigen Vorschriften setzt allerdings das Bestehen eines Arbeitsverhältnisses und damit die Arbeitnehmereigenschaft des Betroffenen voraus, vgl. § 1 Abs. 1 KSchG, § 85 SGB IX, § 1 Nr. 1 MuSchG, § 15 Abs. 1 BErzGG, § 2 Abs. 1 ArbPlSchG.

Das Arbeitsverhältnis ist das Rechtsverhältnis zwischen dem einzelnen Arbeitnehmer und seinem Arbeitgeber, aufgrund dessen der Arbeitnehmer dem Arbeitgeber zur Leistung von Arbeit verpflichtet ist.[138] Es kommt durch Abschluss eines Arbeitsvertrages zu Stande.[139] Der Arbeitsvertrag ist als Unterfall des Dienstvertrages gem. § 611 BGB dessen praktisch häufigste Erscheinungsform.[140] Die Abgrenzung zwischen Dienst- und Arbeitsvertrag folgt aus dem Sinn und Zweck des Arbeitsrechts, der darin liegt, bestimmte existenzwichtige Dienstverhältnisse einem besonderen Schutz zu unterstellen.[141] Schlüsselbegriff für die Anwendung des Arbeitsrechts ist der Arbeitnehmerbegriff.

Ob das AG-Vorstandsmitglied unter den arbeitsrechtlichen Arbeitnehmerbegriff subsumiert werden kann, wird in der Rechtsprechung sowie im Schrifttum unterschiedlich beurteilt.

a. Die Auffassung des BGH sowie der herrschenden Meinung in der Literatur zur Arbeitnehmereigenschaft von AG-Vorstandsmitgliedern

Seit der Entscheidung seines 2. Senats aus dem Jahr 1953[142] vertritt der Bundesgerichtshof in ständiger Rechtsprechung die Auffassung, dass es sich bei dem Vorstandsmitglied einer AG nie um einen Arbeitnehmer, sondern stets um einen freien Dienstnehmer handele.[143] Diese Auffassung entspricht auch der überwiegenden Meinung im Schrifttum.[144] Die Rechtsprechung sowie die herrschende Auffassung

---

[138] Grundlegend: *Hueck/Nipperdey*, § 21 I 1, S. 114.

[139] Sog. Vertragstheorie, die heute einhelliger Auffassung entspricht. Dieser steht die sog. Eingliederungstheorie gegenüber, die von *Siebert* begründet worden ist. Zu den bekanntesten Vertretern der Eingliederungstheorie zählt *Nikisch*. Diese sieht als entscheidenden Akt für die Entstehung des Arbeitsverhältnis die Eingliederung des Arbeitnehmers in den Betrieb an.

[140] Vgl. statt aller: *Preis*, § 22 I (S. 207).

[141] Vgl. hierzu auch *Nordhues*, S. 107.

[142] Vgl. BGH, Urteil vom 11.07.1953 – II ZR 126/52 – in BGHZ 10, 187 (191).

[143] Vgl. zur GmbH auch: BGH, Urteil vom 29.01.1981 – II ZR 92/80 – in DB 1981, 982 f.; BGH, Urteil vom 10.01.2000 – II ZR 251/98 – in NJW 2000, 1864 (1865).

[144] Vgl. etwa: *Brox/Rüthers*, Rz. 24; *Hanau/Adomeit*, S. 147; Gottwald/*Heinze*, § 102 Rz. 48 (Allerdings wird die mögliche Arbeitnehmereigenschaft hier nicht mit der grundsätzlichen Inkompatibilität von Arbeitnehmer- und Organstatus verneint, sondern es wird darauf abgestellt, dass die Voraussetzungen des Arbeitnehmerbegriffs bei Vorstandsmitgliedern regelmäßig nicht erfüllt seien. Von diesem Grundsatz seien jedoch in Extremfällen Ausnahmen denkbar.); *Hromadka/Maschmann*, Rz. 84; *Lieb*, S. 11; *Löwisch* Rz. 8; *Hümmerich*, NJW 1995, 1177; im Ergebnis auch *Kucera*, S. 117; MüKo/*Müller-Glöge*, § 611 Rz. 113; *Nebendahl*, NZA 1992, 289 (insbesondere 294) (für den

in der Literatur gehen davon aus, dass im Fall des AG-Vorstandsmitglieds die Voraussetzungen, die an das Vorliegen einer Arbeitnehmereigenschaft zu stellen sind, niemals vorliegen können. Die Vertreter dieser Auffassung sind daher der Ansicht, dass ein AG-Vorstandsmitglied in keiner denkbaren Ausgestaltungsvariante seines Dienstverhältnisses Arbeitnehmer sein kann. Zur Begründung wird angeführt, dass die juristische Person zwar Vertragspartner des Arbeitnehmers und damit Arbeitgeber im Rechtssinne (sog. abstrakter Prinzipal) sei, da diese jedoch selbst handlungsunfähig sei, übe de facto der Vorstand die Arbeitgeberfunktion aus. Dieser sei gegenüber den Arbeitnehmern als konkreter Prinzipal anzusehen.[145] Eine gleichzeitige Bekleidung der Arbeitgeber- sowie der Arbeitnehmerstellung im Rahmen ein und desselben Rechtsverhältnisses sei nicht möglich. Deshalb könne das Anstellungsverhältnis des AG-Vorstandsmitglieds nicht als Arbeitsverhältnis qualifiziert werden. Außerdem zeige die ausdrückliche Ausnahme vertretungsbefugter Organmitglieder aus dem Schutzbereich verschiedener Arbeitsgesetze (vgl. etwa § 14 Abs. 1 Nr. 1 KSchG, § 5 Abs. 2 Nr. 1 BetrVG, § 5 Abs. 1 ArbGG), dass auch der Gesetzgeber eine Arbeitnehmereigenschaft von Vorstandsmitgliedern für undenkbar halte. Dies habe der Gesetzgeber in den zitierten Normen nur deklaratorisch zum Ausdruck gebracht. Im Rahmen der Rechtsbeziehungen zwischen Organmitglied und Gesellschaft stünden die gesellschaftsrechtlichen Reglungen im Vordergrund. Eine Arbeitnehmerstellung des Vorstandsmitglieds sei mit der gesellschaftsrechtlichen Stellung des Vorstands und seiner Mitglieder, hier insbesondere mit der in § 76 AktG garantierten freien Leitungsmacht, nicht vereinbar.

b. Die Mindermeinung

Demgegenüber sind die Vertreter der Mindermeinung der Auffassung, dass auch bei einem AG-Vorstandsmitglied im Einzelfall ein Arbeitnehmerstatus gegeben sein könne. [146] Der Umstand, dass es sich beim Vorstandsmitglied um ein Organ der Gesellschaft handelt, stehe seiner Qualifizierung als Arbeitnehmer nicht von vornherein entgegen.[147] Bei der Beurteilung der Frage, ob ein Vorstandsmitglied als Arbeitnehmer angesehen werden könne, sei vielmehr eine einzelfallbezogene Betrachtungsweise vorzunehmen.[148] Der Organstatus schließe nicht aus, dass ein

---

GmbH-Geschäftsführer); Palandt/*Putzo*, Einl. vor § 611 Rz. 23; *Reiserer*, DB 1994, 1822 (1822); RGRK-*Anders/Gehle*, § 611 Rz. 462; Rowedder/Schmidt-Leithoff/*Koppensteiner*, § 35 Rz. 78; *Schmidt*, § 28 II 2 d, S. 809; *Söllner*, § 3 III 2 c, S. 18; Staudinger/*Richardi*, Vorbem. zu §§ 611 ff. Rz. 201, 262; *Zöllner/Loritz*, § 4 III 5 b, S. 48.

[145] Vgl. *Fleck* in FS für Hilger und Stumpf, 197 (203); *Hefermehl* in Geßler/Hefermehl, § 84 Rz. 35; Kölner Kommentar/*Mertens*, § 84 Rz. 34.

[146] Vgl. Kasseler Hdb. z. ArbR/*Worzalla*, Ziff. 1.1. Rz. 329 ff. (331); *Miller*, BB 1977, 723 (724) (Eindeutig zum Arbeitnehmerstatus des GmbH-Geschäftsführers, zum AG-Vorstandsmitglied jedoch zweifelnd); *Trinkhaus*, DB 1968, 1756 (1758); *Schaub*, § 14 Rz. 5.

[147] Vgl. auch: LAG Düsseldorf, Urteil vom 18.04.2001 – 12 Sa 1761/00 – in LAGE Nr. 43 zu § 611 BGB Arbeitnehmerbegriff.

[148] Vgl. *Martens* in FS für Hilger und Stumpf, S. 437 (441).

AG-Vorstandmitglied sozial abhängig im Sinne des arbeitsrechtlichen Arbeitnehmerbegriffs sein könne. Es sei vielmehr zwischen dem Innenverhältnis einerseits und dem Außenverhältnis andererseits zu differenzieren. Zwar seien die Vorstandsmitglieder im Außenverhältnis zur Ausübung des obersten Weisungsrechts verpflichtet und als solche die sozialen Gegenspieler der Arbeitnehmerschaft. Dies spreche jedoch nicht zwingend dagegen, dass sie sich im Innenverhältnis zur Gesellschaft in einem Abhängigkeitsverhältnis befinden könnten. Richtig sei, dass der Vorstand die Gesellschaft gem. § 76 Abs. 1 AktG unter eigener Verantwortung zu leiten habe, was als Indiz gegen die Möglichkeit seiner Arbeitnehmerstellung sprechen könne. Indessen stehe er, wie den §§ 84 Abs. 3, 111 AktG zu entnehmen sei, unter der Aufsicht des Aufsichtsrats und müsse von dessen Vertrauen getragen werden. Letzteres könne einen Anhaltspunkt für eine abhängige Stellung des Vorstandsmitglieds und somit für seine mögliche Arbeitnehmereigenschaft darstellen.

Eine ähnliche Begründung wird auch von der Rechtsprechung des 5. Senats des BAG für den Fall des GmbH-Geschäftsführers herangezogen. Das Gericht ist gleichfalls der Auffassung, dass die Statusbeurteilung nicht allein von der Organstellung abhängen könne.[149] Zumindest bei einer Mehrpersonen-Geschäftsführung sei die Repräsentation der Gesellschaft, die unternehmerische Willensbildung und die Wahrnehmung von Arbeitgeberfunktionen auch dann noch möglich, wenn einzelne Mitglieder der Geschäftsführung wegen entsprechender Weisungsabhängigkeit materiell-rechtlich als Arbeitnehmer anzusehen seien.[150] Die Arbeitnehmereigenschaft müsse daher nach den allgemeinen Grundsätzen für das Vorliegen der Arbeitnehmereigenschaft geprüft werden.[151] Im Gegensatz zur herrschenden Meinung deutet die Mindermeinung die Ausnahme vertretungsberechtigter Organe von Kapitalgesellschaften aus dem Anwendungsbereich einzelner arbeitsrechtlicher Gesetze als Zeichen dafür, dass der Gesetzgeber eine Arbeitnehmereigenschaft grundsätzlich für möglich halte. Andernfalls – so die Mindermeinung – hätte es einer ausdrücklichen Geltungsbereichsausnahme gar nicht bedurft.[152]

c. Würdigung der in Rechtsprechung und Literatur vertretenen Argumente

Wie die dargestellten ambivalenten Argumentationsmöglichkeiten in Bezug auf den Ausschluss von Organmitgliedern aus dem Anwendungsbereich einzelner Arbeitsgesetze zeigen, lässt sich hieraus für deren mögliche Arbeitnehmereigenschaft nichts herleiten.[153]

Entgegen der herrschenden Auffassung in Literatur und Rechtsprechung ist die gleichzeitige Bekleidung der Arbeitgeber- und Arbeitnehmerstellung innerhalb ein

[149] BAG, Urteil vom 26.05.1999 – in 5 AZR 664/98 – in GmbHR 1999, 925 ff.
[150] BAG, Urteil vom 26.05.1999 – in 5 AZR 664/98 – in GmbHR 1999, 925 ff.
[151] BAG, Urteil vom 15.04.1982 – 2 AZR 1101/79 – in AP Nr. 1 zu § 14 KSchG 1969.
[152] *Kucera*, S. 95; *Miller*, BB 1977, 723 (725); *Schaub*, § 14 Rz. 5.
[153] Vgl. *Henssler*, RdA 1992, 289 (293).

und desselben Rechtsverhältnisses sehr wohl denkbar. Der Mindermeinung ist darin zuzustimmen, dass hier zwischen dem Innen- und dem Außenverhältnis differenziert werden muss. Dass die gleichzeitige Bekleidung von Arbeitnehmer- und Arbeitgeberstellung nicht bereits im Ansatz wegen grundsätzlicher Inkompatibilität beider Funktionen ausgeschlossen ist, zeigt der Vergleich zur Gruppe der leitenden Angestellten. Auch diese üben im Rahmen der ihnen verliehenen Personalführungskompetenz die Arbeitgeberfunktion aus, ohne dass sich hieraus zwingende Argumente gegen das Vorliegen ihrer eigenen Arbeitnehmereigenschaft herleiten ließen.

Im Vergleich zur Gruppe der leitenden Angestellten zeigt sich jedoch noch etwas anderes: Ebenso wie Vorstandsmitglieder sind diese in dem ihnen zugewiesenen Bereich zu unternehmerischen Entscheidungen befugt. Mit dem Argument einer grundsätzlichen Inkompatibilität zwischen Unternehmer- und Arbeitnehmerstatus lässt sich daher eine mögliche Arbeitnehmerstellung von Vorstandsmitgliedern jedenfalls nicht ablehnen.

Die Argumentationsführung der Mindermeinung geht allerdings fehl, wenn sie der Auffassung ist, aus einer aus den §§ 84 Abs. 3, 111 AktG sich ergebenden gesellschaftsrechtlichen Weisungsabhängigkeit des Vorstands von anderen Gesellschaftsorganen ergebe sich, dass ein AG-Vorstandsmitglied arbeitsrechtlich weisungsgebunden sein und daher Arbeitnehmerstatus inne haben könne. Die §§ 84 Abs. 3, 111 AktG begründen kein gesellschaftsrechtliches Weisungsrecht.[154] Die hieraus resultierenden Einwirkungsmöglichkeiten der anderen Gesellschaftsorgane auf den Vorstand sind nicht geeignet, eine Beeinträchtigung der dem Vorstand in § 76 AktG garantierten Unabhängigkeit zu bewirken. Aus diesem Grund kann aus den Vorschriften auch nichts für die rechtliche Zulässigkeit einer arbeitsrechtlichen Weisungsbindung von Vorstandsmitgliedern abgeleitet werden.

Bis zu diesem Punkt führen daher weder die Ausführungen der herrschenden Auffassung noch die der Mindermeinung zur Lösung des Problems weiter.

Das Argument, die Arbeitnehmereigenschaft eines AG-Vorstandsmitglieds sei deshalb zwingend ausgeschlossen, weil hierdurch die dem Vorstand in § 76 Abs. 1 AktG garantierte freie Leitungsmacht unterlaufen werde, bedarf jedoch einer näheren Betrachtung. Im Kern sind die diesbezüglichen Einwände der herrschenden Auffassung gegen eine mögliche Arbeitnehmereigenschaft darauf zurückzuführen, dass man annimmt, die gesellschaftsrechtliche Weisungsfreiheit sei mit einer arbeitsrechtlichen Weisungsabhängigkeit im Sinne des klassischen Verständnisses des Arbeitnehmerbegriffs nicht vereinbar. Dieser Umstand soll zwingend gegen die Möglichkeit einer Arbeitnehmereigenschaft von AG-Vorstandsmitgliedern sprechen. Entkräftet werden können die Bedenken der herrschenden Meinung nicht

[154] Vgl. hierzu im einzelnen oben: Teil I, Ziff. A, III, 3.

bereits mit dem Hinweis darauf, dass es sich bei dem Organverhältnis einerseits und dem Anstellungsverhältnis andererseits um zwei getrennte Rechtsverhältnisse handelt, die in rechtlicher Hinsicht auch unabhängig voneinander zu beurteilen sind. Wie bereits gezeigt wurde, kann das Verhältnis von Organ- und Anstellungsverhältnis nämlich nicht auf das Trennungsprinzip reduziert werden.[155] Es gilt vielmehr das Vorrangprinzip.[156] Aus diesem folgt, dass die Ausgestaltung des Anstellungsverhältnisses dort ihre Grenze finden muss, wo hierdurch die gesetzgeberische Wertung der freien Leitungsmacht des Vorstands gem. § 76 Abs. 1 AktG unterlaufen werden könnte. Ob die Gefahr eines Unterlaufens der in § 76 Abs. 1 AktG vom Gesetzgeber getroffenen Wertung bei Annahme der Arbeitnehmereigenschaft eines AG-Vorstandsmitglieds tatsächlich droht und welche Auswirkungen dies im Zusammenhang mit der Statusbestimmung eines AG-Vorstandsmitglieds hat, muss daher geklärt werden. Es ist zu erörtern, ob das Postulat der gesellschaftsrechtlichen Weisungsfreiheit des Vorstands der Arbeitnehmereigenschaft zwingend entgegensteht. Die Beantwortung der aufgeworfenen Frage setzt die Kenntnis des Stellenwerts, den die Weisungsabhängigkeit bei der Statusbestimmung einnimmt, voraus. Dieser wiederum kann nur anhand der Definition des Arbeitnehmerbegriffs bestimmt werden.

d. Voraussetzungen für das Vorliegen der Arbeitnehmereigenschaft

Obwohl der Arbeitnehmerbegriff das Eingangstor zum Arbeitsrecht ist, ist er nicht gesetzlich definiert.[157]

aa. Bestimmung der Voraussetzungen nach der typologischen Methode der Rechtsprechung sowie der herrschenden Meinung im Schrifttum

Nach der auf *Alfred Hueck* zurückgehenden Definition, die auch heute noch von der Rechtsprechung sowie der herrschenden Auffassung im Schrifttum zur Bestimmung des Arbeitnehmerstatus herangezogen wird, ist Arbeitnehmer, wer aufgrund eines privatrechtlichen Vertrages oder eines ihm gleichgestellten Rechtsverhältnisses im Dienste eines anderen zur Arbeit verpflichtet ist.[158]

Das Merkmal „im Dienste eines anderen" dient der Abgrenzung zwischen unselbständiger Arbeit einerseits und selbständiger Arbeit andererseits. Einigkeit besteht darüber, dass der Arbeitnehmer abhängige, fremdbestimmte Arbeit leistet, während der Selbständige selbstbestimmte Arbeit leistet.[159] Der Begriff der Selb-

---

[155] Vgl. im einzelnen: Teil II, Ziff. A, I

[156] Vgl. im einzelnen: Teil II, Ziff. B, I, 2 b.

[157] Vgl. *Griebeling*, RdA 1998, 208 (210); *Reuter* in FS für Dieterich, S. 473.

[158] Vgl. *Hueck/Nipperdey*, I § 9 II, sowie: BAG, Urteil vom 24.03.1992 – 9 AZR 76/91 – in DB 1992, 2352; *Hanau/Adomeit*, Rz. 534; *Lieb*, § 1 Rz. 1; *Löwisch*, Rz. 1 ff.; MünchArbR/*Richardi*, § 24 Rz. 12 ff.; *Reinecke* in FS für Dieterich, 462 (464 f.); *Reuter* in FS für Dieterich, 473; *Schaub*, § 8 Rz. 2.

[159] Vgl. etwa: *Schaub*, § 8 Rz. 2.

ständigkeit ist in § 84 HGB legal definiert. Gem. § 84 Abs. 1 S. 2 HGB ist selbständig, wer im Wesentlichen seine Tätigkeit frei gestalten und seine Arbeitszeit selbst bestimmen kann. Unselbständig und deshalb persönlich abhängig ist dagegen derjenige, dem dies nicht möglich ist. Auch wenn die Vorschrift in ihrem direkten Anwendungsbereich der Abgrenzung zwischen freiem Handelsvertreter und Arbeitnehmer dient, enthält diese eine allgemeine gesetzgeberische Wertung, die bei der Abgrenzung des Dienstvertrages vom Arbeitsvertrag und damit für die Merkmale der Arbeitnehmereigenschaft heranzuziehen ist.[160]

Der Arbeitnehmer ist somit – anders als der freie Dienstnehmer – fremdbestimmt und daher persönlich abhängig.[161] Von der persönlichen Abhängigkeit ist die wirtschaftliche Abhängigkeit abzugrenzen. Diese ist für die Arbeitnehmereigenschaft weder erforderlich noch ausreichend.[162] Die für die Arbeitnehmereigenschaft wesentliche persönliche Abhängigkeit liegt dann vor, wenn der Leistungsverpflichtete den Weisungen des Leistungsberechtigten unterliegt.[163] Der Arbeitnehmer untersteht dem sog. Direktionsrecht des Arbeitgebers. Traditionell äußert sich die persönliche Abhängigkeit dadurch, dass der Arbeitnehmer in einen fremden Betrieb eingegliedert ist.[164] Persönliche Abhängigkeit ist mithin dann anzunehmen, wenn anstatt der freien Tätigkeitsbestimmung die

- Einbindung in eine fremde Arbeitsorganisation vorliegt, die sich im
- Weisungsrecht des Arbeitgebers bezüglich
  - Inhalt und Durchführung (= Art der zu leistenden Arbeit),
  - Zeit und Dauer sowie
  - Ort der Tätigkeit

zeigt,[165] wobei der Weisungsumfang in den genannten Bereichen sehr stark unterschiedlich ausgeprägt sein kann.[166] Für eine persönliche Abhängigkeit im Sinne der Arbeitnehmer-Begriffsdefinition genügt es nicht, dass überhaupt Weisungsrechte bestehen. Auch in Rechtsverhältnissen, die keine Arbeitsverhältnisse sind, gibt es häufig Abhängigkeiten, Weisungsrechte sowie die Eingliederung in eine fremde

---

[160] Ständige Rechtsprechung des BAG, vgl. zuletzt: BAG, Urteil vom 29.05.2002 – 5 AZR 161/01 – n.v.; BAG, Urteil vom 11.10.2000 – 5 AZR 289/99 – n.v.; sowie LAG Hamm, Urteil vom 07.02.2001 – 18 Sa 1564/00 – n.v.; LAG Köln, Urteil vom 27.08.1999 – 4 Sa 271/99 – n.v.; *Lieb*, § 1 I 2, Rz. 8; MüKo HGB/v. *Hoyningen-Huene*, § 1 Rz. 25 f.; *Junker*, Rz. 98; *Preis*, § 8 Ziff. II 4 a bb, S. 46; kritisch: Münch.ArbR/*Richardi*, § 24 Rz. 5, Kasseler Hdb. z. ArbR/*Worzalla*, Ziff. 1.1, Rz. 82.

[161] *Griebeling*, RdA 1998, 298 (210 f.).

[162] *Griebeling*, RdA 1998, 209 (211).

[163] *Reuter* in FS für Dieterich, S. 473.

[164] *Nikisch*, § 14 I, S. 92.

[165] Vgl. hierzu etwa: BAG, Urteil vom 26.05.1999 – 5 AZR 664/98 – in DB 1999, 1906; BAG, Urteil vom 30.09.1998 – 5 AZR 563/97 – in DB 1999, 436; BAG, Urteil vom 22.04.1998 – 5 AZR 191/97 – in NZA 1998, 1275, *Preis*, § 8 Ziff. II 4 a cc, S. 47.

[166] Vgl. *Preis*, § 8 Ziff. II 4 a cc, S. 47.

Arbeitsorganisation. So wird jeder Handwerker, insbesondere dann, wenn er vorwiegend für einen Auftraggeber tätig ist, geneigt sein, die Wünsche seines Auftraggebers zu befolgen, da er sonst befürchten müsste, mögliche Folgeaufträge in Zukunft nicht mehr zu erhalten oder sogar seinen Auftrag zu verlieren.[167] Die Wünsche seines Auftraggebers wird er als Weisungen empfinden. Dass dieser Handwerker deshalb nicht zum persönlich abhängigen Arbeitnehmer wird, ist offenkundig. Maßgeblich zur Begründung der Arbeitnehmereigenschaft ist deshalb, dass die Weisungsrechte eine über das beschriebene Maß hinausgehende Intensität erreichen, so dass hieraus auf eine persönliche Abhängigkeit geschlossen werden kann.

Für den Fall, dass sich unter Berücksichtigung der oben genannten Kriterien noch kein eindeutiges Ergebnis erzielen lässt, können hilfsweise auch folgende Umstände bei der Statusbestimmung mit herangezogen werden: Behandlung vergleichbarer Mitarbeiter,[168] Bezeichnung der Vertragsparteien, Art der Entlohnung,[169] Vergütungszahlung im Krankheitsfall und bezahlter Erholungsurlaub,[170] Abführen von Lohnsteuer- und Sozialversicherungsbeiträgen durch den Arbeitgeber,[171] Teilnahme an Betriebsratswahlen.[172]

Die für die Bestimmung der Arbeitnehmereigenschaft maßgeblichen Kriterien sind in eine Gesamtbetrachtung einzustellen und zu gewichten. Kein Kriterium kann für sich allein zwingend für die Bestimmung des Arbeitnehmerstatus herangezogen werden.[173] Maßgeblich für die Statusbeurteilung sind die tatsächlichen Umstände der Leistungserbringung. In Grenzfällen ist für die Natur des Vertragsverhältnisses ausnahmsweise der Parteiwille entscheidend. Voraussetzung dafür ist aber, dass nach den getroffenen Feststellungen über die tatsächliche Gestaltung der Rechtsbeziehung zwischen dem Dienstberechtigten und dem Dienstverpflichteten ebenso viele Gründe für die Selbständigkeit wie für die persönliche Abhängigkeit sprechen und damit beide Vertragsgestaltungen rechtlich möglich sind. Unbeachtlich ist der Parteiwille dagegen, wenn er der tatsächlichen Vertragsdurchführung widerspricht.[174]

---

[167] *Reinecke* in FS für Dieterich, 463 (466).
[168] Vgl. BAG, Urteil vom 27.03. 1991 – 5 AZR 194/90 – in AP Nr. 53 zu § 611 Abhängigkeit.
[169] Vgl. BAG, Beschluss vom 30.10.1991 – 7 ABR 19/91 – in NZA 1992, 407 (409).
[170] Vgl. BAG, Beschluss vom 30.10.1991 – 7 ABR 19/91 – in NZA 1992, 407 (409).
[171] *Söllner/Waltermann*, Rz. 59.
[172] *Söllner/Waltermann*, Rz. 59.
[173] Vgl. etwa: LAG Düsseldorf, Urteil vom 04.09.1996 – 12 (6) (5) Sa 909/96 – in LAGE Nr. 33 zu § 611 Arbeitnehmerbegriff.
[174] Vgl. etwa: BAG, Urteil vom 09.06.1993 – 5 AZR 123/92 – in NZA 1994, 169 (169)..

bb. Bestimmung der Arbeitnehmereigenschaft im Wege der teleologischen Begriffsdefinition

Der Rechtsprechung sowie der herrschenden Lehre im Schrifttum, die den Arbeitnehmerbegriff basierend auf der Arbeitnehmer-Begriffsdefinition nach *Hueck* bestimmt, wird vorgehalten, sie sei wegen fehlender Orientierung am Normzweck des Arbeitsrechts nicht interessengerecht.[175] Als einer der Hauptkritikpunkte wird angeführt, die klassische Begriffsdefinition verzichte zu Unrecht darauf, einen Sinnzusammenhang zwischen der Tatbestandsseite des Arbeitnehmerbegriffs und der hieran anknüpfenden Rechtsfolge in Form der Anwendung von Arbeitsrecht herzustellen.[176]

Im arbeitsrechtlichen Schrifttum haben sich daher alternative Lösungsansätze zur Bestimmung des Arbeitnehmerstatus herausgebildet.

Wiedemann[177] und *Lieb*[178] halten zwar grundsätzlich an dem von *Hueck* entwickelten Merkmal der persönlichen Abhängigkeit fest, füllen dieses jedoch anders aus. Nach *Wiedemann* ist die persönliche Abhängigkeit dadurch gekennzeichnet, dass dem Arbeitnehmer für die Dauer seiner Beschäftigung die eigene Teilnahme am Markt unmöglich sei. Er sieht den Verlust freier wirtschaftlicher Dispositionsmöglichkeiten als Grundlage für die soziale Schutzbedürftigkeit des Arbeitnehmers. Letztere ist seiner Auffassung nach wesentliches Merkmal der Arbeitnehmereigenschaft.[179] *Lieb* hält es – im Ansatz ebenso wie *Wiedemann* – für entscheidend, dass der Arbeitnehmer für die Dauer seiner Beschäftigung die Dispositionsmöglichkeit über seine eigene Arbeitskraft verliert. Wesentliches Abgrenzungskriterium sei die Fremdnützigkeit der Arbeitsleistung, die den Arbeitnehmer zu eigener Daseinsvorsorge unfähig mache.[180]

Wank hält die Begriffsdefinition nach *Hueck* insbesondere wegen des dort geforderten Merkmals der persönlichen Abhängigkeit ebenfalls für problematisch. Dieses sei nur dann zu einer adäquaten Abgrenzung zwischen Arbeitnehmereigenschaft und Selbständigkeit geeignet, wenn es in Verbindung mit unternehmerischen Chancen und Risiken gesehen werde.[181] In Bezug auf die Wesentlichkeit des Merkmals der eigenverantwortlichen, unternehmerischen Dispositionsmöglichkeit ähnelt sein Ansatz demjenigen von *Wiedemann* bzw. *Lieb*. *Wank* geht von einem dualen Modell der Erwerbstätigkeit aus. Er stellt das Arbeitsrecht und die sich hieraus ergebenden sozialen Schutzmechanismen dem Selbständigenrecht gegen-

---

[175] Vgl. zum Diskussionsstand um den Arbeitnehmerberiff auch: *Däubler* in FS für Dieterich, S. 63 ff.; *Reinecke* in FS für Dieterich, S. 463 ff.; *Reuter* in FS für Dieterich, S. 473 ff.

[176] So insbesondere *Wank*, hierzu im einzelnen: Teil II, Ziff. B, II, 1 d sowie die Ausführungen bei Staudinger/*Richardi*, Vorbem. zu § 611 Rz. 153 ff.

[177] *Wiedemann*, S. 19.

[178] *Lieb*, Rz. 11.

[179] Wiedemann, S. 19.

[180] *Lieb*, Rz. 15.

[181] *Wank*, Arbeitnehmer und Selbständige, S. 389; ders. in DB 1992, 90.

über.[182] Wesentliches Abgrenzungskriterium ist für ihn die freiwillige Übernahme des Unternehmerrisikos,[183] welches zunehmend ergänzend auch von der Rechtsprechung zur Abgrenzung zwischen Selbständigkeit und Arbeitnehmereigenschaft herangezogen wird.[184] Maßgeblich für die Einordnung ist nach *Wank*, ob nach dem Vertrag der Beschäftigte ein Unternehmerrisiko oder ein Arbeitnehmerrisiko tragen soll,[185] wobei das Unternehmerrisiko durch die unternehmerische Entscheidungsfreiheit bei finanzieller Zurechnung des Ergebnisses gekennzeichnet sei.[186] Der Abgrenzung anhand des Unternehmerrisikos liegt folgende Überlegung zugrunde: Im Gegensatz zum freien Dienstnehmer erhält der Arbeitnehmer auch dann Lohn, wenn der Arbeitgeber für ihn keine Arbeit hat. Der Arbeitnehmer ist also nicht darauf angewiesen, für seine Auslastung durch die Verschaffung entsprechender Aufträge selbst Sorge zu tragen, um seine Existenzgrundlage zu sichern. Im Gegenzug zu dieser Absicherung verzichtet der Arbeitnehmer – anders als der freie Dienstnehmer – allerdings auf die Chance, frei über seine eigene Arbeitskraft zu verfügen und durch ihren Einsatz am Markt einen maximalen eigenen Gewinn zu erzielen. Zusammenfassend lässt sich sagen, dass dem Arbeitnehmer keine unternehmerischen Gestaltungs- und Gewinnmöglichkeiten offen stehen, er aber andererseits auch nicht mit unternehmerischen Risiken belastet ist.[187] *Wank* geht allerdings nicht so weit, das Unternehmerrisiko für das allein maßgebliche Abgrenzungsmerkmal zu halten, sondern ist der Auffassung, dass dies durch Untermerkmale konkretisiert werden müsse. Zur Konkretisierung können nach seiner Auffassung die Merkmale des Arbeitnehmerbegriffs nach ihrem klassischen Verständnis hinzugezogen werden, wenn man sie teleologisch uminterpretiere. Nicht die Weisungsabhängigkeit und die organisatorische Eingliederung als solche seien entscheidend, sondern es komme darauf an, ob damit unternehmerische Chancen und Risiken verbunden seien.[188] Weiterhin könnten die Marktorientierung sowie die eigene Unternehmensorganisation als Untermerkmale mit herangezogen werden. Wer für mehrere Vertragspartner arbeite und über eine eigene Unternehmensorganisation verfüge, sei in der Regel Selbständiger.

Nach *Wank* sollen folgende Umstände für eine Arbeitnehmereigenschaft sprechen:

- Auf Dauer angelegte
- Arbeit für nur einen Auftraggeber
- in eigener Person, ohne Mitarbeiter

---

182 *Wank*, Arbeitnehmer und Selbständige, S. 389; ders. in DB 1992, 90.
183 *Wank*, Arbeitnehmer und Selbständige, S. 122 ff., 389 ff.
184 Vgl. etwa LG München I, Beschluss vom 15.05.1997 – 17 HKO 759/97 – in NZA 1997, 943 f.
185 *Wank*, Arbeitnehmer und Selbständige, S. 127.
186 *Wank*, Arbeitnehmer und Selbständige, S. 390.
187 Vgl. hierzu auch die Ausführungen bei *Preis*, § 8 Ziff. II 4 a cc, S. 49.
188 *Wank*, Arbeitnehmer und Selbständige, S. 290.

- im Wesentlichen ohne eigenes Kapital und
- im Wesentlichen ohne eigene Organisation.[189]

Trotz der genannten Indizien soll allerdings Selbständigkeit vorliegen

- bei freiwilliger Übernahme des Unternehmerrisikos,
- Auftreten am Markt und
- Ausgewogenheit im Hinblick auf unternehmerische Chancen und Risiken.[190]

Arbeitnehmer nach *Wank* ist somit derjenige, der so einer engen Weisungsbindung unterliegt, dass er zwar unternehmerische Risiken trägt, aber keine unternehmerischen Chancen wahrnehmen kann, während derjenige, der so wenigen Weisungen unterliegt, dass er unternehmerisch am Markt auftreten und eigene Chancen wahrnehmen kann, als Selbständiger anzusehen ist.[191]

cc. Bewertung der teleologischen Methode

Auch wenn die Schutzbedürftigkeit der maßgebliche Grund für die Entwicklung des Arbeitsrechts war,[192] ist das von *Wiedemann* in den Mittelpunkt der Statusbestimmung gerückte Merkmal des Verlustes freier wirtschaftlicher Dispositionsmöglichkeiten als ausschlaggebendes Merkmal zur Bestimmung der Arbeitnehmereigenschaft nicht geeignet.

Ein Zusammenhang zwischen Unselbständigkeit und Schutzbedürfnis besteht zwar, jedoch in einem anderen Sinn.[193] Dieser liegt darin, dass bei selbständigen Dienstverträgen vermutet wird, dass der Dienstverpflichtete selbst zur adäquaten Vertretung seiner Interessen in der Lage ist, während dem abhängig Beschäftigten dies nicht möglich ist. Letzter bedarf daher des Schutzes des Arbeitsrechts. Die Abgrenzung knüpft hieran an, indem sie die Anwendung des Arbeitsrechts an der nach äußeren Merkmalen festzustellenden Unselbständigkeit bemisst. Müsste dagegen die Schutzbedürftigkeit als Anwendungsvoraussetzung des Arbeitsrechts festgestellt werden, wäre die Rechtsanwendung hoffnungslos überfordert.[194] Zu Recht weist *Richardi* in diesem Zusammenhang darauf hin, dass man nicht in einem Arbeitsverhältnis steht, weil man persönlich abhängig ist, sondern umgekehrt ergibt sich wirtschaftliche Abhängigkeit aus dem Bestehen eines Arbeitsverhältnisses.[195]

Der von *Lieb* vertretene Ansatz, der das Kriterium der Fremdnützigkeit der Arbeitsleistung, die zur Unfähigkeit der eigenen Daseinsvorsorge führt, als entschei-

[189] *Wank* in DB 1992, 90 (91).
[190] *Wank* in DB 1992, 90 (91).
[191] *Wank* in DB 1992, 90 (92).
[192] Staudinger/*Richardi*, Vorbem. zu §§ 611 ff. Rz. 154.
[193] *Zöllner/Loritz*, § 4 III 5 g, S. 51.
[194] *Zöllner/Loritz*, § 4 III 5 g, S. 51.
[195] Staudinger/*Richardi*, Vorbem. zu §§ 611 ff. Rz. 138.

dend ansieht, ist denselben Bedenken ausgesetzt wie der Lösungsansatz *Wiedemanns*. Auch *Lieb* stellt mit seiner Argumentation zur Bestimmung der Arbeitnehmereigenschaft letztlich auf die Schutzbedürftigkeit ab. Zudem führt seine Auffassung in der Praxis zu nicht interessengerechten Ergebnissen, wenn er meint, dass die Arbeitnehmereigenschaft schon dann zu versagen sei, wenn der Beschäftigte zwar seine ganze Arbeitskraft zur Verfügung stelle, diese aber zeitlich beschränkt sei und ihm damit die Möglichkeit eröffne, die eigene Arbeitskraft nacheinander unter Zweckmäßigkeitsgesichtpunkten mehreren Auftraggebern zur Verfügung zu stellen.[196]

Warum dies in der von *Lieb* vertretenen allgemeinen Form zu einem mangelnden Schutzbedürfnis führen und die Fähigkeit zur eigenen Daseinsvorsorge belegen soll, vermag er nicht überzeugend zu begründen.[197]

Der von *Wank* gewählte Ausgangspunkt eines dualen Erwerbstätigkeits-Systems begegnet zunächst in methodischer Hinsicht bedenken. Das Gesetz kennt nicht nur zwei, sondern drei Formen der Erwerbstätigkeit. Hierbei handelt es sich um die Beschäftigung als Arbeitnehmer, als arbeitnehmerähnliche Person und als Selbständiger.[198] Arbeitnehmerähnliche Personen sind diejenigen Personen, die wirtschaftlich abhängig und vergleichbar einem Arbeitnehmer sozial schutzbedürftig sind.[199] Regelungen zu dieser dritten Form der Erwerbstätigkeit sowie zur arbeitsrechtlichen Rechtsstellung arbeitnehmerähnlicher Selbständiger finden sich z.B. in § 5 Abs. 1 S. 2 ArbGG, § 2 Abs. 2 BUrlG sowie in § 12 a TVG.[200] Das Gesetz gibt die Dreiteilung ausdrücklich und damit zwingend vor, so dass diese unabhängig davon, ob hierin eine angemessene Lösung zu sehen ist oder nicht, de lege lata als gegeben hinzunehmen ist. Alternativlösungen, die die bestehende Dreiteilung leugnen, sind daher rechtswidrig.[201] So weit, die Existenz der Gruppe der arbeitnehmerähnlichen Selbständigen zu bestreiten, geht freilich auch *Wank* nicht. Er versucht jedoch in nicht systemkonformer Weise das Entstehen eines Wertungswiderspruchs seines dualen Systems mit den gesetzlichen Vorgaben dadurch zu verhindern, dass er das Phänomen der arbeitnehmerähnlichen Selbständigkeit in sein zweipoliges Erwerbstätigkeits-System einordnet. Dabei weist er die arbeitnehmerähnlichen Selbständigen, denen er bereits im Ansatz keine weitreichende Bedeutung beimisst,[202] der Gruppe der Selbständigen zu.[203] Diese Zuordnung erscheint

---

[196] *Lieb* Rz. 17.
[197] Im Ergebnis so auch: Staudinger/*Richardi*, Vorbem. zu §§ 611 ff. Rz. 154.
[198] Vgl. Hromadka, NZA 1997, 569 (576); Söllner/*Waltermann*, Rz. 52.
[199] Vgl. § 5 Abs. 1 S. 2 ArbGG, hierzu auch: BAG, Urteil vom 17.01.2001- 5 AZB 18/00 – in NZA 2001, 1374 f.; *Söllner*/*Waltermann*, Rz. 52.
[200] Vgl. hierzu auch: *Buchner*, NZA 1998, 1144 (1148); *Reinecke*, ZIP 1998, 581 (585).
[201] So im Ergebnis auch: *Buchner*, NZA 1998, 1144 (1149 f.).
[202] *Hromadka* spricht zu Recht davon, dass Wank die arbeitnehmerähnlichen Selbständigen auf einen „Restposten“ reduziert, vgl. Hromadka, NZA 1997, 569 (575).
[203] *Wank*, Arbeitnehmer und Selbständige,
S. 99 ff, 120, 122 ff.

innerhalb seines eigenen Systems jedoch widersprüchlich.[204] *Wank* müsste diese wegen ihrer wirtschaftlichen Schutzbedürftigkeit eigentlich der Gruppe der Arbeitnehmer zuordnen.[205] Auch *Wank* verwechselt – ebenso wie *Wiedemann* und *Lieb* – Ursache und Wirkung bzw. Voraussetzung und Rechtsfolge:[206] Die Tragung des Unternehmerrisikos ist nicht Voraussetzung, sondern Folge der Einordnung des Rechtsverhältnisses als freies Dienstverhältnis. Dass jemand die unternehmerischen Risiken nicht trägt, ist nicht Voraussetzung der Arbeitnehmereigenschaft, sondern Rechtsfolge der Einordnung des Rechtsverhältnisses als Arbeitsverhältnis.[207] *Wank* setzt seine Kritik an der herrschenden Auffassung u.a. daran an, dass das nach der h.M. maßgebliche Kriterium der persönlichen Abhängigkeit unpraktikabel sei. Unter diesem Gesichtspunkt bietet das Merkmal der freiwilligen Übernahme des Unternehmerrisikos jedoch keine Vorteile. Die Beantwortung der Frage, wann von einer freiwilligen Übernahme des Unternehmerrisikos auszugehen ist, ist – ebenso wie die Ausfüllung des Kriteriums der persönlichen Abhängigkeit – mit erheblichen Rechtsunsicherheiten belastet,[208] da beide Lösungsansätze sich unbestimmter und daher ausfüllungsbedürftiger Rechtsbegriffe bedienen. Nach *Wank* ist die Tragung des Unternehmerrisikos durch die Dispositionsfreiheit auf dem Markt gekennzeichnet. Der Verlust der Dispositionsfreiheit soll deshalb zur Arbeitnehmereigenschaft führen. Unklar bleibt jedoch, wann die Dispositionsfreiheit enden und wann der Arbeitnehmer-Sozialschutz beginnen soll. *Wank* versteht die freiwillige Übernahme des Unternehmerrisikos in dem Sinne, dass die Chancen und Risiken auf dem Markt ausgewogen sein müssen. Offen bleibt allerdings, anhand welcher Kriterien die Ausgewogenheit im Streitfall zu bestimmen ist und wann von einer freiwilligen Übernahme des Unternehmerrisikos auszugehen ist.[209] Aufgrund der dargestellten Bedenken kann der Lösungsansatz von *Wank* daher ebenfalls nicht allein ausschlaggebend für die Bestimmung der Arbeitnehmereigenschaft sein.[210]

dd. Ergebnis

Im Ergebnis ist daher festzuhalten, dass die neueren Ansätze als Alternativmodelle zur Bestimmung des Arbeitnehmerstatus nicht geeignet sind. Für die Beantwortung der Frage, welche Kriterien für die Arbeitnehmereigenschaft maßgeblich sind, sind diese Lösungsansätze dennoch von großer Bedeutung. So hat vor allem die anhaltende Diskussion um den Lösungsansatz von *Wank* dazu beigetragen, dass die Begriffsbestimmung der herrschenden Auffassung nach ihrem klassischen Verständnis überdacht, verfeinert und dadurch letztlich weiterentwickelt wurde. Aus dieser

---

[204] *Griebeling*, NZA 1997, 569 (575),
[205] So auch *Lieb*, Rz. 18.
[206] *Boemke*, ZfA 1998, 285 (300).
[207] *Boemke*, ZfA 1998, 285 (300).
[208] *Griebeling*, NZA 1997, 1137 (1143).
[209] *Griebeling*, NZA 1997, 1137 (1143).
[210] Erfurter Kommentar/*Preis*, § 611 BGB Rz. 71.

Diskussion hat sich der differenzierte Kriterienkatalog herauskristallisiert, der der oben dargestellten herrschenden Meinung nach dem heutigen Erkenntnisstand entspricht.[211]

Die insbesondere unter methodischen Gesichtspunkten festzustellenden Mängel einer teleologischen Begriffsbestimmung führen zudem nicht dazu, dass die von den Vertretern dieser Auffassung favorisierten Merkmale bei der Begriffsbestimmung außer Acht gelassen werden müssten. Sie sind lediglich untauglich, die ausschlaggebenden Kriterien bei der Statusbestimmung darzustellen. Zwingende Gründe, sie als ergänzende Kriterien bei der Statusbestimmung heranzuziehen, bestehen nicht. So werden die tragenden Gesichtpunkte der Lehre *Wanks* bereits seit langem von der Rechtsprechung bei der Bestimmung der Arbeitnehmereigenschaft als Indizien mit herangezogen[212] und stellen somit ein zusätzliches Instrument zur zuverlässigen Kategorisierung in Zweifelsfällen dar.

e. Erfüllung der Voraussetzungen für das Vorliegen der Arbeitnehmereigenschaft von Vorstandsmitgliedern unter Zugrundelegung der herrschenden Auffassung

Zu prüfen ist nun, ob das AG-Vorstandsmitglied unter die für die Bestimmung der Arbeitnehmereigenschaft nach der h.M. maßgeblichen Voraussetzungen subsumiert werden kann. Dafür müsste es aufgrund eines privatrechtlichen Vertrages zur Leistung unselbständiger, fremdbestimmter Dienste verpflichtet sein.

aa. Privatrechtlicher Vertrag

Das Merkmal des Vorliegens eines privatrechtlichen Vertrages, das dazu dient, den Arbeitnehmer von solchen Personengruppen zu unterscheiden, die auch abhängige Arbeit leisten, aber nicht dem Arbeitsrecht unterstehen (z.B. Beamte),[213] bereitet im Fall des AG-Vorstandsmitglieds keine Probleme.

bb. Über die Leistung von Arbeit

„Arbeit" ist im wirtschaftlichen Sinne zu verstehen. Als „Arbeit" im Sinne der Begriffsdefinition ist jede Betätigung oder jedes Verhalten, das zur Befriedigung eines Bedürfnisses dient und im Wirtschaftsleben als Arbeit angesehen wird, zu qualifizieren.[214] Dieses Merkmal dient der Abgrenzung zu rein spielerischer oder sportlicher Betätigung, sofern diese um ihres reinen Selbstzwecks Willen ausgeübt wird.

---

[211] Vgl. Söllner/*Waltermann*, Rz. 57.
[212] Hierzu bereits: BAG, Urteil vom 02.06.1976 – 5 AZR 131/75 – in DB 1976, 2310 ff.
[213] Vgl. BAG, Beschluss vom 25.02.1998 – 7 ABR 11/97 – in NZA 1998, 838 f.; *Schaub*, § 8 Rz. 15.
[214] Vgl. *Schaub*, § 8 Rz. 10.

Auch die Erfüllung dieses Merkmals begegnet im Fall des AG-Vorstandsmitglieds keinen Bedenken. Das Vorstandsmitglied leistet Arbeit, indem es das Unternehmen leitet. Diese Tätigkeit ist wirtschaftlich betrachtet zweifelfrei „Arbeit".

cc. Im Dienste eines anderen

Die Arbeit müsste ferner auch „im Dienste eines anderen" erbracht werden. Wie bereits erläutert, ist die Tätigkeit im Dienste eines anderen wesentlich dadurch gekennzeichnet, dass der Dienstverpflichtete einer Weisungsgebundenheit hinsichtlich Zeit, Dauer, Ort und Art der Arbeitsleistung unterliegt und deshalb persönlich abhängig ist.[215] Je stärker die Weisungsbindung, umso eher ist ein Arbeitsverhältnis anzunehmen.[216] Fraglich ist, ob ein AG-Vorstandsmitglied in diesem Sinn im Dienste eines anderen stehen kann. Dem könnte die dem Vorstand in den §§ 76 ff. AktG garantierte freie Leitungsmacht entgegenstehen, wenn beide Weisungsformen inhaltlich kongruent wären und eine Beeinträchtigung tatsächlich vorläge. Eine mögliche Kollision wäre bereits im Ansatz ausgeschlossen, wenn beide Weisungsformen inhaltsverschieden sind.

(1.) Verhältnis zwischen gesellschaftlichem und arbeitsrechtlichem Weisungsrecht

Das Verhältnis zwischen gesellschaftsrechtlichem und arbeitsrechtlichem Weisungsrecht wird nicht einheitlich beurteilt.

Die herrschende Auffassung, die eine Beeinträchtigung der freien Leitungsmacht im Fall eines möglichen Arbeitnehmerstatus des AG-Vorstandsmitglieds sieht,[217] geht offensichtlich davon aus, dass beide Weisungsrechte inhaltsgleich sind.

Die Vertreter der Gegenauffassung sind dagegen der Ansicht, dass das gesellschaftsrechtliche Weisungsrecht strikt vom Weisungsrecht im arbeitsrechtlichen Sinn zu trennen sei, da beide unterschiedliche Hintergründe und Zielrichtungen hätten. [218] Der Umfang gesellschaftsrechtlicher Weisungsrechte könne daher nichts über den Umfang möglicher arbeitsrechtlicher Weisungsrechte aussagen.

Ein gesellschaftsrechtliches Weisungsrecht hätte den Inhalt, dass dem Vorstand Weisungen hinsichtlich der Art und Weise der Geschäftsführung erteilt werden könnten, dieser also in seiner unternehmerischen Entscheidungsfreiheit und somit letztlich in seiner freien Leitungsmacht beschnitten würde.[219] Hinsichtlich des In-

---

[215] Teil II, Ziff. B, II 1 a d.

[216] Erfurter Kommentar/*Preis*, § 611 BGB Rz. 82.

[217] Vgl. etwa *Hefermehl* in Geßler/Hefermehl, § 84 Rz. 35; *Hüffer*, § 84 Rz. 11; *Mertens* in Kölner Kommentar, § 84 Rz. 34; Großkomm. AktG/*Meyer-Landrut*, § 84 Anm. 15; Staudinger/*Richardi*, Vorbem. zu § 611 Rz. 262 (264).

[218] Vgl. hierzu ausführlich: *Henssler*, RdA 1992 290 (294).

[219] Vgl. zum Inhalt eines gesellschaftsrechtlichen Weisungsrechts auch: *Köhl*, DB 1996, 2597 (2602).

halts stellen derartige Weisungen zugleich auch Weisungen in bezug auf die Art der zu leistenden Arbeit im Sinne des arbeitsrechtlichen Weisungsrechts dar. Unter diesem Aspekt sind beide Weisungsformen daher inhaltsgleich, so dass eine Beeinträchtigung zumindest in Betracht kommt.

(2.) Beeinträchtigung der gesellschaftsrechtlichen Weisungsfreiheit durch Bestehen eines arbeitsrechtlichen Weisungsrechts

Allerdings geht die herrschende Meinung zu weit, wenn sie meint, schon aufgrund der strukturellen Gleichheit beider Weisungsformen trete zwingend eine Verletzung des in § 76 Abs. 1 AktG niedergelegten Grundsatzes der freien Leitungsmacht ein, wenn ein Vorstandmitglied arbeitsrechtlichen Weisungen unterliegt. Zu bedenken ist nämlich, dass die freie Leitungsmacht dem Vorstand in § 76 Abs. 1 AktG als Gesamtorgan eingeräumt wird. Zumindest soweit es sich um eine Mehrpersonen-Geschäftsführung handelt, ist es daher denkbar, dass der Vorstand die freie Leitungsmacht über das Unternehmen auch dann noch ausüben kann, wenn einzelne Geschäftsführungsmitglieder als weisungsgebunden im Sinne des Arbeitsrechts anzusehen sind. Der vom BAG für den Fall des GmbH-Geschäftsführers entwickelte differenzierte Ansatz könnte insoweit auf den Fall des AG-Vorstandsmitglieds übertragbar sein.[220]

Ob eine Beeinträchtigung der gesellschaftsrechtlichen Unabhängigkeit bei arbeitsrechtlicher Weisungsgebundenheit eines Vorstandsmitglieds vorliegt, hängt deshalb davon ab, wie sich die Stellung des einzelnen Vorstandsmitglieds im Einzelfall darstellt.

(a.) Alleinvorstand

Aufgrund des Umstandes, dass der Alleinvorstand einziger Träger der im Aktienrecht festgelegten Kompetenzen und insbesondere auch Träger der freien Leitungsmacht gem. §§ 76 ff. AktG ist,[221] würde dessen arbeitsrechtliche Weisungsgebundenheit notwendig dazu führen, dass dieser nicht mehr in der Lage ist, die in den §§ 76 ff. garantierten Rechte auszuüben. Um dieses zu vermeiden und der gesellschaftsrechtlichen Kompetenzordnung zur Durchsetzung zu verhelfen, ist daher davon auszugehen, dass eine Weisungsgebundenheit des Alleinvorstands ausgeschlossen sein muss. Ein Alleinvorstand daher kann niemals sozial abhängig im Sinne der Arbeitnehmer-Begriffsdefinition nach *Hueck* sein. Eine Arbeitnehmereigenschaft des Alleinvorstands ist somit aus rechtlicher Sicht nicht denkbar.

---

[220] Vgl. hierzu BAG, Urteil vom 26.05.2002 – 5 AZR 664/98 – in DB 1999, 1906 f.

[221] Vgl. *Dose*, S. 33 sowie hierzu bereits: Teil I, Ziff. A, III, 1.

(b.) Mehrköpfiger Vorstand / Gesamtgeschäftsführung

Ist der Vorstand nach dem gesetzlichen Grundmodell der Gesamtgeschäftsführung ausgestaltet und können daher Geschäftsführungsmaßnahmen nur im Einvernehmen sämtlicher Vorstandsmitglieder durchgeführt werden, ist eine mögliche arbeitsrechtliche Weisungsgebundenheit auch nur eines Vorstandsmitglieds ebenfalls problematisch. Da jedes einzelne Vorstandsmitglied in dieser Konstellation mittels des ihm zustehenden Vetorechts bei der Beschlussfassung die Durchführung von Geschäftsführungsmaßnahmen verhindern kann,[222] besteht die Besorgnis, dass durch die arbeitsrechtliche Weisungsgebundenheit auch nur eines Vorstandsmitglieds die freie Leitungsmacht gefährdet wird.

(c.) Mehrköpfiger Vorstand / Einzelgeschäftsführungsbefugnis

Im Fall einer Einzelgeschäftsführungsbefugnis nach Funktionen bzw. Ressorts, gilt im Ergebnis dasselbe. Die arbeitsrechtliche Weisungsgebundenheit des für eine Funktion bzw. einen Ressort zuständigen Vorstandsmitglieds könnte hier dazu führen, dass der Aufsichtsrat auf Bereiche der Geschäftsführung kraft des ihm (arbeitsrechtlich) zustehenden Weisungsrechts Einfluss nehmen könnte. Auch hier wäre die freie Leitungsmacht daher nicht mehr gewährleistet.

(d.) Mehrköpfiger Vorstand / Gemeinschaftliche Geschäftsführung mit mehrheitlicher Willensbildung

Etwas anderes könnte jedoch bei einer vereinbarten gemeinschaftlichen Geschäftsführungsbefugnis mit mehrheitlicher Willensbildung gelten, bei der für die Durchführung von Geschäftsführungsmaßnahmen ein Mehrheitsbeschluss genügt.[223]

Auf den ersten Blick scheint in dieser Konstellation die arbeitsrechtliche Weisungsfreiheit sämtlicher Vorstandsmitglieder nicht erforderlich, um der gesellschaftsrechtlich garantierten Kompetenzordnung und insbesondere der in § 76 AktG garantierten freien Leitungsmacht zur Durchsetzung zu verhelfen. Hier könnte die arbeitsrechtliche Weisungsabhängigkeit einzelner Vorstandsmitglieder in Betracht kommen, sofern sichergestellt ist, dass genügend unabhängige Vorstandsmitglieder vorhanden sind, die im Wege eines Mehrheitsentscheids weisungsfreie Entscheidungen treffen können.

Bei näherer Betrachtung erweist sich allerdings, dass auch diese Konstellation problematisch ist. Im Fall der Teilnahme eines arbeitsrechtlich weisungsgebundenen Vorstandsmitglieds an der Beschlussfassung des Vorstands ist auch dann, wenn die Mehrheit der Vorstandsmitglieder weisungsfrei ist, nicht gewährleistet, dass der Vorstand als Gesamtorgan seine Entscheidungen unabhängig zu treffen in der Lage ist. Es ist nicht ausgeschlossen, dass das weisungsgebundene Vorstands-

---

[222] Vgl. *Hüffer*, § 77 Rz. 6, *Zöllner*, S. 9 sowie im einzelnen oben: Teil I, Ziff A, III, 2.
[223] Vgl. hierzu im einzelnen oben: Teil I, Ziff. A, III 2.

mitglied bei der Beschlussfassung diejenige Stimme abgibt, die für das Beschlussergebnis entscheidend ist. Dies zeigt folgendes Beispielsszenario: Ist eine qualifizierte Mehrheit für die Durchführung einer Geschäftsführungsmaßnahme erforderlich und wäre das Abstimmungsergebnis in einem dreiköpfigen Vorstand 2:1 für die Durchführung der zur Abstimmung gestellten Maßnahme, so würde durch die Teilnahme eines arbeitsrechtlich weisungsgebundenen Vorstandsmitglieds an der Beschlussfassung das Beschlussergebnis dann beeinflusst, wenn das arbeitsrechtlich weisungsgebundene Vorstandsmitglied eine der beiden zustimmenden Stimmen abgegeben hätte. Hätte es dagegen die ablehnende Stimme abgegeben, so würde sich die Teilnahme an der Beschlussfassung im Beschlussergebnis nicht auswirken. Der Umstand, dass die Stimme des arbeitsrechtlichen weisungsgebundenen Vorstandsmitglieds die für das Beschlussergebnis entscheidende Stimme sein kann spricht dafür, dass die Arbeitnehmerstellung einzelner Vorstandsmitglieder auch im Fall der vereinbarten gemeinschaftlichen Geschäftsführung mit mehrheitlicher Willensbildung ausgeschlossen sein muss. Allein die Möglichkeit, dass durch das Abstimmungsverhalten eines arbeitsrechtlich weisungsgebundenen Vorstandsmitglieds das Ergebnis der Beschlussfassung beeinflusst wird oder sogar gar nicht festgestellt werden kann, reicht aus, um eine Gefährdung der freien Leitungsmacht des Vorstands als Gesamtgremium zu begründen.

Auch in Fällen, in denen die Mehrheit der Vorstandsmitglieder weisungsfrei ist, bestehen gegen die Arbeitnehmereigenschaft auch nur einzelner Vorstandsmitglieder daher aus gesellschaftsrechtlichen Gründen Bedenken.

(e.) Zwischenergebnis

Als Zwischenergebnis ist daher festzuhalten, dass bei Beteiligung eines arbeitsrechtlich weisungsgebundenen Vorstandsmitglieds an Geschäftsführungsmaßnahmen in sämtlichen der in Betracht kommenden Geschäftsführungsvarianten eine Beeinträchtigung der freien Leitungsmacht zu besorgen ist.

(f.) Bestehen eines Stimmrechtsverbots

Die insoweit bestehende Gefahr könnte in den Fällen der Gesamtgeschäftsführung sowie der Geschäftsführung mit mehrheitlicher Willensbildung allerdings dann ausgeschlossen sein, wenn arbeitsrechtlich weisungsgebundene AG-Vorstandsmitglieder wegen ihrer Weisungsgebundenheit von der Beschlussfassung über Geschäftsführungsmaßnahmen auszuschließen wären, diese mithin einem Stimmrechtsverbot unterlägen. Durch die Annahme eines Stimmrechtsverbots arbeitsrechtlich weisungsgebundener Vorstandsmitglieder würde die Gesellschaft in die Lage versetzt, unabhängig und wirksam Geschäftsführungsmaßnahmen zu beschließen.

Die Möglichkeit der Annahme eines Stimmrechtsverbots scheitert im Fall der Gesamtgeschäftsführung nach dem gesetzlichen Grundmodell nicht schon daran, dass bereits durch den Ausschluss einer an sich stimmberechtigten Person das Gesamtorgan außerstande gesetzt wird, überhaupt ordnungsgemäße Beschlüsse fassen zu können. Dies gilt selbst dann nicht, wenn die Durchführung von Maßnahmen nur dann positiv beschieden werden kann, wenn alle Gremiumsmitglieder zustimmen, denn für die Feststellung der Einstimmigkeit kommt es nur auf das Stimmverhalten der tatsächlich abgegebenen Stimmen an.[224] Auch wenn ein einem Stimmrechtsverbot unterliegendes Vorstandsmitglied entgegen dem bestehenden Verbot an der Beschlussfassung teilgenommen hätte, ist eine ordnungsgemäße Beschlussfassung des Gesamtgremiums noch gewährleistet. Seine Teilnahme führt nur zur Nichtigkeit der von ihm abgegebenen Einzelstimme,[225] was von der Nichtigkeit des Beschlusses scharf zu trennen ist.[226] Mängel der Einzelstimme machen den Beschluss daher ausschließlich dann nichtig, wenn die Nichtigkeitsfolge gesetzlich angeordnet ist oder sämtliche Stimmen nichtig sind.[227] Während sich gesetzliche Anordnungen der Nichtigkeit im AktG für Hauptversammlungsbeschlüsse in den §§ 192 Abs. 4, 212, 217 Abs. 2, 228 Abs. 2, 234 Abs. 3, 235 Abs. 2 sowie in § 241 AktG finden,[228] ist diese Folge für Vorstandsbeschlüsse nicht gesetzlich angeordnet. Der Fall, dass sämtliche Stimmen nichtig sind, wird in der Praxis kaum vorliegen und kann daher im vorliegenden Zusammenhang vernachlässigt werden, weshalb hier davon ausgegangen werden kann, dass Vorstandsbeschlüsse, die unter Beteiligung eines nicht Stimmrechtsbefugten zustanden gekommen sind, nicht nichtig sind..

Dies bedeutet jedoch nicht, dass eine verbotene Stimmabgabe in Bezug auf den gefassten Vorstandsbeschluss in allen Fällen rechtfolgenlos bleibt. Wegen der Rechtsfolgen ist vielmehr danach zu differenzieren, ob die nichtige Stimme für das Abstimmungsergebnis entscheidend war oder nicht. Im letzteren Fall wirkt sie sich auf den Beschluss nicht aus. Handelt es sich bei der nichtigen Stimme dagegen um eine für das Beschlussergebnis entscheidende Stimme, so ist sie wie eine Enthaltung zu behandeln und bei der Auswertung der Stimmen nicht mitzuzählen.[229]

Wäre somit bei Annahme eines Stimmrechtsverbots die Ordnungsgemäßheit der Beschlussfassung des Vorstands nicht beeinträchtigt, stellt sich die Frage, ob im Fall der Weisungsgebundenheit eines Vorstandsmitglieds die Voraussetzungen, die an das Vorliegen eines Stimmrechtsverbots zu stellen sind, erfüllt sind.

Stimmrechtsverbote bestehen, wenn ein Organmitglied selbst Beteiligter (bei dem Beschluss über ein Rechtsgeschäft) oder Betroffener des Gegenstands der Beschlussfassung ist. Der Stimmrechsausschluss wegen Betroffenheit beruht darauf,

---

[224] Vgl. auch: *Zöllner*, Stimmrechtsmacht, S. 360
[225] Vgl. *Zöllner*, Stimmrechtsmacht, S. 363 (364).
[226] *Zöllner*, Stimmrechtsmacht, S. 373.
[227] *Zöllner*, Stimmrechtsmacht, S. 373.
[228] Vgl. zur Nichtigkeit auch: *Schmidt*, § 15 II 1, S. 442.
[229] *Zöllner*, Stimmrechtsmacht, S. 359.

dass niemand Richter in eigener Sache sein darf.[230] Die Annahme eines Stimmrechtsausschlusses wegen der Beteiligtenstellung geht auf § 181 BGB zurück. Im Lichte des § 181 BGB sind sämtliche Stimmrechtsverbote wegen Interessenkollision auszulegen.[231] Allgemein anerkannt ist, dass die Befangenheit einen Ausschluss vom Stimmrecht rechtfertigen kann.[232] Mit dem Postulat der Rechtssicherheit nicht vereinbar wäre es allerdings, wenn jeder Interessenkonflikt zum Vorliegen eines Stimmverbots führen würde. Vielmehr müssen alle auf den allgemeinen Gedanken der Befangenheit beruhende Interessenkonflikte auf konkretisierbare Tatbestände zurückgeführt werden.[233] Auf eine möglichen Verstoß gegen Treu und Glauben gem. § 242 BGB allein kann ein Stimmrechtsverbot daher nicht gestützt werden.[234]

Im Fall des arbeitsrechtlich weisungsgebundenen Vorstandsmitglieds könnte man vom Vorliegen eines Interessenkonflikts und somit von einer Befangenheit zwar ausgehen, jedoch lässt sich diese nicht auf einen konkretisierbaren Tatbestand zurückführen. Die arbeitsrechtliche Weisungsbindung ist unter kein gesetzlich normiertes Stimmrechtsverbot subsumierbar, so dass deren direkte Anwendung in dieser Fallgestaltung nicht in Betracht kommt. Für ihre analoge Anwendung fehlt es am Vorliegen einer planwidrigen Regelungslücke. Die gesetzlichen Stimmrechtsverbote haben Ausnahmecharakter und sind daher analogiefeindlich.

Trotz Vorliegens eines sich aus der arbeitsrechtlichen Weisungsgebundenheit ergebenden Interessenkonflikts, ist im Ergebnis nicht davon auszugehen, dass die hiervon betroffenen Vorstandsmitglieder mit einem Stimmrechtsverbot belegt wären. Es könnte ihnen daher nicht versagt werden, an der Beschlussfassung des Vorstands teilzunehmen. Unter dem Gesichtpunkt des Vorliegens eines Stimmrechtsverbots kann daher die Gefahr einer Beeinträchtigung der freien Leitungsmacht des Gesamtgremiums nicht ausgeschlossen werden. Dies führt dazu, dass der Gefahr einer Beeinträchtigung der freien Leitungsmacht des Vorstands in der Konstellation der Gesamtgeschäftsführung sowie der Gesamtgeschäftsführung mit mehrheitlicher Willensbildung auch nicht im Wege der Annahme eines Stimmrechtsverbots begegnet werden kann.

(3.) Ergebnis

Somit ist in keiner der in Betracht kommenden Geschäftsführungsvarianten eine Beeinträchtigung der in § 76 AktG zwingend normierten freien Leitungsmacht im Fall der arbeitsrechtlichen Weisungsbindung einzelner Vorstandsmitglieder ausgeschlossen. Aus gesellschaftsrechtlichen Gründen muss daher jedes einzelne Vor-

---

230 *Flume*, § 7 V 2, S. 220 f., *Schmidt*, § 21 II 2, S. 608.
231 *Flume*, § 7 V 2, S. 221.
232 Vgl. *Hüffer*, § 142 Rz. 13; *Schmidt*, § 21 II 2, S. 608.; *Zöllner*, Stimmrechtsmacht, S. 145 ff.
233 *Schmidt*, § 21 II 2 , S. 608.
234 *Zöllner*, Stimmrechtsmacht, S. 264 f.

standsmitglied zwingend weisungsfrei sein. Es darf daher nicht „im Dienste eines anderen" beschäftigt sein.

f. Folgen für die Möglichkeit einer Arbeitnehmereigenschaft von AG-Vorstandsmitgliedern

Da die Weisungsgebundenheit jedoch nach dem oben Gesagten entscheidendes Merkmal zur Begründung der Arbeitnehmereigenschaft ist, bedeutet dies, dass Vorstandsmitglieder aus Rechtsgründen niemals Arbeitnehmer sein können.[235] Darauf, ob in rechtlicher Hinsicht die weiteren Kriterien für das Vorliegen einer Arbeitnehmereigenschaft erfüllt sein können, kommt es nicht an, da diese lediglich in Zweifelsfällen zur Bestimmung der Arbeitnehmereigenschaft ergänzend heranzuziehen sind.[236] Ein solcher Zweifelfall liegt hier indessen nicht vor. Wer zwingend weisungsfrei ist, kann aus Rechtsgründen nicht Arbeitnehmer sein.

g. Relevanz von Divergenzen zwischen den rechtlichen Vorgaben und der tatsächlichen Vertragsdurchführung

Da es für die Statusbeurteilung nach der hier als maßgeblich für die Bestimmung der Arbeitnehmereigenschaft erachteten Auffassung jedoch grundsätzlich auf die tatsächlichen Umstände der Leistungserbringung und nicht auf die rechtliche Lage ankommt, stellt sich die Frage, wie es sich auswirkt, wenn AG-Vorstandsmitglieder tatsächlich Weisungen (wenn auch rechtswidrigen) unterliegen. In einem solchen Fall könnte, sofern auch die weiteren Voraussetzungen hierfür vorliegen, eine Arbeitnehmereigenschaft mit der Folge anzunehmen sein, dass u.a. auch die arbeitsrechtlichen Kündigungsschutzbestimmungen direkte Anwendung finden würden.

Fraglich ist allerdings, ob im Fall des AG-Vorstandsmitglieds die von der herrschenden Auffassung geforderte Gesamtbetrachtung der tatsächlichen Umstände des Einzelfalls maßgeblich ist. Dem Erfordernis einer Gesamtbetrachtung liegt die Überlegung zugrunde, dass in Fällen, in denen eine Tätigkeit grundsätzlich sowohl als Arbeitnehmer als auch als Selbständiger erbracht werden kann, dem mit dem Arbeitsrecht verfolgten Schutzgedanken im Hinblick auf abhängig Beschäftigte nur dann adäquat Rechnung getragen wird, wenn nicht auf die formal rechtliche Ausgestaltung abgestellt wird, sondern darauf, wie sich das Schutzbedürfnis im Einzelfall tatsächlich darstellt. Hieraus folgt, dass die Gesamtbetrachtung der konkreten Verhältnisse des Einzelfalls nur dann interessengerecht ist, wenn beide Beschäftigungsformen rechtlich grundsätzlich zulässig sind. Beim GmbH-Geschäftsführer sind beide Beschäftigungsvarianten rechtlich möglich.[237] Die Position des

---

[235] Vgl. zum Stellenwert des Weisungsrechts nochmals: Erfurter Kommentar/*Preis*, § 611BGB Rz. 80 ff.

[236] Vgl. Erfurter Kommentar/Preis, § 61GB Rz. 80.

[237] BAG, Beschluss vom 06.05.1999 – 5 AZB 22/98 – in DB 1999, 1811 f.; vgl. aber: BGH, Urteil vom 09.02.1978 – II ZR 189/76 – in DB 1978, 520.

GmbH-Geschäftsführers ist im GmbHG nicht so ausgestaltet, dass diesem eine unabhängige Leitungsmacht eingeräumt wäre. § 37 Abs. 1 GmbHG geht vielmehr davon aus, dass der GmbH-Geschäftsführer umfangreichen Beschränkungen unterliegt, die sich sowohl aus dem Gesellschaftsvertrag als auch aus Gesellschafterbeschlüssen ergeben können. Der GmbH-Geschäftsführer ist daher nach der gesetzlichen Konzeption seines Amtes gerade nicht zwingend weisungsfrei. In seinem Fall nimmt das BAG daher zu Recht eine Gesamtbetrachtung der tatsächlichen Umstände des Einzelfalls vor und entscheidet an der konkreten Ausgestaltung die Statusfrage.[238] Bei AG-Vorstandsmitgliedern ist die gesellschaftsrechtlich vorgegebene Grundstruktur indessen eine völlig andere. In Bezug auf den Vorstand hat der Gesetzgeber in § 76 AktG eine Wertentscheidung dahingehend getroffen, dass das Amt zwingend weisungsfrei sein muss. Die Prüfung im Rahmen dieser Arbeit hat ergeben, dass die Weisungsfreiheit des Gesamtgremiums nur dann sichergestellt ist, wenn sämtliche Vorstandsmitglieder weisungsfrei sind. Durch die Implementierung der gesellschaftsrechtlichen Weisungsfreiheit hat der Gesetzgeber somit incidenter auch zum Ausdruck gebracht, dass die Tätigkeit des AG-Vorstandsmitglieds im Rahmen eines abhängigen Beschäftigungsverhältnisses in Form eines Arbeitsverhältnisses nicht zulässig ist.[239]

Es ist daher davon auszugehen, dass in seinem Fall die Erbringung der Tätigkeit nur als selbständige Tätigkeit möglich ist. In Bezug auf AG-Vorstandsmitglieder hat der Gesetzgeber somit eine besondere Beschäftigten-Kategorie geschaffen, die der Statusbestimmung nach den tatsächlichen Verhältnissen im Wege der von der herrschenden Auffassung praktizieren Gesamtbetrachtung der tatsächlichen Umstände entzogen ist.

Auch wenn das Beschäftigungsverhältnis eines AG-Vorstandsmitglieds in tatsächlicher Hinsicht im Einzelfall die für die Arbeitnehmereigenschaft maßgeblichen Merkmale aufweisen sollte, kann dies daher nicht zur Annahme des Arbeitnehmerstatus führen.

h. Ergebnis

AG-Vorstandsmitglieder sind daher unabhängig von der konkreten Ausgestaltung ihres Anstellungsverhältnisses im Einzelfall niemals Arbeitnehmer im Sinne des Arbeitsrechts. Eine direkte Anwendbarkeit der arbeitsrechtlichen Kündigungsschutzbestimmungen ist daher ausgeschlossen.

2. Die analoge Anwendbarkeit von Arbeitnehmerschutzrecht

In Betracht zu ziehen ist jedoch die analoge Anwendung von Arbeitnehmerschutzrecht auf AG-Vorstandsmitglieder mit dem Ziel der Gewährung eines über die all-

---

[238] BAG, Urteil vom 26.05.1999 – 5 AZR 664/98 – in DB 1999, 1906 f.; vorhergehend: BAG, Beschluss vom 06.05.1999 – 5 AZB 22/98 – in DB 1999, 1811 f.

[239] Vgl. zu den Ausnahmen in Konzernkonstellationen: Teil VI, Ziff. B.

gemeinen schuldrechtlichen Sicherungsmechanismen hinausgehenden arbeitsrechtlichen Mindestschutzes.[240]

Im folgenden wird zunächst der für die analoge Anwendung von Arbeitnehmerschutzrecht auf AG-Vorstandsmitglieder maßgebliche abstrakte Prüfungsmaßstab bestimmt. Ausgehend von den dort erzielten Ergebnissen wird dann für den im Rahmen dieser Arbeit besonders relevanten Bereich der arbeitsrechtlichen Kündigungsschutzbestimmungen anhand der praktisch relevantesten Normen einzelfallbezogen untersucht, ob diese auf AG-Vorstandsmitglieder Anwendung finden können.

a. Voraussetzungen der analogen Anwendbarkeit von Arbeitnehmerschutzrecht auf AG-Vorstandsmitglieder

Unter einer Analogie ist die Übertragung der für einen bestimmten Tatbestand geltenden gesetzlichen Regel auf einen im Gesetz nicht geregelten, ähnlichen Tatbestand zu verstehen.[241]

aa. Vorliegen einer planwidrigen Regelungslücke

Eine analoge Anwendbarkeit von Kündigungsschutzvorschriften auf im Rahmen eines freien Dienstverhältnisses beschäftigte Vorstandsmitglieder setzt zunächst das Bestehen einer planwidrigen Regelungslücke voraus.[242] Die für eine Analogiebildung erforderliche Lücke ist dann anzunehmen, wenn eine bestimmte Regelung im ganzen unvollständig ist, d.h. wenn sie keine Regel für eine solche Frage enthält, die nach der zugrunde liegenden Regelungsabsicht einer Regelung bedarf.[243] Planwidrigkeit liegt dann vor, wenn die Regelungslücke vom Gesetzgeber nicht gewollt ist. AG-Vorstandsmitglieder dürften mithin bei der Schaffung der kündigungsschutzrechtlichen Bestimmungen nicht bewusst und zweckgerichtet aus dem Anwendungsbereich der in Betracht kommenden Schutzgesetze ausgegrenzt worden sein.

bb. Erfordernis der Rechtsähnlichkeit

Ferner ist für einen Analogieschluss erforderlich, dass infolge ihrer Ähnlichkeit in den für die gesetzliche Bewertung maßgeblichen Hinsichten beide Tatbestände gleich zu bewerten sind. Dem liegt die Forderung zugrunde, dass rechtlich Gleichartiges auch rechtlich gleich zu behandeln ist.[244] Soweit eine Regelungslücke besteht, entscheidet über die analoge Anwendung mithin maßgeblich das Kriterium der Rechtsähnlichkeit.[245] Um festzustellen, ob die für die analoge Anwendbarkeit

---

[240] Vgl. hierzu: *Henssler*, RdA 1992, S. 289 (294).
[241] Vgl. auch Bydlinski, S. 477 f.
[242] Vgl. *Larenz*, S. 370 ff. (373).
[243] *Larenz*, S. 372.
[244] Vgl. *Larenz*, S. 381.
[245] Vgl. auch *Kucera*, S. 132 f.

erforderliche Rechtsähnlichkeit vorliegt, ist zu fragen, auf welchen rechtlichen Grundgedanken die einschlägigen arbeitsrechtlichen Schutzbestimmungen beruhen und ob und inwieweit diese Prinzipien gleichermaßen auch die Vorstandsmitglieder betreffen. Die Rechtsähnlichkeit hängt in subjektiver Hinsicht davon ab, ob das Vorstandsmitglied vergleichbar einem Arbeitnehmer persönlich schutzbedürftig ist.[246] In diesem Zusammenhang kommt der wirtschaftlichen Abhängigkeit entscheidende Bedeutung zu.[247] Die wirtschaftliche Abhängigkeit wird maßgeblich davon beeinflusst, ob das betroffene Vorstandsmitglied gleichzeitig auch Gesellschafter oder nur Fremdgeschäftsführer ist.

Soweit AG-Vorstandmitglieder ihre Arbeitskraft dem Unternehmen hauptberuflich zur Verfügung stellen, begeben sie sich jedenfalls dann, wenn sie als Fremdgeschäftsführer tätig werden, in eine wirtschaftliche Abhängigkeit,[248] die sie vergleichbar einem leitenden Angestellten schutzbedürftig macht. Bei Fremdgeschäftsführern ist daher die analoge Anwendbarkeit von arbeitsrechtlichen Schutzvorschriften zu erwägen, soweit sie dem Ausgleich der wirtschaftlichen Abhängigkeit dienen.[249] Hierzu gehören die Vorschriften über die Sicherung der Lohn- und Pensionsansprüche aber auch die im vorliegenden Zusammenhang relevanten arbeitsrechtlichen Bestandsschutzvorschriften. Darüber hinaus kann eine analoge Anwendung der Kündigungsschutzvorschriften immer dann in Betracht gezogen werden, wenn ein AG-Vorstandsmitglied zwar Gesellschafter ist, die Kapitalbeteiligung jedoch nicht ausreicht, um nachteilige Einflussnahmen der Gesellschaft auf das Anstellungsverhältnis verhindern zu können. Analogiefeindlich sind dagegen die Fälle der Mehrheitsbeteiligung, da hier die einem Arbeitnehmer vergleichbare wirtschaftliche Schutzbedürftigkeit des AG-Vorstandsmitglieds nicht vorliegt: Es ist ausgeschlossen, dass durch die Gesellschaft Maßnahmen beschlossen werden, die das Vorstandsmitglied gegen seinen Willen in seiner anstellungsvertraglichen Stellung beeinträchtigen können. [250]

Die Frage, ob eine die analoge Anwendbarkeit von arbeitsrechtlichen Kündigungsschutzvorschriften rechtfertigende Rechtsähnlichkeit in normzweckbezogener Hinsicht vorliegt, ist einzelfallbezogen anhand der Ratio jeder in Betracht kommenden Kündigungsschutzvorschrift zu untersuchen.

---

[246] *Kucera*, S. 143.
[247] *Henssler*, RdA 1992, S. 289 (294).
[248] *Fleck* in FS für Hilger und Stumpf, S. 197 (209 f.); *Martens* in FS für Hilger und Stumpf, S. 437 (439 ff.)
[249] *Henssler*, RdA 1992, 289 (295).
[250] Henssler stellt zur Bestimmung der sozialen Schutzbedürftigkeit ergänzend auf die Art der dem Vorstandsmitglied gezahlten Vergütung ab. Er geht davon aus, dass in Fällen, in denen ein Vorstandsmitglied aufgrund umfangreicher Tantiemezahlungen wirtschaftlich am Unternehmenserfolg beteiligt ist, eine einem Arbeitnehmer vergleichbare Schutzbedürftigkeit nicht vorliegt. Wer nicht unerheblich an den unternehmerischen Erfolgen partizipiere, dürfe sich nicht darauf berufen, dass er bei unternehmerischen Misserfolgen eines besonderen Existenzschutzes bedürfe.

b. Kein Ausschluss der Analogiebildung aufgrund des Vorrangprinzips

Aus der Geltung des Vorrangprinzips[251] folgt, dass eine analoge Anwendbarkeit arbeitsrechtlicher Kündigungsschutzvorschriften auf AG-Vorstandsmitglieder trotz Vorliegens der für eine Analogiebildung erforderlichen Voraussetzungen dann nicht in Betracht kommt, wenn die mit der Organstellung des AG-Vorstandsmitglieds im Zusammenhang stehenden Besonderheiten seines Anstellungsverhältnisses dies verbieten. Hiervon ist dann auszugehen, wenn im Fall der analogen Anwendung die Funktionsfähigkeit des Unternehmens gefährdet oder im AktG zwingend normierte Gesellschaftsprinzipien beeinträchtigt würden. Im Rahmen der gebotenen Gesamtwürdigung muss die Schutzbedürftigkeit des Geschäftsleiters ausnahmsweise hinter die Gesellschaftsinteressen zurücktreten.[252]

c. Die analoge Anwendbarkeit einzelner arbeitsrechtlicher Kündigungsschutzvorschriften

Im folgenden soll nun anhand der praktisch relevantesten in Betracht kommenden arbeitsrechtlichen Kündigungsschutzvorschriften geprüft werden, inwieweit diese auf AG-Vorstandsmitglieder analog Anwendung finden können. Die persönliche Schutzbedürftigkeit des einzelnen Vorstandsmitglieds entsprechend den oben dargestellten Grundsätzen wird dabei vorausgesetzt.

aa. Die analoge Anwendung des KSchG

Für die analoge Anwendung des KSchG auf AG-Vorstandsmitglieder müsste zunächst eine planwidrige Regelungslücke bestehen.

Da das Gesetz in seinem direkten Anwendungsbereich das Bestehen eines Arbeitsverhältnisses voraussetzt und eine dem Schutz des KSchG vergleichbare Regelung zugunsten von Personen, die in einem freien Dienstverhältnis als AG-Vorstandsmitglieder stehen, nicht ersichtlich ist, liegt diesbezüglich eine Regelungslücke vor.

Diese müsste zudem planwidrig, vom Gesetzgeber also nicht beabsichtigt sein. In § 14 Abs. 1 KSchG hat der Gesetzgeber ausdrücklich Geltungsbereichsausnahmen für leitende Angestellte normiert. Gem. § 14 Abs. 1 Nr. 1 KSchG findet das Gesetz keine Anwendung auf Organmitglieder juristischer Personen, soweit diese zur gesetzlichen Vertretung der juristischen Person berufen sind.[253] § 14 Abs. 1 Nr. 1 KSchG enthält eine negative Fiktion dergestalt, dass allein die Tatsache des Vorliegens der Organstellung die Anwendung des Kündigungsschutzgesetzes zwingend ausschließt.[254] Die dort genannten Personengruppen sollen ohne Rücksicht darauf, ob angesichts der Besonderheiten des Einzelfalls das Rechtsverhältnis

---

[251] Teil II, Ziff. B, I 2 b.

[252] In diesem Sinn auch: *Henssler*, RdA 1992, 289 (296).

[253] Vgl. etwa: *Herschel*, RdA 1962, 59; *Lutter/Hommelhoff*, § 6 Anh. Rz. 47.

[254] Vgl. *Bauer*, BB 1994, 855 (856); *Sowka*, § 14 KSchG Rz. 4.

als Arbeitsverhältnis angesehen werden müsste, allein wegen ihrer organschaftlichen Stellung aus dem Anwendungsbereich des allgemeinen Kündigungsschutzes ausgeklammert werden.[255] Darauf, ob AG-Vorstandsmitglieder im Einzelfall vergleichbar einem Arbeitnehmer schutzbedürftig sind, kommt es für die Anwendbarkeit des KSchG nicht an.Der Gesetzgeber hat in § 14 Abs. 1 Nr. 1 KSchG eine Entscheidung getroffen, die im Interesse der Rechtssicherheit und Rechtsklarheit nicht durch eine analoge Anwendung der Vorschriften auf AG-Vorstandsmitglieder unterlaufen werden darf.

Es liegt somit keine planwidrige Regelungslücke vor, so dass die analoge Anwendbarkeit der Vorschriften des KSchG auf AG-Vorstandsmitglieder ausscheidet.

bb. Die analoge Anwendung der Kündigungsschutzvorschriften zugunsten Schwerbehinderter bzw. Gleichgestellter gem. §§ 85 ff. SGB IX

Gem. § 85 SGB IX bedarf die Kündigung eines schwerbehinderten Menschen durch den Arbeitgeber der vorherigen Zustimmung des Integrationsamts. Eine ohne die Zustimmung des Integrationsamts ausgesprochene Kündigung ist bereits aus diesem Grund unwirksam.[256]

Zu prüfen ist, ob die für die analoge Anwendbarkeit der Vorschriften über den Kündigungsschutz Schwerbehinderter bzw. ihnen Gleichgestellter erforderliche planwidrige Regelungslücke vorliegt.Wie sich bereits aus dem Wortlaut von § 85 SGB IX ergibt, knüpft die Geltung des besonderen Kündigungsschutzes nach dem 9. Sozialgesetzbuch, ebenso wie die Vorschriften des bis dato geltenden SchwbG, an das Vorliegen eines Arbeitsverhältnisses an.[257] Mit der Begründung, dass Vorstandsmitglieder einer AG nicht in einem Arbeitsverhältnis stünden,[258] wird die Anwendbarkeit des Kündigungsschutzes Schwerbehinderter bzw. Gleichgestellter auf AG-Vorstandsmitglieder vom BGH sowie der herrschende Meinung in der Literatur abgelehnt.[259] Dieser Auffassung ist zuzustimmen, soweit es die direkte Anwendung der Vorschriften betrifft.Da der Gesetzgeber es darüber hinaus unterlasen hat, AG-Vorstandsmitglieder in den gesetzlichen Schutzbereich in anderer Weise einzubeziehen, obwohl dies im Einzelfall wegen der soziologischen Vergleichbar-

---

[255] BAG, Urteil vom 17.01.2002 – 2 AZR 719/00 – in DB 2002, 1945 f.

[256] vgl. *Cramer*, § 15 SchwbG Rz. 4; Erfurter Kommentar/*Rolfs*, § 85 SGB IX Rz. 14; Kasseler Hdb. z. ArbR/*Thiele*, Ziff. 3.1 Rz. 222.

[257] Vgl. GK-SchwbG/*Steinbrück*, § 15 Rz. 111; *Neumann/Pahlen*, § 15 SchwbG Rz. 27.

[258] Vgl. für den GmbH-Geschäftsführer: BGH, Urteil vom 09.02.1978 – II ZR 189/76 – in NJW 1978, 1435 (1437); generell für Organmitglieder: *Cramer*, § 15 SchwbG Rz. 6; *Neumann/Pahlen*, § 7 SchwbG Rz. 4, Rz. 6.

[259] Vgl. BGH, Urteil vom 09.02.1978 – II ZR 189/76 – in DB 1978, 147 ff. (für den GmbH-Geschäftsführer); BGH, Urteil vom 15.06.1978 – II ZR 120/77 – in DB 1979, 354 (unter Hinweis darauf, dass dies nur den direkten Anwendungsbereich der arbeitsrechtlichen Schutzvorschriften betrifft), *Cramer*, § 15 SchwbG Rz. 6; Erfurter Kommentar/*Rolfs*, § 85 SGB IX Rz. 4; *Neumann/Pahlen*, § 7 SchwbG Rz. 4, Rz. 6.

keit mancher Vorstandsmitglieder mit leitenden Angestellten interessengerecht sein könnte, liegt diesbezüglich eine Regelungslücke vor.

Fraglich ist allerdings, ob die Regelungslücke auch planwidrig ist. Planwidrigkeit läge dann nicht vor, wenn der Gesetzgeber Organmitglieder juristischer Personen bewusst und gewollt aus dem Anwendungsbereich des Gesetzes ausgegrenzt hätte.Eine solche Geltungsbereichsausnahme könnte sich aus der Vorschrift des § 90 Abs. 1 Nr. 5 SGB IX ergeben. § 90 Abs. 1 Nr. 5 SGB IX bestimmt, dass die §§ 85 ff. SGB IX nicht für Personen gelten, die auf Stellen im Sinne des § 73 Abs. 2 Nr. 2 bis 6 SGB IX beschäftigt werden. Nach § 73 Abs. 2 Nr. 5 SGB IX zählen hierzu u.a. solche, die nach ständiger Übung in ihre Stellen gewählt werden. Das AG-Vorstandsmitglied ist jedoch – anders als dies beispielsweise bei Richtern an den obersten Gerichtshöfen der Fall ist[260] – nicht in seine Stellung gewählt, sondern im Wege eines einseitigen körperschaftlichen Rechtsakts bestellt worden.[261] AG-Vorstandsmitglieder können daher nicht unter die zitierten Normen subsumiert werden, so dass hieraus keine Ausnahme schwerbehinderter Vorstandsmitglieder aus dem Geltungsbereich des Gesetzes folgt. Aus diesen Vorschriften kann daher die Planmäßigkeit der Regelungslücke nicht geschlossen werden. Möglicherweise kann die Entstehungsgeschichte des gesetzlichen Schwerbehindertenschutzes jedoch Anhaltpunkte für die Beantwortung der Frage nach der Planwidrigkeit der Regelungslücke bieten. Unter der Geltung des Schwerbeschädigtengesetzes 1961 waren schwerbehinderte Organmitglieder noch ausdrücklich aus dem Geltungsbereich des Gesetzes ausgenommen.[262] Sofern diese Auffassung des Gesetzgebers auch unter der Geltung des SGB IX noch Gültigkeit hätte, wäre die Planwidrigkeit der Regelungslücke zu verneinen. Zwar finden sich weder in der Gesetzesbegründung zur Neufassung des Schwerbehindertengesetzes[263] noch in derjenigen zum SGB IX[264] ausdrückliche Hinweise darauf, dass der Gesetzgeber mit der Neuregelung eine Änderung gegenüber der bis dato geltenden Gesetzeslage vornehmen wollte. Trotzdem spricht die Nichtregelung im Rahmen des SGB IX dafür, dass der Gesetzgeber schwerbehinderte Organmitglieder – in Abweichung zum Schwerbeschädigtengesetz – vom Geltungsbereich des SGB IX nicht pauschal hat ausnehmen wollen. Der Gesetzgeber hat dort, wo er eine Anwendbarkeit auf Organmitglieder juristischer Personen unabhängig von den konkreten Umständen des Einzelfalls ausschließen wollte, dies jeweils ausdrücklich gesetzlich normiert. So finden sich entsprechende Vorschriften nicht nur im KSchG, sondern auch im ArbGG sowie im BetrVG. Hätte er die pauschale Geltungsbereichsausnahme auch

[260] Vgl. *Cramer*, § 7 SchwbG Rz. 16.
[261] Vgl. dazu ausführlich: Teil I, Ziff. A, II 2.
[262] Vgl. § 5 Abs. 2 b SchwbG 1961 und hierzu eingehend: *Becker*, Schwerbeschädigtengesetz (1962), § 5 Rz. 10 f.
[263] BT-Drucksache 7/656.
[264] BT-Drucksache 14/5074.

für den Bereich des Schwerbehindertenrechts gewollt, so hätte er dies auch hier ausdrücklich so geregelt. Es kann daher nicht davon ausgegangen werden, dass der im Schwerbeschädigtengesetz 1961 zum Ausdruck gebrachte Wille des Gesetzgebers hinsichtlich der Nichtanwendbarkeit der Vorschriften auf Organmitglieder juristischer Personen auch noch unter der Geltung des SGB IX Gültigkeit beansprucht. Dafür, dass der Gesetzgeber im Rahmen des SGB IX einen pauschalen Ausschluss schwerbehinderter Organmitglieder nicht wollte, spricht auch, dass ihm bereits unter der Geltung des SchwbG der Streit um dessen Anwendbarkeit auf Organmitglieder juristischer Personen bekannt war. Hätte er diesen Streit in dem Sinn beenden wollen, dass Organmitglieder aus dem Geltungsbereich pauschal ausgenommen sein sollen, so hätte er dies vergleichbar den oben genannten gesetzlichen Geltungsbereichsausnahmen sicherlich anlässlich der Novellierung des Schwerbehindertenrechts im SGB IX ausdrücklich dort klargestellt. Da er dies jedoch nicht getan hat, ist vom Vorliegen einer planwidrigen Regelungslücke auszugehen.

Der gesetzliche Schwerbehindertenschutz verfolgt drei Hauptziele, nämlich die Eingliederung von Schwerbehinderten in das Arbeitsleben durch die Beschaffung von Arbeitsplätzen, den Schutz gegen ungerechtfertigten Verlust des Arbeitsplatzes sowie den Schutz des Schwerbehinderten im Arbeitsverhältnis durch Steigerung der dem Arbeitgeber obliegenden Fürsorgepflicht.[265] Den Schwerbehinderten bzw. ihnen Gleichgestellten soll eine gleichberechtigte Teilhabe am Leben in der Gesellschaft gesichert werden, vgl. § 1 SGB IX. Zwingende Gründe, den Grundgedanken der Regelungen des SGB IX nur auf solche Personen zu beschränken, die formal in einem Arbeitsverhältnis stehen, sind nicht ersichtlich. Diese Schutzzwecke treffen auch auf das AG-Vorstandsmitglied ohne Rücksicht auf seinen Status als freier Dienstnehmer zu, so dass mit Blick auf den Schutzzweck der Normen ebenfalls eine vergleichbare Interessenlage vorliegt, die die analoge Anwendung der Vorschriften des SGB IX auch auf schwerbehinderte Vorstandsmitglieder zu rechtfertigen geeignet ist, sofern diese nach den oben dargestellten Grundsätzen im Einzelfall persönlich schutzbedürftig sind.

Zu prüfen ist nun, ob der analogen Anwendbarkeit der Kündigungsschutzvorschriften des SGB IX die mit der Organstellung verbundenen Besonderheiten des Anstellungsverhältnisses eines AG-Vorstandsmitglieds entgegenstehen. Bei Anerkennung der analogen Anwendbarkeit der Kündigungsschutzvorschriften des SGB IX hängt die Wirksamkeit der gegenüber dem Vorstandsmitglied auszusprechenden Kündigung von der Zustimmung des Integrationsamts ab. Sofern dieses der Kündigung nicht zustimmt, wäre die Gesellschaft nicht in der Lage, das Anstellungsverhältnis einseitig im Wege der ordentlichen Kündigung zu lösen. Infolge dessen

---

[265] Vgl. *Schaub*, § 178 Rz. 2.

wäre sie verpflichtet, jedenfalls die Bezüge[266] des Betroffenen bis zum Ende der Vertragslaufzeit fortzuzahlen. Darüber hinaus müsste die Gesellschaft zusätzliches Geld aufbringen, um auch das dem abberufenen Vorstandsmitglied nachfolgende Vorstandsmitglied bezahlen zu können. Die Anwendbarkeit der Kündigungsschutzvorschriften des SGB IX würde daher für die Gesellschaft einen erheblichen finanziellen Mehraufwand mit sich bringen. Ein rein finanzieller Aspekt genügt indessen nicht, um die für einen Analogieschluss erforderliche Rechtsähnlichkeit zwischen Arbeitnehmern und AG-Vorstandsmitgliedern abzulehnen. Die finanziellen Folgen, die sich aus der Verweigerung der Zustimmung des Integrationsamts ergeben können, nimmt der Gesetzgeber im Anwendungsbereich des SGB IX unabhängig davon, wie hoch die dem Schwerbehinderten zu zahlende Vergütung im Einzelfall sein mag, bewusst in Kauf. Er hat hier eine klare Wertentscheidung dahingehend getroffen, dass den rein finanziellen Interessen des Arbeitgebers im Fall der Zustimmungsverweigerung gegenüber dem Beschäftigungsinteresse des Schwerbehinderten eine nachrangige Bedeutung zukommt. Im Fall der ordentlichen Kündigung eines Vorstandsmitglieds erschöpfen sich die Folgen der Anwendung des SGB IX indessen nicht auf diese rein finanzielle Aspekte. Vielmehr werden durch die Zuerkennung der Anwendbarkeit der §§ 85 ff. SGB IX Wirkungen verursacht, die aus gesellschaftsrechtlicher Sicht Bedenken begegnen. So besteht die Gefahr, dass sich der Aufsichtsrat dazu veranlasst sehen könnte, von einer berechtigten Abberufung eines Vorstandsmitglieds allein unter wirtschaftlichen Aspekten abzusehen, um so finanzielle Doppelbelastung der Gesellschaft zu vermeiden. Diese Gefahr wollte die Gesellschaft bei Abschluss des Anstellungsvertrages durch die Vereinbarung einer ordentlichen Kündbarkeit im Einvernehmen mit dem Vorstandsmitglied gerade ausschließen. Bei Anerkennung der analogen Anwendbarkeit der §§ 85 ff. SGB IX wäre daher die Unabhängigkeit des Aufsichtsrats, zum Wohl der Gesellschaft darüber zu befinden, ob sie ein Vorstandsmitglied abberufen oder beibehalten will, nicht mehr gewährleistet. Dies stellt einen Eingriff in die gesellschaftsrechtlich garantierten Kompetenzen des Aufsichtsrats dar. Dieser könnte seine Entscheidungen in Bezug auf die Einleitung der seiner Auffassung nach erforderlichen Schritte nicht mehr autonom treffen, sondern wäre insoweit von der Entscheidung des Integrationsamts abhängig. Die mit der Organstellung im Zusammenhang stehenden Besonderheiten des Anstellungsverhältnisses eines AG-Vorstandsmitglieds stehen daher der für einen Analogieschluss erforderlichen Rechtsähnlichkeit mit einem Arbeitsverhältnis i.S.v. § 85 SGB IX entgegen.

Eine analoge Anwendbarkeit der §§ 85 ff. SGB IX auf AG-Vorstandsmitglieder scheidet daher generell aus.

---

[266] Zur Frage ob darüber hinaus auch ein Anspruch des ehemaligen Vorstandsmitglieds auf tatsächliche Beschäftigung besteht: Teil IV, Ziff. B.

cc. Die analoge Anwendbarkeit der Kündigungsschutzvorschriften nach dem MuSchG

Auch aus der analogen Anwendbarkeit der Vorschriften des MuSchG könnte sich ein besonderer Kündigungsschutz ergeben, der das Recht der Gesellschaft zur ordentlichen Kündigung eines weiblichen Vorstandsmitglieds einschränken könnte.

Entsprechend dem Titel des Gesetzes enthält dieses Bestimmungen darüber, durch welche Maßnahmen der Schutz erwerbstätiger Mütter im Arbeitleben zu gewährleisten ist. Im ersten Abschnitt sind allgemeine Vorschriften über die Gestaltung des Arbeitsplatzes werdender oder stillender Mütter normiert. Im Anschluss hieran werden Beschäftigungsverbote geregelt. Der dritte Abschnitt widmet sich dem Kündigungsschutz erwerbstätiger Mütter. Der vierte Abschnitt des Gesetzes befasst sich mit Leistungsfragen.

Für die hier diskutierte Problematik der Beendbarkeit des Anstellungsverhältnisses eines AG-Vorstandsmitglieds ist insbesondere § 9 MuSchG relevant. Dei Anwendbarkeit des MuSchG auf AG-Vorstandsmitglieder kann jedoch nicht isoliert nur anhand dieser Vorschrift beurteilt werden. Das MuSchG stellt ein einheitliches Schutzsystem dar, so dass die Anwendbarkeit auch nur insgesamt beurteilt werden kann. § 9 MuSchG bestimmt, dass die Kündigung gegenüber einer Frau während der Schwangerschaft und bis zum Ablauf von vier Monaten nach der Entbindung unzulässig ist, wenn dem Arbeitgeber zur Zeit der Kündigung die Schwangerschaft oder die Entbindung bekannt war oder innerhalb von zwei Wochen nach Zugang der Kündigung mitgeteilt wird.

Gem. § 1 MuSchG gilt das Gesetz für Frauen, die in einem Arbeitsverhältnis stehen sowie für weibliche in Heimarbeit Beschäftigte und ihnen Gleichgestellte, soweit sie am Stück mitarbeiten.Ebenso wie im Bereich des Schwerbehindertenschutzes ist die herrschende Meinung wegen der in § 1 MuSchG vom Gesetzgeber gewählten Formulierung „in einem Arbeitsverhältnis stehen“, soweit es die direkte Anwendbarkeit der mutterschutzrechtlichen Vorschriften betrifft, zu Recht der Auffassung, dass das Gesetz auf weibliche AG-Vorstandsmitglieder keine Anwendung findet.[267] Einige Stimmen in der Literatur sind zwar der Ansicht, dass der Begriff des Arbeitsverhältnisses im Anwendungsbereich des MuSchG weiter ausgelegt werden müsse, als dies nach der üblichen Begriffsdefinition der Fall ist, mit der Folge, dass auch AG-Vorstandsmitglieder dem direkten Anwendungsbereich des Gesetzes unterfallen können.[268] Das Gesetz bietet für eine solch extensive Auslegung jedoch keine Anknüpfungspunkte. Es ist daher davon auszugehen, dass

---

[267] Vgl. BSG, Urteil vom 24.11.1983 – 3 RK 35/82 – in DB 1984, 510; *Buchner/Becker*, § 1 MuSchG Rz. 84 f.; *Heilmann*, § 1 MuSchG Rz. 37; *Meisel/Sowka*, § 1 MuSchG Rz. 20; *Zmarzlik/Zipperer/Viethen*, § 1 MuSchG Rz.14.

[268] Vgl. etwa *Krauss*, S. 303 ff.

der Begriff des Arbeitsverhältnisses im Sinne der allgemein im Arbeitsrecht geltenden Begriffsdefinition auszulegen ist.[269]

Zu prüfen ist deshalb, ob die eine analoge Anwendung der Vorschriften des MuSchG rechtfertigende planwidrige Regelungslücke vorliegt.[270]

Ausweislich seines in § 1 MuSchG bezeichneten Anwendungsbereichs ist das Gesetz direkt nur auf Arbeitsverhältnisse im Sinne des Arbeitsrechts anwendbar. Eine extensive Auslegung des Begriffs kommt nach oben Gesagtem nicht in Betracht. Andere Schutzvorschriften zugunsten von werdenden Müttern, die im Rahmen eines freien Dienstverhältnisses beschäftigt sind, sind nicht ersichtlich. Eine Regelungslücke liegt mithin vor. Auch ist davon auszugehen, dass das Nichtvorhandensein von Regelungen zum Schutz werdender Mütter, die in einem freien Dienstverhältnis stehen, planwidrig ist. Eine ausdrückliche Geltungsbereichsausnahme im Hinblick auf Organmitglieder juristischer Personen enthält das MuSchG – anders als das KSchG – nicht. Anhaltspunkte für einen entsprechenden Willen des Gesetzgebers sind nicht ersichtlich. Weiterhin müsste die für einen zulässigen Analogieschluss erforderliche Rechtsähnlichkeit des gesetzlich geregelten Sachverhalts mit dem hier in Rede stehenden Sachverhalt vorliegen. Der dem Gesetz zugrunde liegende Schutzzweck müsste im Fall schwangere Arbeitnehmer ebenso anwendbar sein wie im Fall von Schwangeren, die in einem freien Dienstverhältnis stehen. Gem. Art. 6 Abs. 4 GG hat jede Mutter Anspruch auf den Schutz und die Fürsorge der Gemeinschaft. Auf Grundlage dieser grundgesetzlichen Garantie gewährleistet das MuSchG auf dem Gebiet des Arbeitsrechts während der Schwangerschaft und einige Zeit nach der Entbindung einen umfassenden besonderen Schutz. Das Gesetz verfolgt durch die Anordnung von Beschäftigungsverboten die Abwehr von arbeitsplatzbedingten Risiken und Gefahren für Leben und Gesundheit von Mutter und Kind (Gesundheitsschutz). Während der bestehenden Beschäftigungsverbote soll die Frau vor finanziellen Nachteilen geschützt werden (Entgeltschutz). Zur effektiven Verwirklichung von Gesundheits- und Entgeltschutz enthält das MuSchG u.a. das im vorliegenden Zusammenhang besonders relevante Kündigungsverbot gem. § 9 MuSchG. Dies soll davor schützen, dass eine Frau aufgrund ihrer Schwangerschaft ihren Arbeitsplatz verliert (Arbeitsplatzschutz).[271] Zwingende Gründe, den Grundgedanken der Regelungen des MuSchG vom Bestehen eines Arbeitsverhältnisses abhängig zu machen, bestehen nicht. Die genannten Schutzzwecke treffen auch bei werdenden Müttern zu, die ein freies Dienstverhältnis bekleiden. Dies gilt insbesondere auch für den der Vorschrift des § 9 Abs. 1 MuSchG zugrundeliegenden Schutzzweck.[272] Weibliche Vorstandsmitglieder, die in einem

---

[269] Vgl. BSG, Urteil vom 05.09.1957 – 7 Rar 145/55 – in BB 1958, 84; *Schaub*, § 167 Rz. 6.

[270] Vgl. zu den Voraussetzungen der Analogie im einzelnen: Teil II, Ziff. B, II 2 a.

[271] Vgl. Küttner/*Reinecke*, Mutterschutz Rz. 1.

[272] Jedenfalls soweit das betroffene Vorstandsmitglied sozial schutzbedürftig ist. Daran fehlt es – wie bereits gezeigt – bei wesentlicher Kapitalbeteiligung.

freien Dienstverhältnis stehen, sind auf den Erhalt ihrer Stellung ebenso angewiesen, wie dies bei Arbeitnehmerinnen der Fall ist. In beiden Fällen wird die Tätigkeit regelmäßig zur Absicherung der sozialen Existenz ausgeübt. Der den mutterschutzrechtlichen Normen zugrunde liegende Schutzzweck spricht daher dafür, dass eine vergleichbare Interessenlage vorliegt, die die analoge Anwendung der Vorschriften des MuSchG auch auf schwangere Vorstandsmitglieder rechtfertigt, sofern im Einzelfall ein einem Arbeitnehmer vergleichbares individuelles Schutzbedürfnis vorliegt.

Der analogen Anwendbarkeit könnten jedoch aufgrund er Geltung des Vorrangprinzips die mit der Organstellung verbundenen Besonderheiten des Anstellungsverhältnisses eines AG-Vorstandsmitglieds entgegenstehen. Rein finanzielle Gesellschaftsinteressen reichen auch im Anwendungsbereich des MuSchG nicht aus, um eine analoge Anwendung der mutterschutzrechtlichen Vorschriften auf im Rahmen eines freien Dienstverhältnisses beschäftigte, weibliche Vorstandsmitglieder abzulehnen. Der Gesetzgeber hat in diesem Gesetz eine Wertentscheidung dahingehend getroffen, dass dem Schutzinteresse des Arbeitnehmers allgemein und dem Bestandsschutzinteresse im besonderen gegenüber dem finanziellen Interesse des Arbeitgebers der Vorrang einzuräumen ist. Denjenigen finanziellen Aufwand, den der Arbeitgeber nach den mutterschutzrechtlichen Vorschriften zu tragen hat, hält der Gesetzgeber – unabhängig von dessen Höhe im Einzelfall – ohne weiteres dem Arbeitgeber für zumutbar. Ein Kündigungsrecht soll hieraus gerade nicht erwachsen. Jedoch könnte im Fall des Mutterschutzes von AG-Vorstandsmitgliedern die Funktionsfähigkeit der Gesellschaft nicht mehr gewährleistet sein. Eine Beeinträchtigung der Funktionsfähigkeit der Gesellschaft könnte sich aus den im Gesetz normierten Beschäftigungsverboten ergeben, die neben der Vorschrift des § 9 MuSchG ebenfalls Anwendung fänden. Gem. § 3 Abs. 1 MuSchG dürfen werdende Mütter nicht beschäftigt werden, soweit nach ärztlichem Zeugnis Leben oder Gesundheit von Mutter oder Kind bei Fortdauer der Beschäftigung gefährdet ist. Gem. § 3 Abs. 2 MuSchG dürfen werdende Mütter in den letzten sechs Wochen vor der Entbindung nicht beschäftigt werden, es sei den dass sie sich zur der Arbeitsleistung ausdrücklich bereit erklären. § 6 Abs. 1 MuSchG enthält sogar ein absolutes Beschäftigungsverbot für Mütter bis zum Ablauf von acht Wochen nach der Entbindung. Für die Beantwortung der Frage, ob während einem bestehenden Beschäftigungsverbot die Funktionsfähigkeit des Vorstands beeinträchtigt ist, ist danach zu differenzieren, welche Stellung das hiervon betroffene weibliche Vorstandsmitglied innerhalb der Gesellschaft im Einzelfall einnimmt.[273]

[273] So auch *Henssler*, RdA 1992, 289 (296).

(1.) Alleinvorstand

Sofern die einem Beschäftigungsverbot Unterfallende als Alleinvorstand fungiert, ist in Zeiten, in denen das Verbot besteht, naturgemäß die Funktionsfähigkeit des Gesamtorgans nicht mehr gewährleistet, da dieses allein durch sie repräsentiert wird.[274] Zur Wiederherstellung der Funktionsfähigkeit des Vorstands könnte zwar erwogen werden, die Gesellschaft für verpflichtet zu halten, einen Interimsvorstand als Ersatz für die Dauer des Ausfalls zu bestellen oder sogar einen zweiten Vorstandsposten auf Dauer einzurichten. Gegen beides bestehen jedoch bei näherer Betrachtung Bedenken. Die Bestellung eines Ersatz-Vorstandsmitglieds im Wege der Notbestellung durch das Gericht gem. § 85 Abs. 1 AktG kommt nicht in Betracht. Gem. § 85 Abs. 1 S. 1 AktG kann in dringenden Fällen, in denen ein erforderliches Vorstandsmitglied fehlt, dieses auf Antrag eines Beteiligten zwar gerichtlich bestellt werden. Indessen ist von einem Fehlen im Sinne der Vorschrift nur im Fall des Todes, des Widerrufs der Bestellung oder der Amtsniederlegung auszugehen, nicht aber bei bloßer Verhinderung[275] zu der der schwangerschaftsbedingte Ausfall ebenso wie eine Krankheit zählt. Bei der Bestellung eines Interimsvorstands ist schon fraglich, ob überhaupt eine geeignete Person gefunden werden kann, die bereit ist, einen Vorstandsposten nur in „Schwangerschaftsvertretung" zu besetzen. Selbst wenn diese Hürde – ggf. durch Bestellung eines Aufsichtsratsmitglieds zum Ersatz-Vorstandsmitglied gem. § 105 Abs. 2 AktG – genommen werden könnte, ist jedoch zu besorgen, dass eine Person, die weiß, dass sie diese Position ohnedies nur für eine sehr kurze Zeit bekleiden wird, weniger Engagement und Verantwortungsbewusstsein an den Tag legen wird, als eine, die diese Tätigkeit nicht unter diesen besonderen Umständen aufnimmt. Entscheidend gegen die Bestellung eines Interimsvorstands spricht jedoch, dass durch einen schnellen Wechsel in der Vorstandsbesetzung die Kontinuität der Geschäftsführung nicht mehr sichergestellt werden kann. Die Bestellung eines Interimsvorstands ist daher kein geeignetes Mittel, um die Funktionsfähigkeit des Vorstands wieder herzustellen. Die Bestellung eines regulären zweiten Vorstandsmitglieds ist der Gesellschaft nicht zumutbar. Bei Bestellung eines zweiten regulären Vorstandsmitglieds wäre sie dauerhaft verpflichtet, zwei Vorstandsgehälter zu zahlen. Dieser verdoppelte finanzielle Aufwand kann der Gesellschaft unter wirtschaftlichen Gesichtpunkten nicht abverlangt werden. Neben diesem wirtschaftlichen Gesichtspunkt bestehen gegen die Verpflichtung zur Implementierung eines zweiten regulären Vorstandsamts auch durchgreifende gesellschaftsrechtliche Bedenken. Die Anerkennung der Verpflichtung zur Implementierung eines zweiten regulären Vorstandsamts stellt – da hierfür eine Satzungsänderung erforderlich ist – einen Eingriff in die gesellschaftsrechtlich garantierte Satzungsautonomie dar. Auch kann die Funktionsfä-

[274] So auch *Henssler*, RdA 1992, 289 (296).
[275] Vgl. *Hüffer*, § 85 Rz. 2.

higkeit nicht dadurch hergestellt werden, dass das dem Mutterschutz unterfallende Vorstandsmitglied von seiner Stellung als Organ abberufen und ein neuer Alleinvorstand bestellt wird. Eine wirksame Abberufung setzt einen der in § 84 Abs. 3 AktG bezeichneten oder einen sonstigen ähnlich schwer wiegenden Abberufungsgrund voraus. Die gesetzlichen Abberufungsgründe sind dadurch gekennzeichnet, dass diese an ein vorwerfbares Fehlverhalten des Vorstandsmitglieds anknüpfen. Ein solches Fehlverhalten läge im Fall der rechtmäßigen Inanspruchnahme von Mutterschutz nicht vor, so dass hierauf die Abberufung im Ergebnis nicht mit Aussicht auf Erfolg gestützt werden könnte.

Es ist daher festzuhalten, dass die analoge Anwendbarkeit der Vorschriften des MuSchG auf weibliche Vorstandsmitglieder abzulehnen ist, sofern diese als Alleinvorstand tätig sind. Hierdurch würde die Funktionsfähigkeit der Gesellschaft beeinträchtigt. Alleinvorstände sind daher auch nicht gem. § 9 MuSchG kündigungsgeschützt.

(2.) Kollegialorgan

Anders könnte dies jedoch dann zu bewerten sein, wenn das schwangere Vorstandsmitglied in einem Kollegialorgan tätig ist. Hier führt ihr Ausfall nicht zwangsweise zur Handlungsunfähigkeit des Gesamtorgans. Zudem können Überbrückungsmaßnahmen in dieser Konstellation vergleichsweise einfach durchgeführt werden. Da die Dauer der Beschäftigungsverbote nach dem MuSchG zeitlich überschaubar ist, ist es, sofern der Vorstand aus einem Kollegialorgan besteht, den Vorstandskollegen zumutbar, während dieser Zeit die Geschäfte des ausfallenden Vorstandsmitglieds kommissarisch mit zu erledigen. Auch können hier Teilbereiche auf leitende Angestellte verlagert werden, sofern sichergestellt ist, dass die Gesamtverantwortung noch bei einem Vorstandsmitglied liegt. Auf diese Weise kann die ordnungsgemäße Geschäftsführung weiterhin sichergestellt werden. Selbst wenn die übrigen Vorstandsmitglieder während dieser Zeit mit einem erheblichen Arbeitsmehraufwand belastet werden sollten, vermag dies bei näherer Betrachtung keinen Grund für eine Kündigung des weiblichen Vorstandsmitglieds darzustellen. Schließlich müsste im Fall der Kündigung des weiblichen Vorstandsmitglieds ein neues Vorstandsmitglied bestellt werden. Während seiner Einarbeitungszeit würde gleichfalls ein Arbeitsmehraufwand für die übrigen Vorstandsmitglieder anfallen. Auch könnte in dieser Konstellation die zeitlich befristete Bestellung eines Aufsichtsratsmitglieds zum Vorstandsmitglied gem. § 105 Abs. 2 AktG erwogen werden. Diese könnte die übrigen Vorstandsmitglieder bei der Geschäftsführung unterstützen, ohne dass hier die Gefahr einer Gefährdung der Kontinuität der Geschäftsführung oder diejenige einer nicht ordnungsgemäßen Geschäftsführung bestände.

In Fällen, in denen der Vorstand aus einem Kollegialorgan besteht, bestehen daher im Ergebnis trotzt der hiermit einhergehenden Auslösung von Beschäftigungsverboten keine gesellschaftsrechtlichen Bedenken dagegen, das MuSchG auf weibliche Vorstandsmitglieder insgesamt anzuwenden. In diesem Fall greift also auch das Kündigungsverbot gem. § 9 MuSchG.

(3.) Ergebnis

Im Ergebnis ist daher festzuhalten, dass eine analoge Anwendung des Kündigungsverbots gem. § 9 MuSchG dann nicht in Betracht kommt, wenn die Geschäftsleiterin einziges Vertretungsorgan ist. Bei einem Kollegialorgan liegen die Voraussetzungen für eine zulässige Analogiebildung indessen vor, sofern die Geschäftleiterin vergleichbar einem Arbeitnehmer schutzbedürftig ist.

dd. Die analoge Anwendbarkeit der Kündigungsschutzvorschriften nach dem BErzGG

Das BErzGG könnte im Zusammenhang mit der hier diskutierten Frage der Beendbarkeit des Anstellungsverhältnisses eines AG-Vorstandsmitglieds gegen dessen Willen aufgrund der dort in den §§ 15 ff. BErzGG normierten Bestimmungen zur Elternzeit Relevanz erlangen. Da das BErzGG hinsichtlich der Elternzeit ebenfalls ein in sich geschlossenes Schutzsystem bildet, ist auch hier die analoge Anwendbarkeit in Bezug auf sämtliche Vorschriften zur Elternzeit zu beantworten. Ebenso wie im Rahmen des MuSchG kommt auch hier nur eine einheitliche Anwendbarkeit sämtlicher Vorschriften in Betracht. § 18 Abs. 1 BErzGG enthält ein grundsätzliches Verbot für den Ausspruch arbeitgeberseitiger Kündigungen während der Elternzeit bzw. in bestimmten Konstellationen auch für die Zeit davor. Bei Erfüllung der in § 15 Abs. 1 BErzGG geregelten Voraussetzungen haben Arbeitnehmerinnen und Arbeitnehmer einen Anspruch auf Elternzeit bis zur Vollendung des dritten Lebensjahres eines Kindes, vgl. § 15 Abs. 2 BErzGG. Da auch das BErzGG in seinem direkten Anwendungsbereich die Arbeitnehmereigenschaft voraussetzt, kommt wiederum nur eine analoge Anwendung auf AG-Vorstandsmitglieder in Fällen in Betracht, in denen diese vergleichbar einem Arbeitnehmer schutzbedürftig sind.

Zu erörtern ist daher zunächst, ob der den Vorschriften des BErzGG über die Elternzeit zugrunde liegende Schutzzweck des Gesetzes auch im Fall von AG-Vorstandsmitgliedern zum Tragen kommt.

Das BErzGG soll dazu beitragen, die Vereinbarkeit von Berufstätigkeit und Kindererziehung zu verbessern. Neben der Förderung der Betreuung des Kindes in der ersten Lebensphase hat es auch das Ziel, Wahlmöglichkeiten zwischen den Tätigkeiten in der Familie und außerhäuslicher Erwerbstätigkeit zu schaffen. Dieses Ziel lässt sich nach Auffassung des Gesetzgebers nur erreichen, wenn die Mutter oder der Vater während der Zeit des Erziehungsurlaubs keine Kündigung zu fürchten braucht.[276] Es liegt auf der Hand, dass dieser Schutzzweck des BErzGG auch zutrifft, wenn es sich bei dem Elternteil, das Elternzeit beanspruchen möchte, um ein Vorstandsmitglied handelt. Zwingende Gründe, die Elternzeit nur auf Personen zu beschränken, die in einem Arbeitsverhältnis im Sinne des Arbeitsrechts stehen, sind vor dem Hintergrund der gesetzlichen Zielsetzung nicht ersichtlich.

Der analogen Anwendbarkeit könnten jedoch die mit der Organstellung verbundenen Besonderheiten des Anstellungsverhältnisses eines AG-Vorstandsmitglieds entgegenstehen. Wie im Rahmen der Frage nach der Anwendbarkeit des MuSchG erläutert, stehen Gesellschaftsinteressen dann entgegen, wenn durch die analoge Anwendbarkeit von Arbeitnehmerschutzvorschriften die Funktionsfähigkeit des Vorstands beeinträchtigt würde. Anders als im Fall des MuSchG ist dies im Fall der Anwendbarkeit des BErzGG wegen der im Vergleich zu den Mutterschutzfristen wesentlich längeren Elternzeit unabhängig davon zu besorgen, wie der Vorstand im Einzelfall organisiert ist.[277] Während bei Anwendung des MuSchG ein Vorstandsmitglied nur für ca. 14 Wochen ausfällt, beläuft sich die potentielle Ausfalldauer im Anwendungsbereich des BErzGG auf bis zu drei Jahre. Über den gesamten Zeitraum könnte das die Elternzeit in Anspruch nehmende Vorstandsmitglied von der Gesellschaft wegen § 18 Abs. 1 BErzGG weder gekündigt werden noch könnte diese die Dienste des Vorstandsmitglieds in Anspruch nehmen. Es bedarf keiner näheren Erläuterung, dass bei Zuerkennung der Elternzeit die Funktionsfähigkeit der Gesellschaft nicht mehr gewährleistet ist, sofern das Vorstandsmitglied Einzelvorstand ist. Die Bestellung eines Interimsvorstands oder die eines regulären zweiten Vorstands kommt ebenso wie die Abberufung des betroffenen Vorstands und die Bestellung eines regulären neuen Vorstands aus den gleichen Gründen wie Fall der Überbrückung von Mutterschutzzeiten nach dem MuSchG nicht in Betracht. Das gleiche gilt auch dann, wenn der Vorstand als Kollegialorgan organisiert ist. Eine mehr als wenige Wochen übersteigende Überbrückung kann weder der Gesellschaft noch den anderen Vorstandsmitgliedern zugemutet werden. Die Überbrückung würde hier den Charakter einer nur vorübergehenden Maßnahme verlieren. Die Möglichkeit einer zeitlich befristete Bestellung eines Aufsichtsratsmitglieds zum Vorstandsmitglied gem. § 105 Abs. 2 AktG hilft im Fall der Elternzeit ebenfalls nicht weiter, da die potentielle Ausfalldauer im Fall der Elternzeit bis zu drei Jahre beträgt, § 105 Abs. 2 AktG eine Ersatzbestellung von Aufsichtsratsmitgliedern jedoch nur bis zu höchstens einem Jahr zulässt.

Die analoge Anwendbarkeit der Vorschriften des BErzGG über die Elternzeit auf im Rahmen eines freien Dienstverhältnisses beschäftigte Vorstandsmitglieder ist daher abzulehnen. Eine im Einzelfall bestehende soziale Schutzbedürftigkeit

---

[276] Vgl. hierzu *Buchner/Becker*, § 18 BErzGG Rz. 1 ff.
[277] So auch *Henssler*, RdA 1992, 289 (296).

kann daher nicht dazu führen, dass Vorstandsmitglieder gem. § 18 BErzGG kündigungsgeschützt sind.

3. Endergebnis zur Anwendbarkeit kündigungsschutzrechtlicher Vorschriften

Hinsichtlich der Anwendbarkeit arbeitsrechtlicher Kündigungsschutzbestimmungen auf AG-Vorstandsmitglieder ist daher folgendes festzuhalten:

Die arbeitsrechtlichen Kündigungsschutzbestimmungen sind auf AG-Vorstandsmitglieder mangels Bestehens eines Arbeitsverhältnisses nicht direkt anwendbar, so dass nur deren analoge Anwendbarkeit näher in Erwägung zu ziehen ist.

Das KSchG ist wegen der dort enthaltenen ausdrücklichen Geltungsbereichsausnahme auf AG-Vorstandsmitglieder im Hinblick auf AG-Vorstandmitglieder absolut analogiefeindlich. Die Anwendbarkeit der weiteren arbeitsrechtlichen Kündigungsschutzbestimmungen kommt in Fällen, in denen ein AG-Vorstandsmitglied vergleichbar einem Arbeitnehmer persönlich schutzbedürftig ist, dann in Betracht, wenn der Schutzzweck der jeweiligen Schutznorm auf AG-Vorstandmitglieder ebenso zutrifft wie auf Arbeitnehmer. Ob dies der Fall ist, ist anhand der Ratio der Vorschriften unter Berücksichtigung der mit der Organstellung im Zusammenhang stehenden Besonderheiten des Anstellungsverhältnisses eines AG-Vorstandsmitglieds zu beurteilen. Die exemplarische Prüfung der Anwendbarkeit des SGB IX, des MuSchG und des BErzGG hat folgendes ergeben: Die Kündigungsschutzvorschriften gem. §§ 85 ff. SGB IX. können auf AG-Vorstandsmitglieder nicht analog angewandt werden. Das Kündigungsverbot gem. § 9 MuSchG kann analog greifen, sofern die erwerbstätige Mutter in einem Kollegialorgan tätig ist. Das Kündigungsverbot gem. § 18 BErzGG findet dagegen unabhängig davon, wie der Vorstand im Einzelfall organisiert ist, keine analoge Anwendung.

III. Maßgebliche Kündigungsfrist

Soweit die ordentliche Kündbarkeit des Dienstvertrages in diesem ausdrücklich vereinbart ist, wird dort regelmäßig auch eine Bestimmung über die bei der Kündigung einzuhaltenden Kündigungsfristen getroffen sein. Ist dies nicht der Fall, so kommen die im BGB geregelten gesetzlichen Kündigungsfristen zur Anwendung.[278]

1. Abgrenzung zwischen § 621 BGB und § 622 BGB

Das Dienstvertragsrecht des BGB enthält in den §§ 621, 622 BGB zwei Vorschriften, die sich mit Kündigungsfristen befassen. § 621 BGB normiert ausweislich seines Wortlauts die bei Dienstverhältnissen zu beachtende Frist, während die Vor-

[278] Diese greifen – sofern bei der Kündigung eines Vorstandsmitglieds die Vorschrift des § 622 BGB zu beachten ist – auch dann ein, wenn im Fall der vertraglichen Vereinbarung der Kündigungsfristen diese kürzer bemessen sind, als die gesetzlichen Kündigungsfristen. § 622 BGB ist – anders als § 621 BGB – nicht dispositiv.

schrift des § 622 BGB die Fristen im Fall einer Kündigung von Arbeitsverhältnissen regelt. Die bei der Kündigung von Arbeitsverhältnissen zu beachtenden Kündigungsfristen sind dabei vom Gesetzgeber wesentlich länger bemessen, als diejenigen, die im Bereich der Kündigung von sonstigen Dienstverhältnissen zu berücksichtigen sind. Ausgehend vom Wortlaut der Vorschriften liegt der Schluss nahe, dass im Fall der ordentlichen Kündigung eines Vorstandsmitglieds § 621 BGB einschlägig ist, da sein Anstellungsverhältnis als freies Dienstverhältnis zu qualifizieren ist.[279]

2. Analoge Anwendbarkeit von § 622 BGB

Ob es bei dieser allein am Wortlaut orientierten Sichtweise bleiben kann, ist jedoch zweifelhaft. Bereits im Rahmen der Erörterung der Frage nach der analogen Anwendbarkeit arbeitsrechtlicher Kündigungsschutzbestimmungen ist deutlich geworden, dass die aus einer wirtschaftlichen Abhängigkeit resultierende soziale Schutzbedürftigkeit die Anwendung von Arbeitnehmerschutzbestimmungen rechtfertigen kann, auch wenn die wirtschaftliche Abhängigkeit weder notwendiges noch hinreichendes Kriterium ist, um einen Beschäftigten als Arbeitnehmer einzuordnen. Unter Schutzwürdigkeitsgesichtpunkten könnte im Fall der ordentlichen Kündigung von AG-Vorstandsmitgliedern daher die analoge Anwendung von § 622 BGB in Betracht kommen. Die aus der wirtschaftliche Abhängigkeit resultierende soziale Schutzbedürftigkeit von AG-Vorstandsmitgliedern, die ihre Arbeitskraft dem Unternehmen hauptberuflich zur Verfügung stellen, ist sowohl dann anzunehmen, wenn sie als Fremdgeschäftsführer tätig werden, als auch dann, wenn sie diese Position als nicht mehrheitlich kapitalbeteiligter Gesellschafter bekleiden.[280] Analogiefeindlich sind dagegen mangels Schutzbedürftigkeit die Fälle der Mehrheitsbeteiligung, da hier ausgeschlossen ist, dass Maßnahmen beschlossen werden, die das Vorstandsmitglied gegen seinen Willen in seiner anstellungsvertraglichen Stellung beeinträchtigen.

a. Die Auffassung der höchstrichterlichen Rechtsprechung vor der Novellierung der Kündigungsfristen

Der BGH[281] sowie das BAG[282] vertreten deshalb bereits seit langem die Auffassung, dass im Fall der Kündigung von Vorstandsmitgliedern die Frist des § 622 BGB maßgeblich sei, wobei allerdings darauf hinzuweisen ist, dass die diesbezüglichen Urteile ausnahmslos vor der Novellierung der gesetzlichen Kündigungsfri-

---

[279] Teil II, Ziff B, II 1.
[280] Vgl. hierzu schon oben: Teil II, Ziff B, II 2 a bb.
[281] Vgl. etwa: BGH, Urteil vom 09.03.1987 – II ZR 132/86 – in NJW 1987, 2073 f.; BGH, Urteil vom 26.03.1984 – II ZR 120/83 – in NJW 1984, 2528.; BGH, Urteil vom 29.01.1981 – II ZR 92/80 – in NJW 1981, 1270 f;
[282] Vgl. etwa: BAG, Urteil vom 27.06.1985 – 2 AZR 425/84 – in NZA 1986, 794.

sten durch das Gesetz zur Vereinheitlichung der Kündigungsfristen von Arbeitern und Angestellten (KündFG) vom 07.10.1993[283] ergangen sind.

aa. Die Rechtsprechungsentwicklung im Fall der Kündigung eines GmbH-Geschäftsführers

Die Grundzüge der Rechtsprechung zur Anwendbarkeit des § 622 BGB im Fall der Kündigung eines Organmitglieds haben sich in Entscheidungen herausgebildet, bei denen sich die Gerichte mit der Kündigung eines GmbH-Geschäftsführers zu befassen hatten. Der BGH[284] ist hier der Auffassung, dass im Fall der Kündigung eines GmbH-Geschäftsführers die in § 622 BGB (a.F.) normierten Kündigungsfristen zu beachten sind. Dies gilt nach Auffassung des Gerichts unabhängig vom Umfang einer eventuellen Kapitalbeteiligung des Betroffenen, soweit nicht eine Mehrheitsbeteiligung vorliegt.[285] Als entscheidend für die analoge Anwendung des § 622 Abs. 1 BGB ist im Fall der Kündigung eines Geschäftsführers ist nach Auffassung des BGH der Umstand anzusehen, dass die Interessenlage eines Geschäftsführers, der der Gesellschaft seine Arbeitskraft hauptberuflich zur Verfügung stelle, mit der eines Arbeitnehmers vergleichbar sei. Einem Geschäftsführer müsse, da er je nach der Höhe seines Gehalts mehr oder weniger von der Gesellschaft wirtschaftlich abhängig sei, im Fall einer Kündigung zudem hinreichend Zeit zur Verfügung gestellt werden, binnen derer er sich nach einer anderen hauptberuflichen Beschäftigung umsehen könne. Gleiches gelte für die Gesellschaft. Auch diese brauche Zeit, um sich einen qualifizierten Nachfolger zu suchen. Dieser Interessenlage werde die Frist des § 622 Abs. 1 BGB eher gerecht, als die des § 621 BGB.[286] Unter der Geltung des AngKSchG vertraten die Gerichte zudem die Auffassung, dass auch die verlängerten Kündigungsfristen des § 2 des AngKSchG bei Vorliegen der dort genannten Voraussetzungen im Fall der Kündigung eines GmbH-Geschäftsführers anwendbar seien.[287]

bb. Die Übertragung der Rechtsprechung auf AG-Vorstandsmitglieder

In Bezug auf die ordentliche Kündigung des Vorstandsmitglieds einer AG ist diese Rechtsprechung im Grundsatz übernommen und in Bezug auf die Anwendbarkeit der verlängerten Kündigungsfrist des AngKSchG modifiziert worden. So wurde die Anwendung der verlängerten Kündigungsfristen des § 2 AngKSchG auf AG-Vorstandsmitglieder von den Gerichten stets abgelehnt. Zur Begründung wurde ange-

---

[283] BGBl. I S. 1668; vgl. zur Neuregelung allgemein: *Hromadka*, BB 1993, 2372 ff.; *Wank*, NZA 1993, 961 ff.
[284] Vgl. BGH, Urteil vom 26.03.1984 – II ZR 120/83 – in 1984, 951.
[285] BGH, Urteil vom 09.03.1987 – II ZR 132/86 – in DB 1987, 1084.
[286] Vgl. BGH, Urteil vom 26.03.1984 – II ZR 120/83 – in NJW 1984, 2528 (2529).
[287] Vgl. BAG, Urteil vom 27.06.1985 – 2 AZR 425/94 – in NZA 1986, 794; BGH, Urteil vom 09.03.1987 – 2 ZR 132/86 – NJW 1987, 2073 f.; KR/*Etzel*, 3. Auflage (1989), §§ 1, 2 AngKSchG Rz. 7.

führt, dass das AngKSchG hinsichtlich der Bestimmung seines Anwendungsbereichs auf den Angestelltenbegriff des Sozialversicherungsrechts verwiesen habe. Vorstandsmitglieder fallen jedoch – anders als GmbH-Geschäftsführer – nicht unter diesen Angestelltenbegriff,[288] vgl. § 1 S. 3 SGB VI.

b. Maßgebliche Kündigungsfrist nach der Novellierung der gesetzlichen Kündigungsfristen

Angesichts der seit langem gefestigten Sichtweise der Rechtsprechung, der sich auch die Literatur angeschlossen hat, müsste der Erörterung der Fristfrage im Rahmen der vorliegenden Arbeit kein breiter Raum eingeräumt werden, wenn die Problematik anlässlich der Novellierung der gesetzlichen Kündigungsfristen nicht erneut in das Blickfeld kontroverser Betrachtungen gerückt wäre. Im Rahmen der Neuregelung der Kündigungsfristen, hat der Gesetzgeber es versäumt, ausdrücklich eine Regelung hinsichtlich der im Fall der ordentlichen Kündigung eines Organmitglieds anzuwendenden Frist zu treffen. Es stellt sich daher die Frage, ob es auch unter Geltung der neuen Rechtslage unverändert bei der dargestellten Sichtweise der Rechtsprechung bleiben kann oder ob die Neuregelungen Anlass für eine abweichende Betrachtungsweise geben.

In der Literatur und der Instanzrechtsprechung wird diese Frage kontrovers diskutiert.

aa. Vorherrschende Auffassung

Die vorherrschende Auffassung geht davon aus, dass im Fall der ordentlichen Kündigung von Organmitgliedern auch nach der Novellierung des § 622 BGB weiterhin dieser die maßgebliche Kündigungsfrist bestimme. Zur Begründung wird ausgeführt, dass die Schutzwürdigkeitsüberlegungen, die der analogen Anwendbarkeit zu Grunde lägen, vor wie nach der Gesetzesänderung griffen und deshalb der Analogieschluss weiterhin gerechtfertigt sei.[289]

bb. Gegenauffassung

Dagegen wird von einigen Autoren eingewandt, dass für eine richterliche Rechtsfortbildung im Wege der analogen Anwendung des § 622 BGB im Fall der Kündigung von Organmitgliedern nach der Novellierung des § 622 BGB kein Raum

---

[288] BGH, Urteil vom 16.12.1953 – II ZR 41/53 – in NJW 1954, 505 (507). In dieser Entscheidung lehnt der BGH die vom RAG vertretene Auffassung, wonach die Kündigungsfristen gem. § 2 AngKSchG auch auf die Organmitglieder juristischer Personen anzuwenden sind, ausdrücklich und mit zutreffender Begründung ab.
Vgl. zudem *Weber/Hoß/Burmester*, Teil 8 Rz. 125.

[289] So etwa APS/*Linck*, § 622 BGB Rz. 22; *Bauer*, BB 1994, 855 (856); Erfurter Kommentar/ *Müller-Glöge*, § 622 BGB Rz 14; KR/*Spilger*, § 622 BGB Rz. 66; MüKo/*Schwerdtner*, § 622 BGB Rz. 6 ff.; *Reiserer*, DB 1994, 1822 (1823); *Stahlhacke/Preis/Vossen*, Rz. 493; Staudinger/*Preis*, § 622 BGB Rz. 14.

mehr bestehe.[290] Der Gesetzgeber sei sich vor der Novellierung der Kündigungsfristen des Umstands bewusst gewesen, dass die Rechtsprechung in Bezug auf die Anwendung verlängerter Kündigungsfristen im Fall der Kündigung von Organmitgliedern eine planwidrige Gesetzeslücke gesehen hat [291] Dadurch, dass der Gesetzgeber diesem Umstand nicht im Rahmen der Neufassung des Gesetzes Rechnung getragen habe, habe er zum Ausdruck gebracht, dass es nach seiner Auffassung an einer planwidrigen Regelungslücke gefehlt habe. Aus dem Umstand, dass im Gesetzgebungsverfahren streitig gewesen sei, ob anstelle der Worte „das Arbeitsverhältnis eines Arbeiters oder Angestellten“ die Worte „eines Arbeitnehmers“ in die Neufassung des § 622 Abs. 1 BGB aufzunehmen seien, ließe sich ebenfalls der Wille des Gesetzgebers ableiten, eine Anwendbarkeit auf Organmitglieder auszuschließen.[292] Allenfalls könne jetzt noch vom Vorliegen eines rechtspolitischen Fehlers ausgegangen werden, der jedoch nicht im Wege richterlicher Rechtsfortbildung korrigiert werden darf.[293]

Der rechtspolitische Fehler ist von einer analogiefähigen planwidrigen Regelungslücke dadurch abzugrenzen, dass man sich fragt, ob das Gesetz, gemessen an seiner eigenen Regelungsabsicht, unvollständig ist, oder ob nur die in ihm getroffene Entscheidung einer rechtpolitischen Kritik nicht standhält.[294] Hierbei handelt es sich um eine Wertungsfrage und nicht um ein Tatsachenurteil oder eine logische Schlussfolgerung.[295] Ist das Gesetz nicht unvollständig, sondern rechtspolitisch fehlerhaft, kommt eine Lückenausfüllung nicht in Betracht, es muss vielmehr eine neue gesetzgeberische Entscheidung getroffen werden.[296] Dahinter steht der Gedanke, dass Richterrecht nicht im politischen Willensbildungsprozess entsteht und daher nicht das im demokratischen Gesetzgebungsverfahren entstandene Recht zu ersetzen vermag.[297]

cc. Stellungnahme

Die von der Mindermeinung angeführten Argumente gegen eine analoge Anwendbarkeit des § 622 BGB nach der Novellierung der Kündigungsfristen sind zwar nachvollziehbar; sie sind aber nicht zwingend in der von der Mindermeinung verstandenen Richtung auszulegen. Aus dem Umstand, dass im Gesetzgebungsverfahren streitig war, ob anstelle der Worte „das Arbeitsverhältnis eines Arbeiters oder Angestellten“ die Worte „eines Arbeitnehmers“ in die Neufassung des § 622 Abs. 1 BGB aufzunehmen seien, kann ein irgendwie gearteter Wille des Gesetzgebers

---

[290] Vgl. *Hümmerich*, NJW 1995, 1177 (1180); Palandt/*Putzo*, § 622 Rz. 4.
[291] *Hümmerich*, NJW 1995, 1777 (1180).
[292] *Hümmerich*, NJW 1994, 1177 (1180).
[293] *Hümmerich*, NJW 1994, 1177 (1180).
[294] *Larenz*, S. 374
[295] *Larenz*, S. 374.
[296] *Larenz*, S. 374.
[297] Vgl. *Krey*, JZ 1978, 361 (365).

nicht hergeleitet werden. Die diesbezüglichen Differenzen im Gesetzgebungsverfahren beruhen darauf, dass durch die Neufassung der Kündigungsfristen die unterschiedliche Behandlung von Arbeitern und Angestellten beendet werden sollte. Aus diesem Grund war die Aufzählung beider Gruppen im Gesetzestext nicht mehr erforderlich.[298] Hätte der Gesetzgeber der Wortwahl einen darüber hinausgehenden Aussagewert beimessen wollen, so wäre dies im Gesetzgebungsverfahren mit Sicherheit problematisiert worden und hätte somit auch Eingang in die amtliche Begründung gefunden. Beides war jedoch nicht der Fall. Auch wenn dem Gesetzgeber bei der Neufassung des § 622 BGB die Problematik im Zusammenhang mit der Anwendbarkeit der Vorschrift im Fall der Kündigung von Organmitgliedern bekannt gewesen ist, kann aus dem Fehlen einer Regelung nicht der Schluss gezogen werden, er habe hiermit zum Ausdruck gebracht, dass er keine planwidrige Gesetzeslücke sehe. Hier offenbart sich nur eine erhebliche Nachlässigkeit des Gesetzgebers im Rahmen der Neuregelung der Vorschrift. Der Wille einer bewussten Nichtregelung kann hieraus nicht abgeleitet werden. Es liegt vielmehr der Schluss nahe, dass sich der Gesetzgeber im Gesetzgebungsverfahren allein auf die Bereinigung der Rechtslage in Bezug auf die bis dahin geltenden unterschiedlichen Kündigungsfristen für Arbeiter und Angestellte konzentriert hat und mit der Vorschrift ebenfalls in Zusammenhang stehende Problematiken unbewusst außen vor gelassen hat. Ein rechtspolitischer Fehler liegt somit – entgegen der Auffassung der Mindermeinung – nicht vor, so dass der Analogieschluss nach wie vor zulässig ist.

dd. Ergebnis

Es ist daher auch nach der Neuregelung der gesetzlichen Kündigungsfristen durch das KündFG davon auszugehen, dass im Hinblick auf die im Fall der ordentlichen Kündigung eines nicht mehrheitlich kapitalbeteiligten Organmitglieds anzuwendende Kündigungsfrist eine planwidrige Regelungslücke vorliegt, die im Wege einer analogen Anwendung des § 622 BGB zu schließen ist. Im Fall der ordentlichen Kündigung eines nicht mehrheitlich kapitalbeteiligten AG-Vorstandsmitglieds normiert daher § 622 BGB die maßgebliche Kündigungsfrist. Dies gilt für beide Absätze der Vorschrift.[299] Für eine Differenzierung nach der Anwendbarkeit der Grundkündigungsfrist des § 622 Abs. 1 BGB und der zeitlich gestaffelt verlängerten Frist des § 622 Abs. 2 BGB im Fall der Kündigung eines AG-Vorstandsmitglieds besteht nach der Gesetzesnovellierung kein Raum mehr. Das Eingreifen der verlängerten Kündigungsfristen knüpft nach der Novellierung nicht mehr an den Angestelltenbegriff des Sozialversicherungsrechts, sondern an den arbeitsrechtlichen Arbeitnehmerbegriff an.

[298] Vgl. LAG Köln, Urteil vom 18.11.1998 – 2 Sa 1063/98 – in NZA-RR 1999, 300 (301) sowie die zustimmende Anmerkung von *Müller*, EWiR 1999, 493 f.

[299] Vgl. LAG Köln, Urteil vom 18.11.1998 – 2 Sa 1063/98 – in NZA-RR 1999, 300 (301).

IV. Weitere Voraussetzungen für den Ausspruch einer wirksamen ordentlichen Kündigung durch die Gesellschaft

1. Anhörung des Betriebsrats

Da Vorstandsmitglieder als Organmitglieder juristischer Personen kraft der ausdrücklichen gesetzlichen Anordnung in § 5 Abs. 2 Nr. 1 BetrVG aus dem Anwendungsbereich des Betriebsverfassungsgesetzes ausgenommen sind, ist eine Anhörung des Betriebsrats gem. § 102 BetrVG vor Ausspruch der Kündigung nicht erforderlich.

2. Schriftform der Kündigung

Die Kündigung des Anstellungsvertrages eines Vorstandsmitglieds könnte auch dem Schriftformerfordernis gem. § 623 BGB unterliegen.[300] Die Vorschrift ist im Rahmen des Gesetzes zur Vereinfachung und Beschleunigung des arbeitsrechtlichen Verfahrens vom 30.03.2000[301] in das BGB aufgenommen worden. Das Schriftformerfordernis verfolgt die Entlastung der Gerichte sowie die Stärkung der Rechtssicherheit. Darüber hinaus hat es Warnfunktion.[302] Nach dem ausdrücklichen Wortlaut der Vorschrift ist der Anwendungsbereich von § 623 BGB auf Arbeitsverhältnisse beschränkt. Aus dieser Gesetzesformulierung folgert das arbeitsrechtliche Schrifttum, dass von der Regelung freie Dienstverhältnisse nicht erfasst werden.[303] Auf GmbH-Geschäftsführer ist sie dann anwendbar, wenn sie in einem Arbeitsverhältnis stehen.[304] Bei einer rein am Wortlaut orientierten Auslegung der Vorschrift, bedeutet dies, dass die Kündigung des Anstellungsvertrages eines Vorstandsmitglieds nicht schriftlich ausgesprochen werden muss, da sein Anstellungsverhältnis als freies Dienstverhältnis zu qualifizieren ist. Fraglich ist allerdings auch hier, ob eine rein wortlautorientierte Auslegung interessengerecht ist. Unter Schutzwürdigkeitsgesichtspunkten muss eine analoge Anwendung der Vorschrift auf im Rahmen eines freien Dienstverhältnisses beschäftigte Vorstandsmitglieder dann erwogen werden, wenn das Vorstandsmitglied der Gesellschaft seine Arbeitskraft hauptberuflich zur Verfügung gestellt hat und es nicht maßgeblich am Kapital beteiligt ist. Der Normzweck der Vorschrift ist in diesem Fällen auch bei der ordentlichen Kündigung eines Vorstandsmitglieds einschlägig. In der Gesetzesbegründung[305] finden sich zudem keine Hinweise darauf, dass der Gesetzgeber bewusst von einer Erstreckung des Schriftformerfordernisses auf Organmitglieder,

---

[300] Vgl. zur Entstehungsgeschichte sowie zur Ratio des § 623 BGB: Ziff. F I 2 a ii (iii) (S. 102).
[301] BGBl. I S. 333.
[302] Erfurter Kommentar/*Müller-Glöge*, § 623 BGB Rz. 1.
[303] Vgl. etwa: Erfurter Kommentar /*Müller-Glöge*, § 623 BGB Rz. 4; *Gaul*, S. 2; ders. DStR 2000, 691; APS/*Preis*, § 623 BGB Rz. 40; *Richardi/Annuß*, NJW 2000, 1231 (1232).
[304] *Krause*, ZIP 2000, 2284 (2286); KR/*Spilger*, § 623 BGB Rz. 41 befürwortet eine entsprechende Anwendung.
[305] Vgl. BT-Drucksache 14/626, S. 11.

die einem Arbeitnehmer vergleichbar schutzbedürftig sind, abgesehen hat. Es ist daher davon auszugehen, dass die Nichtregelung auf Nachlässigkeit beruht und es sich somit hierbei nicht um einen rechtspolitischen Fehler handelt. Auch aus gesellschaftsrechtlicher Sicht bestehen keine Bedenken gegen die entsprechende Anwendung der Vorschrift. Die Funktionsfähigkeit der Aktiengesellschaft kann hierdurch nicht beeinträchtigt werden.

C. Die fristlose Kündigung bei Vertrauensstellung gem. § 627 Abs. 1 BGB

Das Anstellungsverhältnis eines Vorstandsmitglieds könnte zunächst unter den im Vergleich zu § 626 BGB erleichterten Voraussetzungen des § 627 Abs. 1 BGB ohne das Erfordernis der Einhaltung einer Kündigungsfrist kündbar sein.

Gem. § 627 Abs. 1 BGB kann ein Dienstverhältnis auch ohne die in § 626 BGB bezeichneten Voraussetzungen gekündigt werden, wenn es sich um kein Arbeitsverhältnis handelt,

1. der Dienstverpflichtete Dienste höherer Art zu leisten hat,
2. er nicht in einem dauernden Dienstverhältnis steht,
3. er hierfür keine festen Bezüge erhält und
4. die Dienste aufgrund eines besonderen Vertauens übertragen zu werden pflegen.

Sinn und Zweck des § 627 BGB ist es, bei lockeren, nicht auf eine ständige Tätigkeit gerichteten Dienstverhältnissen, die Freiheit der persönlichen Entschließung eines jeden Teils in weitestem Umfang dann zu bewahren, wenn der Dienstverpflichtung ein besonderes Vertrauensverhältnis zugrunde liegt und für die Dienstleistung keine festen Bezüge gezahlt werden.[306] In § 627 BGB kommt der Wille des Gesetzgebers zum Ausdruck, dem der Dienstverpflichtung zugrunde liegenden Vertrauensverhältnis bei Vorliegen der weiteren Voraussetzungen des § 627 BGB eine so weitgehende Bedeutung beizumessen, dass beiden Vertragsteilen ein Sonderkündigungsrecht auch dann zustehen soll, wenn das Vertrauen durch solche unwägbaren bzw. rational nicht begründbaren Umstände zerstört wird, die objektiv keinen wichtigen Grund i.S.v. § 626 BGB darstellen.[307]

Die Anwendbarkeit des § 627 BGB im Fall der Kündigung eines Vorstandsmitglieds könnte jedoch bereits am Vorliegen des Merkmals eines nicht dauernden Dienstverhältnisses scheitern. Ein dauerndes Dienstverhältnis im Sinne der Vorschrift liegt nämlich schon dann vor, wenn die Tätigkeit auf längere Zeit angelegt ist oder tatsächlich bereits längere Zeit besteht. Dass das Dienstverhältnis auf unbe-

[306] Vgl. GK-KSchR/*Dörner*, § 627 BGB Rz. 2.
[307] Vgl. MüKo/*Schwerdtner*, § 627 BGB Rz. 1.

stimmte Zeit eingegangen worden ist, ist dagegen nicht erforderlich.[308] Nach Auffassung des BGH ist ein Dienstverhältnis schon dann dauerhaft i.S.d. § 627 BGB, wenn die Dienstpflicht für ein Jahr eingegangen worden ist.[309] Die Tätigkeit als Vorstandsmitglied ist im Interesse der Kontinuität der Geschäftsführung auf eine gewisse Dauer angelegt, die in der Regel den Einjahreszeitraum deutlich übersteigt. Bei ihr handelt es sich somit um eine dauernde Tätigkeit. Die Anwendbarkeit des § 627 BGB im Fall der Kündigung eines Vorstandsmitglieds scheitert daher bereits am Vorliegen einer nicht dauernden Tätigkeit im Sinne der Vorschrift.

Sein Dienstverhältnis kann daher nicht unter den gegenüber 626 BGB erleichterten Voraussetzungen des § 627 BGB gekündigt werden.

D. Die außerordentliche Kündigung gem. § 626 BGB

Die Vorschrift des § 626 BGB garantiert beiden Vertragsteilen das unverzichtbare[310] Recht, sich bei Vorliegen eines wichtigen Grundes vom Dienstverhältnis lösen zu können. Dies gilt unabhängig davon, ob es sich im Einzelfall um ein befristetes oder um ein unbefristetes Dienstverhältnis handelt.

Im Rahmen der vorliegenden Arbeit soll vor dem Hintergrund der Themensetzung nur auf die Rechtmäßigkeit einer durch die Gesellschaft ausgesprochenen außerordentlichen Kündigung eingegangen werden.

Gem. § 626 Abs. 1 BGB kann ein Dienstverhältnis dann aus wichtigem Grund außerordentlich gekündigt werden, wenn Tatsachen vorliegen, aufgrund derer dem Kündigenden unter Berücksichtigung aller Umstände des Einzelfalls und unter Abwägung der Interessen beider Vertragsteile die Fortsetzung des Dienstverhältnisses bis zum Ablauf der Kündigungsfrist oder zur vereinbarten Beendigung des Dienstverhältnisses nicht zugemutet werden kann."[311] Bei der Prüfung der Wirksamkeit einer außerordentlichen Kündigung ist nach der ausdrücklichen gesetzlichen Anordnung somit nicht nur zu erörtern, ob ein bestimmter Sachverhalt ohne die besonderen Umstände des Einzelfalls, d.h. „an sich" geeignet ist, einen wichtigen Grund für die Kündigung des Dienst- bzw. Arbeitsverhältnisses zu bilden, vielmehr müssen bei der zusätzlich erforderlichen Interessenabwägung alle vernünftigerweise in Betracht kommenden Umstände des Einzelfalls daraufhin abgewogen werden, ob es dem Kündigenden zumutbar ist, das Dienstverhältnis bis zum Ablauf der Frist für die ordentliche Kündigung oder bis zum vereinbarten Ende des

---

[308] Vgl. MüKo/*Schwerdtner*, § 627 BGB Rz. 5.
[309] Vgl. BGH, Urteil vom 31.03.1967 – VI ZR 288/64 – in DB 1967, 857.
[310] Einhellige Auffassung, vgl. statt aller: GK-KSchR/*Dörner*, § 626 BGB Rz. 7 ff. m.w.N. Etwas anderes kann möglicherweise jedoch dann gelten, wenn durch die Erweiterung des Kündigungsrechts nach § 626 BGB eine Umgehung gesetzlicher Vorschriften (Kündigungsschutzvorschriften und Kündigungsfristen) nicht droht.
[311] Vgl. auch: BAG, Urteil vom 23.10.1995 – II ZR 130/94 – in WM 1995, 2064 (2065) m.w.N.

Dienstverhältnisses fortzusetzen.[312] Erst wenn sich die Interessenabwägung zugunsten des Kündigenden auswirkt, kann die außerordentliche Kündigung wirksam erfolgen.[313] Es hat somit bei der Frage nach der Wirksamkeit einer außerordentlichen Kündigung eine zweistufige Prüfung zu erfolgen.[314]

I. „An sich" geeigneter wichtiger Kündigungsgrund

Zunächst müsste demnach ein „an sich" zur außerordentlichen Kündigung geeigneter wichtiger Grund vorliegen.

1. Verhältnis zwischen dem wichtigen Grund nach § 84 Abs. 3 AktG und dem wichtigen Grund nach § 626 BGB

Aus § 84 Abs. 3 S. 5 AktG, der für die Ansprüche aus dem Anstellungsvertrag auf die allgemeinen Vorschriften verweist und somit die rechtliche Trennung von Bestellungs- und Anstellungsverhältnis fordert, folgt, dass ein zum Widerruf der Bestellung berechtigender wichtiger Grund nicht gleichzeitig auch einen wichtigen Grund darstellen muss, der die Gesellschaft zur außerordentlichen Kündigung des Anstellungsvertrages berechtigt.[315] Die in § 84 Abs. 3 S. 2 AktG aufgezählten Beispielsfälle, die nach der gesetzgeberischen Wertung einen wichtigen Grund zum Widerruf der Bestellung darstellen, können daher zur Ausfüllung des unbestimmten Rechtsbegriffs im Rahmen des § 626 BGB trotz der insoweit gleichen gesetzlichen Terminologie nicht herangezogen werden. 626 BGB ist vielmehr aus sich heraus selbständig auszulegen. Tendenziell lässt sich allerdings sagen, dass ein Sachverhalt, der die Gesellschaft zum Widerruf der Bestellung wegen grober Pflichtverletzung oder wegen Unfähigkeit berechtigt, am ehesten geeignet sein wird, auch einen wichtigen Grund für eine außerordentliche Kündigung des Anstellungsverhältnisses darzustellen. Dagegen werden diejenigen Umstände, die einen Widerruf der Bestellung aufgrund eines Vertrauensentzugs durch die Hauptversammlung rechtfertigen, in der Regel nicht geeignet sein, eine tragfähige Grundlage für den Ausspruch der außerordentlichen Kündigung zu bilden.[316]

2. Anforderungen an den „an sich" geeigneten wichtigen Grund im Rahmen von § 626 BGB

Das Gesetz enthält – anders als in § 84 Abs. 3 AktG – in § 626 BGB keinen Hinweis darauf, welche Gründe als zur außerordentlichen Kündigung des Anstellungs-

[312] Vgl. BAG, Urteil vom 02.06.1997 – II ZR 101/96 – in DStR 1997, 1338.
[313] Vgl. Erfurter Komm./*Müller-Glöge*, § 626 Rz. 44 ff.
[314] Vgl. etwa: BAG, Urteil vom 17.05.1984 – 2 AZR 3/83 – in NZA 1985, 91 (92); BAG, Urteil vom 14.09.1994 – 2 AZR 164/94 – in NZA 1995, 269 ff. (Zur Verdachtskündigung); *Dütz*, NJW 1990, 2025 (2030 f.); Erfurter Komm./*Müller-Glöge*, § 626 BGB Rz. 34; MüKo/*Schwerdtner*, § 626 Rz. 75.
[315] Vgl. *Hüffer*, § 84 Rz. 39; Kölner Komm./*Mertens*, § 84 Rz. 127.
[316] Vgl. hierzu: *Hüffer*, § 84 Rz. 40.

verhältnisses berechtigende „wichtige Gründe“ anzuerkennen sind. In Rechtsprechung und Literatur haben sich daher umfangreiche Fallgruppen zum Vorliegen bzw. zum Fehlen eines zur außerordentlichen Kündigung „an sich“ geeigneten wichtigen Grundes i.S.d. § 626 BGB herausgebildet. Die folgende Dokumentation stellt keine abschließende, sondern lediglich eine beispielhafte Darstellung derjenigen Umstände dar, bei deren Vorliegen die Rechtsprechung einen „an sich“ zur außerordentlichen Kündigung einer Führungskraft geeigneten wichtigen Grund angenommen bzw. abgelehnt hat. [317] Im Rahmen der Feststellung eines „an sich“ zur außerordentlichen Kündigung geeigneten wichtigen Kündigungsgrundes ist unschädlich, dass nicht alle Entscheidungen ausdrücklich zum AG-Vorstandsmitglied ergangen sind.

a. Personenbedingte wichtige Kündigungsgründe

Im Bereich der personenbedingten Gründe hat die Rechtsprechung folgende Kündigungsgründe als „an sich“ geeignete Kündigungsgründe im Rahmen des § 626 Abs. 1 BGB anerkannt:

- Mangel an Qualifikation / Fehlen notwendiger Autorität,[318]
- Unfähigkeit zur Amtsausführung infolge länger andauernder Krankheit,[319]
- Erhebliche Überschuldung,[320]
- Altersbedingter Leistungsschwund.[321]

b. Verhaltensbedingte wichtige Kündigungsgründe

Den weitaus größten Teil der Kündigungsgründe, mit denen sich die Rechtsprechung zu befassen hatte, bilden diejenigen, die auf ein i.d.R. schuldhaftes und vorwerfbares[322] Verhalten des zu Kündigenden zurückzuführen sind. In diesem Bereich sind folgende Beispielsfälle zu nennen, in denen die Rechtsprechung einen „an sich“ geeigneten Kündigungsgrund für die außerordentliche Kündigung von AG-Vorstandsmitgliedern, GmbH-Geschäftsführern bzw. leitenden Angestellten angenommen hat:

---

[317] Ein Anspruch auf Vollständigkeit soll hier nicht erhoben werden. Eine allgemeine Darstellung von an sich geeigneten wichtigen Kündigungsgründen findet sich in allen gängigen Kommentaren bei der Vorschrift des § 626 BGB sowie in diversen Monographien, wie etwa dem Lexikon der Kündigungsgründe von Walter Mäschle.

[318] Vgl. Kölner Kommentar/*Mertens*, § 84 Rz. 134.

[319] Vgl. BAG, Urteil vom 12.03.1968 – 1 AZR 413/67 – in NJW 1968, 1693 (Allgemein zu den Voraussetzungen einer Kündigung wegen Krankheit); BGH, Urteil vom 12.10.1954 – 2 AZR 267/54 – in BAGE 1, 107 (Außerordentliche Kündigung von Leitern großer Betriebe wegen langer Krankheit).

[320] Vgl. Kölner Kommentar/*Mertens*, § 84 AktG Rnrn. 131, 133.

[321] Vgl. BGH, Urteil vom 18.11.1975 – VI ZR 153/73 – in WM 1976, 53 (zur Frage der Rechtswirksamkeit eines mit einem ausgeschiedenen GmbH-Geschäftsführer abgeschlossenen Berater- und Repräsentantenvertrages wegen altersbedingter Leistungsbeschränkungen).

[322] Vgl. Erfurter Komm./*Müller-Glöge*, § 626 BGB Rz. 43.

- Mangelnde Offenheit gegenüber dem Aufsichtsrat / Auskunftsverweigerung / Geben unrichtiger Auskünfte,[323]
- Verletzung der Überwachungsfunktion,[324]
- Heimliche Vorbereitung eines Konkurrenzgeschäfts,[325]
- Strafbare Handlungen, auch im privaten Bereich, soweit die Geringfügigkeitsgrenze überschritten ist,[326]
- Dringender Verdacht der Begehung strafbarer Handlungen oder schwerer dienstvertraglicher Verfehlungen,[327]
- Beteiligung an verbotenen Preisabsprachen,[328]
- Vorteilsbeschaffung auf Kosten der Gesellschaft,[329]
- Spesenbetrug,[330]
- Annahme von Schmiergeldern / Bestechlichkeit,[331]
- Nutzung von Sachmitteln oder Einsatz von Personal des Unternehmens für persönliche Zwecke,[332]

---

[323] Vgl. OLG Frankfurt, Urteil vom 24.11.1992 – 5 U 67/90 – in DB 1993, 2324 (Zur Verweigerung einer Auskunft darüber, wo ein Geldbetrag in erheblicher Höhe verblieben ist, den ein Geschäftsführer bar von einem Gesellschaftskonto abgehoben hatte); OLG München, Urteil vom 23.02.1994 – 7 U 4904/93 – in DB 1994, 828 (Zur Pflicht des GmbH-Geschäftsführers zur wahrheitsgemäßen Beantwortung von Fragen des Alleingesellschafters nach dem Stand einzelner Geschäfte / Zur außerordentlichen Kündigung wegen vorsätzlich falscher oder unvollständiger Informationen und des hierauf basierenden Vertrauensverlusts).

[324] Vgl. BAG, Urteil vom 02.02.1995 – II ZR 9/94 – in ZIP 1995, 560.

[325] Vgl. BAG, Urteil vom 23.04.1998 – 2 AZR 442/97 – (NV) (Wettbewerbswidriges Handeln als Kündigungsgrund ohne Vorwurf des Verrats von Geschäfts- oder Betriebsgeheimnissen).

[326] Vgl. Kölner Kommentar/*Mertens*, § 84 Rz. 131 (Kann dann einen außerordentlichen Kündigungsgrund darstellen, wenn aufgrund dieses Umstandes auf die fehlende charakterliche Eignung zur Besetzung eines Vorstandsamts geschlossen werden kann).

[327] Vgl. LAG Berlin, Urteil vom 30.06.1997 – 9 Sa 43/97 – in NZA-RR 1997, 424 (Zur Verdachtskündigung im Rahmen eines Dienstvertrages).

[328] Vgl. BGH, Urteil vom 27.10.1986 – II ZR 74/85 – in NJW 1987, 1889.

[329] Vgl. BGH, Urteil vom 08.05.1967 – II ZR 126/65 – in DB 1967, 1170 (Außerordentliche Kündigung wegen des auf die Vorteilsbeschaffung resultierenden Vertrauensbruchs); LAG Schleswig-Holstein, Urteil vom 06.05.1996 – 2 TaBV 14/96 – in DB 1996, 1291 (zur außerordentlichen Kündigung eines Arbeitnehmers wegen Vorteilsbeschaffung).

[330] Vgl. LAG Düsseldorf, Urteil vom 26.01.1966 – 3 Sa 422/65 – in BB 1966, 1147 (Verlangen und Auszahlenlassen von Spesen, die nicht entstanden sind oder bei denen es sich nicht um betriebsbedingte Spesen, sondern um private Ausgaben handelt, kann selbst dann, wenn es sich um geringfügige Beträge handelt, einen Grund zur fristlosen Entlassung eines in einer besonderen Vertrauensstellung tätigen Angestellten bilden); BAG, Urteil vom 28.04.1994, 2 AZR 730/93 – in DB 1994, 1730.

[331] Vgl. BGH, Urteil vom 19.12.1983 – II ZR 71/83 – in DB 1984, 497; LAG Frankfurt/Main, Urteil vom 18.06.1997 – 8 Sa 977/96 – in LAGE Nr. 114 zu § 626 BGB (Zur Kündigung eines Bankangestellten wegen der Annahme bedeutender Geldzuwendungen im Zusammenhang mit einer Finanzierung).

[332] Vgl. LAG München, Urteil vom 14.11.1985 – 7 Sa 891/84 – in RDV 1987, 21 (Zur Rechtfertigung des Ausspruchs einer weiteren (vorsorglichen) fristlosen Kündigung gegenüber einem bereits gekündigten Arbeitnehmers wegen der Beschaffung eines vom Arbeitgeber entwickelten Computerprogramms im Wege der Ausnutzung von Kontakten zu früheren Kollegen); BGH, Urteil vom 02.06.1997 – II ZR 101/96 – in DStR 1997, 1139 (Wichtiger Grund für die außerordentliche Kündi-

- Verrat von Geschäftsgeheimnissen,[333]
- Drohung mit der Weitergabe von Informationen an die Presse,[334]
- Dauerndes Versagen, wenn dies im einzelnen begründet werden kann,[335]
- Schuldhafte Zerstörung des Vertrauensverhältnisses,[336]
- Unberechtigte Amtsniederlegung / Verweigerung der Amtsführung,[337]
- Verletzung bzw. Nichterfüllung gesetzlicher, satzungs-, geschäftsordnungsmäßiger oder vertraglicher Pflichten, z. B. die Nichtdurchführung bindender Weisungen, soweit solche dem Vorstand nach Gesetz oder Satzung erteilt werden können,[338]
- Nichtdurchführung der vom Gesamtvorstand auf Grund von Mehrheitsbeschlüssen getroffenen Entscheidungen,[339]
- Teilnahme an unehrenhaften oder riskanten Geschäften[340] / Verstoß gegen die Grundsätze ordnungsgemäßen Wirtschaftens,[341]
- Unzulässige Entnahmen aus dem Gesellschaftsvermögen,[342]
- Verletzung der Verschwiegenheitspflicht,[343]
- Überschreiten einer Kreditlinie,[344]
- Vermischung von Gesellschafts- und privaten Geldern bei Weigerung, an der Aufklärung des Sachverhalts mitzuwirken,[345]
- Tiefgreifendes, die weitere Zusammenarbeit unmöglich machendes, auch nach außen zum Ausdruck kommendes Zerwürfnis unter Geschäftsführern, zu dem der Betroffene durch sein – nicht notwendigerweise schuldhaftes Verhalten – beigetragen haben muss, auch wenn ein anderer Geschäftsführer

---

gung eines Geschäftsführers wegen erheblichen Einsatzes von Arbeitskräften der Gesellschaft für den Bau eines Privathauses).

333 Vgl. BAG, Urteil vom 26.09.1990 – (NV) („An sich" geeigneter wichtiger Kündigungsgrund / Verdachtskündigung wegen des Verrats von Geschäftsgeheimnissen), vgl. auch BGH, Urteil vom 13.07.1998 – II ZR 131/97 – in NJW-RR 1998, 1409.

334 Vgl. BAG, Urteil vom 11.03.1999 – 2 AZR 507/98 – in DB 1999, 1324.

335 Vgl. BGH, Urteil vom 19.01.1976 – II ZR 3/74 – in DB 1976, 859.

336 Vgl. BGH, Urteil vom 26.03.1956 – II ZR 57/55 – in BGHZ 20, 239 (249).

337 Vgl. OLG Celle, Urteil vom 31.08.1994 – 9 U 118/93 – in GmbHR 1995, 728.

338 Vgl. Großkomm. AktG/*Meyer-Landrut*, § 84 Anm. 44.

339 Vgl. Großkomm. AktG/*Meyer-Landrut*, § 84 Anm. 44

340 Vgl. BGH, Urteil vom 25.10.1956 – VI ZR 175/54 – in WM 1956, 865.

341 Vgl. BGH, Urteil vom 13.07.1998 – II ZR 131/97 – in NJW-RR 1998, 1409.

342 Vgl. BGH, Urteil vom 17.10.1983 – II ZR 31/83 – in WM 1984, 29.

343 Vgl. OLG Hamm, Urteil vom 07.11.1984 – 8 U 8/84 – in GmbHR 1985, 157 (Zum Bestehen der Pflicht eines Geschäftsführers zur Verschwiegenheit nach erfolgter Abberufung / Zur fristlosen Kündigung nach Begehung einer Verschwiegenheitspflichtverletzung).

344 Vgl. BGH, Urteil vom 03.12.1973 – II ZR 85/70 – in WM 1974, 131 (zum Sonderfall der Kreditgewährung durch ein Vorstandsmitglied an Dritte ohne deren hinreichende Absicherung sicherzustellen).

345 Vgl. OLG Frankfurt, Urteil vom 24.11.1992 – 5 U 67/90 – in DB 1993, 1752 (vgl. hierzu auch die oben zitierten Entscheidungen zur mangelnden Offenheit bzw. zum Verweigern / Geben unrichtiger Auskünfte).

in noch größerem Maße pflichtwidrig gehandelt hat.[346] / Dementsprechend auch Verstoß gegen das Kollegialprinzip und Eigenmächtigkeiten unter Vorstandskollegen,[347]

- Üble und unangemessene Äußerungen bzw. Beleidigungen,[348]
- Überführung von Gesellschaftsgeldern auf Privatkonto zur Sicherung künftiger Ansprüche,[349]
- Vorzeitige, unberechtigte Entnahme von Tantiemen[350] / Entnahme einer Tantieme ohne Einholung eines hierfür erforderlichen Beschlusses,[351]
- Nichtannahme einer anderen zumutbaren Tätigkeit nach vorzeitiger Beendigung der Organstellung / beharrliches Unterlassen von Bemühungen um eine Neuanstellung.[352]

Dagegen hat die Rechtsprechung folgende Umstände als zum Ausspruch einer außerordentlichen verhaltensbedingten Kündigung (i.d.R.) *„an sich" nicht geeignet* angesehen:

- Äußerungen eines Vorstandsmitglieds über die Ungeeignetheit eines Mehrheitsaktionärs zur Besetzung des Vorstandsamts,[353]
- Rechtswidriger Streik, mit dem die Entlassung eines Vorstandsmitglieds erzwungen werden soll,[354]
- Versagen in einer Lage, die zu meistern ungewöhnliche persönliche Eigenschaften gefordert hätte,[355]
- Unberechtigte Inanspruchnahme betrieblicher Gratisleistungen, die auch andere Vorstands- oder Aufsichtsratsmitglieder unbeanstandet bezogen haben,[356]

---

[346] Vgl. BGH, Urteil vom 17.10.1983 – II ZR 31/83 – in WM 1984, 29; BGH, Urteil vom 24.02.1992 – II ZR 79/91 – in WM 1992, 731 (Entscheidung ergeht allerdings nur zur Frage der Abberufung aus wichtigem Grund wegen Zerwürfnisses unter den Mitgeschäftsführern).

[347] Vgl. BGH, Urteil vom 13.07.1998 – II ZR 131/97 – in NJW-RR 1998, 1409.

[348] Vgl. BGH, Urteil vom 14.02.2000 – II ZR 218/98 – in DB 2000, 965 (Tätigung unangemessener Äußerungen eines Geschäftsführers über einen Gesellschafter gegenüber Dritten, die gleichzeitig den Tatbestand der Beleidigung erfüllen).

[349] Vgl. OLG Köln, Urteil vom 28.06.1995 – 2 U 97/94 – in GmbHR 1996, 290.

[350] Vgl. BGH, Urteil vom 09.11.1992 – II ZR 234/91 – in DB 1993, 218 (Zur Weisungserteilung eines GmbH-Geschäftsführers an den Leiter des Finanz- und Rechnungswesens, an ihn, den GF, einen Bonus ohne vorherige Entscheidung der Alleingesellschafterin auszuzahlen); OLG Hamm, Urteil vom 24.06.1994 – 25 U 149/90 – in GmbHR 1995, 732 (733) (Ebenfalls zum Veranlassen einer unberechtigten Tantiemeauszahlung).

[351] Vgl. BAG, Beschluss vom 03.07.1995 – II ZR 187/94 – in DStR 1995, 1120.

[352] Vgl. BGH, Urteil vom 14.07.1966 – II ZR 212/64 – in WM 1966, 968; BGH, Urteil vom 09.02.1978 – II ZR 189/76 – in WM 1978, 319.

[353] Vgl. BGH, Urteil vom 20.10.1954 – II ZR 280/53 – in BGHZ 15, 71.

[354] Vgl. BGH, Urteil vom 27.03.1961 – II ZR 24/60 – in WM 1961, 527 (Für den Fall, dass das Vorstandsmitglied keine Pflichtverletzungen begangen hat).

[355] Vgl. BGH, Urteil vom 14.07.1966 – II ZR 212/64 – in WM 1966, 968 (Der BGH prüft dies im Rahmen der bei § 626 BGB gebotenen Gesamtabwägung).

- Befürwortung eines vom Aufsichtsrat abgelehnten Projekts,[357]
- Kurzfristige Überschreitung des Erholungsurlaubs,[358]
- Erteilung einer Auszahlungsanweisung unter Verstoß gegen die Geschäftsordnung, wenn der Zahlung in Erfüllung eines wirksamen Anspruchs erfolgte,[359]
- Erstattung von Spesen, welche die Alleingesellschafterin – im Gegensatz zum Geschäftsleiter – nach den einschlägigen Bestimmungen des Anstellungsvertrages nicht für erstattungsfähig hält.[360]

c. Betriebsbedingte wichtige Kündigungsgründe

aa. Grundsatz

Grundsätzlich sind betriebsbedingte Gründe unabhängig davon, ob sie auf einer unternehmerischen Entscheidung des Arbeitgebers beruhen oder zwangsläufig (z.B. durch Brandschaden) eintreten, nicht geeignet, einen wichtigen Grund zur außerordentlichen Kündigung darzustellen.[361] Liegen dringende betriebliche Gründe, wie etwa eine Betriebsstillegung, eine wirtschaftliche Notlage oder ein Absatzmangel vor, so rechtfertigt dies i.d.R. nur eine ordentliche Kündigung.[362] Begründet wird der Ausschluss der außerordentlichen betriebsbedingten Kündigung vor allem damit, dass der Arbeitgeber sein Wirtschaftsrisiko nicht auf den Arbeitnehmer abwälzen dürfe.[363] Zu dem Arbeitgeber- bzw. Wirtschaftsrisiko zähle auch, dass der Arbeitgeber zur Einhaltung der ordentlichen Kündigungsfrist verpflichtet sei.[364]

Ob diese Grundsätze auch im Fall der außerordentlichen Kündigung eines AG-Vorstandsmitglieds Geltung beanspruchen können, ist fraglich.

Aufgrund seiner exponierten Stellung im Unternehmen ist ein Vorstandsmitglied nicht dem Arbeitnehmer-, sondern dem Arbeitgeberlager zuzuordnen. Der Vorstand tritt gegenüber den Mitarbeitern des Unternehmens als konkreter Prinzipal auf und trifft im Rahmen der ihm obliegenden Geschäftsführung auch die unternehmerischen Entscheidungen.

Dies könnte dafür sprechen, dass gegenüber einem Vorstandsmitglied die Gefahr einer ungerechtfertigten Überwälzung des Unternehmerrisikos nicht besteht

---

[356] Vgl. BGH, Urteil vom 08.12.1977 – II ZR 219/75 – in WM 1978, 109 (vgl. zu diesem Vorwurf insbesondere S. 111).
[357] Vgl. *Fleck*, WM 1981, Sonderbeil 3, 3 (13).
[358] Vgl. OLG Hamburg, Urteil vom 12.07.1990 – 10 U 15/90 – in AG 1991, 242; vgl. hierzu aber auch: BGH, Urteil vom 26.06.1995 – II ZR 122/94 – in AG 1995, 464 (insbesondere S. 466).
[359] Vgl. BGH, Urteil vom 29.01.2001 – II ZR 360/99 – in DStR 2001, 861 f. (zum Bankvorstand)
[360] BGH, Urteil vom 28.10.2002 – II ZR 353/00 – in DB 2002, 2640 f.
[361] Vgl. Erfurter Kommentar/*Müller-Glöge*, § 626 BGB Rz. 120.
[362] Vgl. GK-KSchR/*Dörner*, § 626 BGB Rz. 65.
[363] Vgl. *Preis/Hamacher*, S. 245 (253).
[364] Vgl. BAG, Urteil vom 15.05.1998 – 2 AZR 227/97 – in DB 1998, 1035 (1036).

und in seinem Fall daher der Ausschluss des außerordentlichen Kündigungsrechts aus betriebsbedingten Gründen nicht gerechtfertigt erscheint. Eine solche Sichtweise würde jedoch zu einer ungerechtfertigten Vermischung des Außen- und Innenverhältnisses der Vorstandsmitglieder zur Gesellschaft führen. Es ist bereits zum Ausdruck gekommen, dass der Umfang der dem Vorstand aktienrechtlich garantierten Rechte noch nichts über die Stellung des einzelnen Vorstandsmitglieds zur Gesellschaft aussagt. Daher ist es nicht gerechtfertigt, stets allen Vorstandsmitgliedern gleichermaßen das volle Wirtschaftsrisiko der Gesellschaft aufzubürden mit der Folge, dass ihnen in wirtschaftlich schwierigen Zeiten schon dann außerordentlich und fristlos gekündigt werden kann, wenn gegenüber den sonstigen Mitarbeitern nur die ordentliche Kündigung ausgesprochen werden könnte. Auch im Rahmen der hier diskutierten Frage ist daher – ebenso wie dies bereits bei der Frage nach der analogen Anwendbarkeit arbeitsrechtlicher Schutzbestimmungen befürwortet worden ist[365] – wie folgt zu differenzieren: Handelt es sich bei dem zu kündigenden Vorstandsmitglied um ein solches, das der Gesellschaft seine gesamte Arbeitskraft zur Verfügung stellt und das einem Arbeitnehmer vergleichbar schutzbedürftig ist, so besteht auch gegenüber diesem die Gefahr einer ungerechtfertigten Abwälzung des Unternehmerrisikos.

Es ist daher davon auszugehen, dass die Grundsätze über den grundsätzlichen Ausschluss eines außerordentlichen betriebsbedingten Kündigungsrechts auch im Fall des AG-Vorstandsmitglieds greifen.

bb. Ausnahme wegen Unkündbarkeit

Die Annahme des Ausschlusses eines außerordentlichen betriebsbedingten Kündigungsrechts könnte jedoch deshalb unstatthaft sein, weil auch der Ausspruch einer ordentlichen betriebsbedingten Kündigung gegenüber Vorstandsmitgliedern wegen der Befristung ihres Dienstverhältnisses regelmäßig ausscheidet. Hierdurch könnte die Gesellschaft gezwungen werden, den Vorstandsmitgliedern das vereinbarte Entgelt bis zu fünf Jahren[366] auch dann weiterzahlen zu müssen, wenn sie die Dienste des Vorstandsmitglieds nicht mehr Anspruch nehmen kann. Die sich hieraus ergebende Problematik könnte nach den Grundsätzen über die „Kündigung Unkündbarer“ zu lösen sein. In Fällen, in denen die ordentliche Kündigung kraft Gesetzes, Tarifvertrages oder einzelvertraglicher Vereinbarung ausgeschlossen ist, hält die Rechtsprechung sowie die nahezu einhellige Auffassung im Schrifttum eine außerordentliche betriebsbedingte Kündigung dann für zulässig, wenn der Ausschluss des ordentlichen Kündigungsrechts für den Arbeitgeber zu einer unzu-

---

[365] Teil II, Ziff B, III 2.

[366] Dies ist bekanntermaßen die Höchstdauer einer zulässig zu vereinbarenden Anstellungsdauer, vgl. § 84 Abs. 1 S. 5 i.V.m. S. 4 AktG.

mutbaren Belastung führen würde.[367] Eine unzumutbare Belastung wird dann angenommen, wenn der Arbeitgeber über Jahre hinweg zur Zahlung des Arbeitsentgelts verpflichtet, aber nicht in der Lage ist, die Arbeitsleistung wegen Wegfalls des Arbeitsplatzes in Anspruch zu nehmen. In solchen Fallgestaltungen trete eine nachhaltige Störung des vertraglichen Synallagmas ein, die den Arbeitgeber ausnahmsweise zum Ausspruch der außerordentlichen Kündigung berechtigen könne.[368] Bei der Beurteilung der Rechtmäßigkeit einer außerordentlichen Kündigung wurde anfangs vom BAG bereits im Hinblick auf den „an sich" geeigneten wichtigen Kündigungsgrund ein besonders strenger Prüfungsmaßstab angelegt.[369] Das BAG nahm an, dass ein „an sich" geeigneter wichtiger betriebsbedingter Grund bei ordentlich Unkündbaren nur dann anzuerkennen sei, wenn wegen einer Betriebsstillegung oder einer Betriebseinschränkung für die Arbeitskraft des zu Kündigenden keine Verwendung mehr bestehe.[370] Neuerdings hält der 2. Senat an dieser restriktiven Annahme eines „an sich" geeigneten wichtigen Kündigungsgrundes im Fall einer betriebsbedingten Kündigung ordentlich unkündbarer Arbeitnehmer jedoch nicht mehr fest. In seinen Entscheidungen vom 05.02.1998[371] und vom 17.09.1998[372] vertritt er die im Vergleich zu den vorangegangenen Urteilen weitergehende Auffassung, dass praktisch jede unternehmerische Entscheidung Grundlage einer außerordentlichen betriebsbedingten Kündigung ordentlich Unkündbarer sein könne. Auch den einzelnen Arbeitsplatz betreffende unternehmerische Entscheidungen können hiernach geeignet sein, einen wichtigen betriebsbedingten Kündigungsgrund darzustellen. Begründet wird dies damit, dass die Artt. 2, 12, 14 GG den Unternehmer auch in seiner Freiheit schützen, zu bestimmen, wie und in welcher Personalstärke er sein Unternehmen führen wolle. Die Begründung, mit der die Rechtsprechung eine außerordentliche betriebsbedingte Kündigung ordentlich Unkündbarer für zulässig erachtet, greift auch im Fall des Vorstandsmitglieds: Auch hier kommt es zu einer nachhaltigen Störung des vertraglichen Synallagmas, wenn die Gesellschaft zwar einerseits für die Dienste eines Vorstandsmitglieds wegen des Wegfalls seines Arbeitsplatzes keine Verwendung mehr hat, sie aber andererseits über Jahre hinweg zur Fortzahlung der Vergütung verpflichtet wäre. Insbesondere mit Blick auf die Höhe der einem Vorstandsmitglied geschuldeten Vergütung würde eine über mehrere Jahre andauernde Fortzahlungspflicht zudem zu einer der Gesellschaft nicht zumutbaren Belastung führen.

---

[367] Vgl. etwa, BAG, Urteil vom 22.07.1992 – 2 AZR 84/92 – (NV); Erfurter Kommentar/*Müller-Glöge*, § 626 BGB Rz. 120; GK-KSchR/*Dörner*, § 626 BGB Rz. 65 (jeweils m.w.N.).
[368] Vgl. BAG, Urteil vom 05.02.1998 – 2 AZR 227/97 – in DB 1998, 1035 (für den Fall der tariflichen Unkündbarkeit); *Mauer/Schüßler*: Kündigung unkündbarer Arbeitnehmer, BB 2001, 466, 468).
[369] Vgl. auch schon: BAG, Urteil vom 03.11.1955 – 2 AZR 39/54 – in AP Nr. 4 zu § 626 BGB.
[370] Vgl. BAG, Urteil vom 22.07.1992 – 2 AZR 84/92 – (NV) / Leitsatz 3.
[371] Vgl. BAG, Urteil vom 05.02.1998 – 2 AZR 227/97 – in DB 1998, 1035 (1036).
[372] Vgl. BAG, Urteil vom 17.09.1998 – 2 AZR 419/97 – in DB 1999, 154.

Bedenken aus gesellschaftsrechtlicher Sicht dahingehend, dass bei Übertragung der Grundsätze die ordnungsgemäße Geschäftsführung der Gesellschaft nicht mehr gewährleistet wäre, vermögen im Ergebnis nicht durchzugreifen. Zwar mag es sein, dass Vorstandsmitglieder bei unternehmerischen Entscheidungen in Form von Betriebsstillegungen oder Verlagerungen wesentlicher Teilaufgaben in eine psychische Zwangslage geraten, wenn sie aufgrund dieser Entscheidungen damit rechnen müssen, ihren Arbeitsplatz zu verlieren. Dies entbindet den Vorstand jedoch nicht von der Pflicht zu ausschließlich am Unternehmenswohl orientierten Entscheidungen. Vom Vorstandsmitglied kann erwartet werden, dass es seine eigenen Interessen hinter die Gesellschaftsinteressen anzustellen in der Lage ist. Gelingt ihm dies nicht und verletzt er deswegen seine Pflicht zur ordnungsgemäßen Geschäftsführung, so ist er der Gesellschaft zum Ersatz des hieraus entstehenden Schadens gem. § 93 Abs. 2 AktG verpflichtet. Auch bei Anerkennung eines außerordentlichen betriebsbedingten Kündigungsrechts ist daher hinreichend sichergestellt, dass gesellschaftliche Interessen, hier insbesondere das Interesse an einer ordnungsgemäßen Geschäftsführung, nicht beeinträchtigt werden.

Es ist somit festzuhalten, dass auch im Fall der Kündigung von Vorstandsmitgliedern die von der Rechtsprechung entwickelten Grundsätze zur „Kündigung Unkündbarer" anzuwenden sind.

cc. Rechtsfolgen

Sind die Voraussetzungen für eine ausnahmsweise zulässige außerordentliche betriebsbedingte Kündigung ordentlich Unkündbarer erfüllt, so führt dies jedoch nicht zur unmittelbaren Beendigungswirkung mit Ausspruch der Kündigung. Wäre dies der Fall, so wären die Unkündbaren schlechter gestellt, als diejenigen, die den besonderen Kündigungsschutz nicht genießen. Die Beendigungswirkung tritt daher erst mit Ablauf derjenigen Frist ein, mit der das Dienstverhältnis gekündigt werden könnte, wenn das ordentliche Kündigungsrecht nicht ausgeschlossen wäre.[373] Im Fall der außerordentlichen betriebsbedingten Kündigung von AG-Vorstandsmitgliedern bemisst sich die Auslauffrist nach den Fristen des § 622 BGB analog.

II. Unzumutbarkeit der weiteren Beschäftigung

Konnte im ersten Prüfungsschritt das Vorliegen eines „an sich" geeigneten wichtigen Kündigungsgrundes festgestellt werden, so ist im zweiten Prüfungsschritt zu erörtern, ob sich auch aus der einzelfallbezogenen Interessenabwägung ergibt, dass den Interessen des Kündigenden an der sofortigen Beendigung des Anstellungsverhältnisses den Interessen des zu Kündigenden an der Fortführung bis zum Ablauf der ordentlichen Kündigungsfrist bzw. bis zum vereinbarten Vertragsende der Vor-

[373] Vgl. BAG, Urteil vom 28.03.1985 – 2 AZR 113/84 – in DB 1985, 1743.

rang einzuräumen ist. Dies ist dann der Fall, wenn die Vertragsfortführung für den Kündigenden unzumutbar ist. Bei der Beurteilung der Rechtmäßigkeit einer gegenüber einem Vorstandsmitglied auszusprechenden Kündigung ist der Prüfungsmaßstab insoweit verschoben, als hier nicht vorrangig danach zu fragen ist, ob die weitere Tätigkeit (die die Gesellschaft durch Abberufung aus der Organstellung ja beenden kann) zumutbar ist, sondern vielmehr danach, ob dies auch hinsichtlich der Fortzahlung der Vergütung bis zum Vertragsablauf gilt.[374]

1. Einzelfallorientierte Interessenabwägung

a. In die Interessenabwägung einzubeziehende Einzelumstände

Die Rechtsprechung verlangt bei Arbeitsverhältnissen eine umfassende Interessenabwägung, d.h. die Berücksichtigung aller vernünftigerweise in Betracht zu ziehenden Umstände des Einzelfalls.[375] Die hierzu entwickelten Grundsätze sind auch im Fall der außerordentlichen Kündigung eines AG-Vorstandsmitglieds zu beachten, soweit dieses seine Arbeitskraft dem Unternehmen hauptberuflich zu Verfügung stellt und daher einem Arbeitnehmer vergleichbar schutzbedürftig ist.[376] Bei der Interessenabwägung sind im Rahmen der Beurteilung der außerordentlichen Kündigung eines Vorstandsmitglieds üblicherweise insbesondere folgende Gesichtspunkte zu berücksichtigen:

- Lebensalter des Betroffenen / Chancen auf dem Arbeitsmarkt,
- Bisheriger Verlauf des Dienstverhältnisses / Dauer der Betriebszugehörigkeit,
- Soziale und wirtschaftliche Folgen der Kündigung für den Betroffenen (insbesondere Unterhaltspflichten),[377]
- Auswirkungen auf das Unternehmen (insbesondere Höhe des Schadens).

Bei verhaltensbedingten Kündigungsgründen weiterhin:

- Gewicht der Verfehlungen sowie
- Grad des Verschuldens.

Im Fall einer gegenüber einem Vorstandsmitglied auszusprechenden Kündigung ist zusätzlich zu den oben genannten Kriterien auch die verbleibende Dauer der Amtszeit einzubeziehen. Dies führt dazu, dass die außerordentliche Kündigung sich

---

[374] Vgl. *Hefermehl* in Geßler/Hefermehl, § 84 Rz. 91; Kölner Kommentar/*Mertens*, § 84 Rz. 127. Zur Frage des Bestehens eines Beschäftigungsanspruchs nach erfolgter Abberufung vgl. Teil IV, Ziff. B.

[375] Vgl. KR/*Fischermeier*, § 626 BGB Rz. 236.

[376] Eine Ausnahme würde auch hier wiederum nur das maßgeblich kapitalbeteiligte Vorstandsmitglied darstellen, das jedoch aufgrund seiner Kapitalbeteiligung ohnedies nicht gegen seinen Willen außerordentlich gekündigt werden könnte.

[377] Vgl. hierzu im einzelnen: Erfurter Kommentar/*Müller-Glöge*, § 626 BGB Rz. 63 ff.; *Weber/Hoß/Burmester*, Teil 8, Rz. 28.

dann als unverhältnismäßig darstellen kann, wenn die Restlaufzeit des Vertrages nur noch gering oder eine ordentliche Kündbarkeit gegeben ist, während bei den gleichen Verfehlungen eine längere Restlaufzeit und ein Ausschluss ordentlicher Kündbarkeit dazu führen können, dass der Ausspruch der außerordentlichen Kündigung rechtmäßig erfolgen kann.[378]

b. Gewichtung der Einzelumstände

Den genannten Gesichtpunkten ist bei der Abwägung jedoch nicht stets das gleiche Gewicht einzuräumen. Vielmehr ist bei der Gewichtung der Eigenart des jeweils in Rede stehenden Dienstverhältnisses Rechnung zu tragen, da im Einzelfall an die Rechte und Pflichten, die hieraus resultieren, höchst unterschiedliche Ansprüche zu stellen sind. So ist bei der Prüfung der Wirksamkeit einer gegenüber einem Vorstandsmitglied ausgesprochenen Kündigung zu bedenken, dass das Vorstandsmitglied aufgrund seiner exponierten Stellung und wegen der ihm in diesem Zusammenhang verliehenen Machtfülle im Unternehmen eine besondere Vertrauensstellung genießt. Diese Vertrauensstellung bringt es mit sich, dass an die Erfüllung der ihm obliegenden Sorgfaltspflichten wesentlich höhere Anforderungen zu stellen sind, als dies im Rahmen „normaler" Arbeitsverhältnisse der Fall ist.[379] Dies wiederum kann dazu führen, dass im Fall des Vorstandsmitglieds bereits Pflichtverletzungen von verhältnismäßig geringer Intensität die Gesellschaft zu einer außerordentlichen Kündigung berechtigen können, sofern die Gesellschaft schlüssig darlegen kann, dass hierdurch das in das Vorstandsmitglied gesetzte Vertrauen endgültig zerstört ist. Im Fall des Vorstandsmitglieds sind zudem an den Grad des zu berücksichtigenden Verschuldens geringere Anforderungen zu stellen, als bei übrigen Mitarbeitern.[380] Dies ergibt sich ebenfalls daraus, dass diesem besondere Sorgfaltspflichten obliegen. Auch darf die Gesellschaft an die Fähigkeiten und Leistungen eines Organmitglieds berechtigterweise höhere Anforderungen als an die übrigen Mitarbeiter stellen. Auf der anderen Seite darf im Rahmen der Interessenabwägung zugunsten des Vorstandsmitglieds jedoch nicht vernachlässigt werden, dass ihm mit der mit seiner Position verbundenen gesteigerten Verantwortlichkeit notwendigerweise auch ein größerer Spielraum für selbständige und unter Umständen riskante Entscheidungen zugebilligt werden muss.[381]

2. Verhältnismäßigkeit / Ultima-ratio-Prinzip

Die außerordentliche Kündigung ist weiterhin nur zulässig, wenn sie die unausweichlich letzte Maßnahme (ultima ratio) für den Kündigungsberechtigten ist.[382]

---

[378] Vgl. *Weber/Hoß/Burmester*, Teil 8, Rz. 28.
[379] Ähnlich: *Weber/Hoß/Burmester*, Teil 8 Rz. 27.
[380] Vgl. Erfurter Kommentar/*Müller-Glöge*, § 626 BGB Rz. 64.
[381] Vgl. *Brandes*, WM 2000, 53; *Schwarz*, S. 139.
[382] Vgl. KR/*Fischermeier*, § 626 BGB Rz. 251.

Der Ausspruch einer außerordentlichen Kündigung ist daher nur gerechtfertigt, wenn alle anderen, nach den jeweiligen Umständen des konkreten Falles möglichen und angemessenen milderen Mittel, die geeignet sind, das in der bisherigen Form nicht mehr tragbare Dienstverhältnis fortzusetzen, erschöpft sind.[383] Als gegenüber der außerordentlichen Kündigung mildere Mittel kommen insbesondere der Ausspruch einer Abmahnung (bei verhaltensbedingten Kündigungsgründen), eine Versetzung, eine Änderungskündigung oder eine ordentliche Kündigung in Betracht. Da die ordentliche Kündigung im Fall des Vorstandsmitglieds aufgrund der im Anstellungsvertrag vereinbarten Befristung und mangels ausdrücklicher Vereinbarung über die Zulässigkeit einer ordentlichen Kündigung häufig ausgeschlossen ist, ist bei diesem als gegenüber der außerordentlichen Kündigung milderes Mittel insbesondere an den Ausspruch einer Abmahnung oder einer Änderungskündigung zu denken.

a. Abmahnung

aa. Grundsätze über die Erforderlichkeit einer Abmahnung im Arbeitsrecht

Der Ausspruch einer Abmahnung im arbeitsrechtlichen Sinne bedeutet, dass der Arbeitgeber in einer für den Arbeitnehmer hinreichend deutlich erkennbaren Art und Weise seine Beanstandungen vorbringt (Beanstandungsfunktion der Abmahnung) und damit unmissverständlich den Hinweis verbindet, im Wiederholungsfall sei der Inhalt oder der Bestand des Arbeitsverhältnisses gefährdet (Warnfunktion der Abmahnung).[384] In Rechtsprechung und Literatur besteht Einigkeit darüber, dass vor Ausspruch einer außerordentlichen Kündigung eines Arbeitnehmers wegen Pflichtwidrigkeiten, die im *Leistungs- und Verhaltensbereich* liegen, die Wahrung des Verhältnismäßigkeitsgrundsatzes grundsätzlich den Ausspruch einer Abmahnung gebietet, bevor der Arbeitgeber zum Mittel der außerordentlichen Kündigung greifen darf.[385] Sie ist nur dann entbehrlich, wenn im Einzelfall besondere Umstände vorliegen, aufgrund derer eine Abmahnung als nicht erfolgsversprechend angesehen werden kann.[386] Davon ist auszugehen, wenn der Arbeitnehmer nicht in der Lage oder nicht willens ist, sich vertragsgerecht zu verhalten. Auch in Fällen in denen ein besonders schwerer Verstoß vorliegt, ist eine Abmahnung entbehrlich, weil hier der Arbeitnehmer von vornherein nicht mit einer Billigung seines Verhaltens rechnen kann und er sich bewusst sein muss, dass er seinen Arbeits-

---

[383] Vgl. BAG, Urteil vom 09.07.1998 – 2 AZR 201/98 – in EzA Nr. 1 zu § 626 BGB Krankheit; Erfurter Kommentar/*Müller-Glöge*, § 626 BGB Rz. 44.
[384] Vgl. etwa: BAG, Urteil vom 17.02.1994 – 2 AZR 616/93 – in NZA 1994, 656 f.; sowie statt aller aus dem Schrifttum: Erfurter Kommentar/*Müller-Glöge*, § 626 BGB Rz. 45
[385] Vgl. schon BAG, Urteil vom 19.06.1967 – 2 AZR 287/66 – in DB 1967, 1550.
[386] Vgl. etwa: BAG, Urteil vom 17.02.1994 – 2 AZR 616/93 – in DB 1994, 1477.

platz aufs Spiel setzt.[387] Während das BAG bei Störungen, die im *Vertrauensbereich* liegen, eine Abmahnung in der Vergangenheit grundsätzlich für entbehrlich gehalten hat, ist der 2. Senat seit seiner Entscheidung vom 04.06.1997 der Auffassung, dass auch hier das Abmahnungserfordernis stets zu prüfen sei.[388] Nach Auffassung des Gerichts ist eine Abmahnung vor Ausspruch der Kündigung jedenfalls dann erforderlich, wenn es um ein steuerbares Verhalten des Arbeitnehmers geht und eine Wiederherstellung des Vertrauens erwartet werden kann. In der zitierten Entscheidung aus dem Jahr 1997 hat der Senat klargestellt, dass die von der früheren Rechtsprechung vorgenommene Differenzierung nach verschiedenen Störbereichen nur von eingeschränktem Wert gewesen sei. Weiterhin hat er festgestellt, dass die Prüfung des Abmahnungserfordernisses bei Störungen im Vertrauensbereich denjenigen Grundsätzen zu unterwerfen sei, die in ständiger Rechtsprechung zur Kündigung wegen Störungen im Leistungsbereich aufgestellt worden sind. Auch bei Störungen im Vertrauensbereich ist die Abmahnung daher – ebenso wie bei Störungen im Leistungs- und Verhaltensbereich – jedenfalls dann entbehrlich, wenn es sich bei denjenigen Umständen, die zur Störung des Vertrauens geführt haben, um so schwere Pflichtverstöße handelt, dass dem Arbeitnehmer die Rechtswidrigkeit ohne weiteres erkennbar gewesen sein musste und eine Hinnahme durch den Arbeitgeber offensichtlich ausgeschlossen ist.

bb. Die Entwicklung der höchstrichterlichen Rechtsprechung zum Abmahnungserfordernis

Der für die Beurteilung der Rechtmäßigkeit einer gegenüber dem Leitungsorgan einer juristischen Person ausgesprochenen Kündigung zuständige BGH sieht das Abmahnungserfordernis im Fall der Kündigung von Leitungsorganen juristischer Personen im Vergleich zur arbeitsrechtlichen Rechtsprechung, insbesondere des BAG, grundlegend anders. In seinem Urteil vom 14.02.2000[389] stellt er ausdrücklich fest, dass er den Ausspruch einer Abmahnung unter Verhältnismäßigkeitsgesichtpunkten für entbehrlich hält. Seine dahingehende Auffassung hat er mit Urteil vom 10.09.2001[390] bestätigt. Diese BGH-Rechtsprechung ist das Ergebnis einer längeren Rechtsprechungsentwicklung: In einem Urteil aus dem Jahr 1992 hat der 2. Senat in einem Fall, in dem es um die außerordentliche Kündigung eines GmbH-Geschäftsführers ging, die Erforderlichkeit des Ausspruchs einer vorhergehenden

[387] Vgl. BAG, Urteil vom 21.07.1999 – 2 AZR 676/98 – in DB 1999, 2216; BAG, Urteil vom 12.07.1984 – 2 AZR 320/83 – in DB 1985, 340; Erfurter Kommentar/*Müller-Glöge*, § 626 BGB Rz. 48 f. m.w.N.

[388] Vgl. grundlegend: BAG, Urteil vom 04.06.1997 – 2 AZR 526/96 – in DB 1997, 2386; sowie: BAG, Beschluss vom 10.02.1999 – 2 ABR 31/98 – in DB 1999, 1121.

[389] Vgl. BGH, Urteil vom 14.02.2000 – II ZR 218/98 – in DB 2000, 964 ff.

[390] BGH, Urteil vom 10.09.2001 – II ZR 14/00 – in DB 2001, 2438 ff.

Abmahnung zwar nicht für undenkbar gehalten.[391] Eine klare Aussage über ihre grundsätzliche Erforderlichkeit bzw. Entbehrlichkeit traf er aber dieser Entscheidung noch nicht. In einer Entscheidung aus dem Jahr 1998[392] hat er die Beantwortung dieser grundsätzlichen Frage ebenso offen gelassen wie noch in einem Urteil aus Januar 2000, in dem er die Wirksamkeit einer gegenüber einem Sparkassen-Vorstandsmitglied ausgesprochenen außerordentlichen Kündigung zu beurteilen hatte.[393] Erst mit Urteil vom 14.02.2000[394] führt er aus, dass das Institut der Abmahnung im Arbeitsrecht im Hinblick auf die soziale Schutzbedürftigkeit abhängig Beschäftigter entwickelt worden und dieser Gesichtpunkt bei Leitungsorganen von Kapitalgesellschaften nicht ausschlaggebend sei.[395] Da diese regelmäßig die ihnen obliegenden Pflichten kennen, müssten sie sich über die Tragweite etwaiger Pflichtverletzungen auch ohne Hinweise und Ermahnungen im Klaren sein. Damit hat der BGH explizit Stellung dahingehend bezogen, dass er im Fall der Kündigung von Leitungsorganen eine Abmahnung vor Ausspruch einer außerordentlichen Kündigung grundsätzlich für entbehrlich hält.[396] Die Verwendung des Begriffs „regelmäßig" lässt jedoch darauf schließen, dass nach seiner Auffassung in bestimmten, eng begrenzten Ausnahmesituationen, eine Abmahnung doch einmal erforderlich sein kann.[397] In einem zweiten Begründungsstrang führt er aus, dass eine Abmahnung ohnedies nicht in Betracht komme, soweit Pflichtenverstöße so gravierend seien, dass sie zur Zerstörung des Vertrauensverhältnisses zu den Gesellschaftern oder anderen Organen der Gesellschaft geführt hätten. Der letztgenannte Begründungsansatz entspricht dem, was auch die arbeitsrechtliche Rechtsprechung als Grund für die Entbehrlichkeit einer Abmahnung anerkennt. Das die Entscheidung

[391] Vgl. BGH, Urteil vom 09.11.1992 – II ZR 234/91 – in DB 1993, 218 (219) / Verfahrensfortgang: BGH, Beschluss vom 03.07.1995 – II ZR 187/94 – besprochen von *Goette*, DStR 1995, 1120.

[392] Vgl. BGH, Urteil vom 13.07.1998 – II ZR 131/97 – in DStR 1998, 1398 (1400).
Im entschiedenen Fall hat der Senat den Ausspruch von Ermahnungen vor Ausspruch der außerordentlichen Kündigung jedenfalls für ausreichend erachtet. Zwar waren hier dienstvertragliche Konsequenzen nicht angedroht worden. Dies hat das Gericht aber für mit dem Hinweis, diese hätten für den Fall weiterer Zuwiderhandlungen auf der Hand gelegen, für entbehrlich gehalten.

[393] Vgl. BGH, Urteil vom 10.01.2000 – II ZR 251/98 – in DStR 2000, 564 (565 f.).
Hier ist der BGH der Auffassung, dass jedenfalls im Fall eines vorher ausdrücklich verhängten Verbots einer bestimmten Verfahrensweise, dienstvertragliche Konsequenzen nicht mehr ausdrücklich angedroht werden müssten.
Vgl. auch die Anmerkung zum Urteil von *Goette* in DStR 2000, 566.

[394] BGH, Urteil vom 14.02.2000 – II ZR 218/98 – in DB 2000, 964 f.

[395] So auch schon die Begründung für die Entbehrlichkeit der Abmahnung von *Goette*, DStR 1998, 1398.

[396] Dass der BGH sich in dieser Entscheidung zur Beantwortung der grundsätzlichen Frage geäußert hat, ist deshalb bemerkenswert, weil er auch hier – ebenso wie in den Vorentscheidungen – eine generelle Stellungnahme hätte umgehen können. Das Gericht hatte im entschiedenen Fall so schwere Pflichtverletzungen des Geschäftsführers festgestellt, dass die Erforderlichkeit einer Abmahnung schon nach allgemeinen Grundsätzen wegen irreparabler Zerstörung des Vertrauensverhältnisses abzulehnen gewesen wäre. Dies führt der Senat jedoch lediglich in einer ergänzenden Argumentation an.

[397] Vgl. hierzu *Goette*, DStR 2000, 696 (697).

vom 14.02.2000 bestätigende Urteil vom 10.09.2001[398] geht im Hinblick auf die Beantwortung der Frage nach dem Abmahnungserfordernis über die vorzitierte Entscheidung sogar noch in doppelter Hinsicht hinaus. Zum einen findet sich dort kein Hinweis mehr darauf, dass eine Abmahnung nach Auffassung des Gerichts in Ausnahmefällen doch einmal erforderlich sein kann. Zum anderen greift der Senat auch nicht mehr auf die von der arbeitsrechtlichen Rechtsprechung entwickelten Grundsätze zur Entbehrlichkeit einer Abmahnung im Fall der Zerstörung des Vertrauensverhältnisses zurück. Das Gericht begründet seine Auffassung hier lediglich noch damit, dass dem GmbH-Geschäftsführer keine Arbeitnehmereigenschaft zukomme. Er habe Leitungsaufgaben wahrzunehmen. Zu diesen gehöre es, dass er für die Ordnungsgemäßheit und Rechtmäßigkeit seines Verhaltens gegenüber der Gesellschaft einzustehen habe. Er trage nach außen die volle Verantwortung und bekleide im Innenverhältnis die Arbeitgeberfunktion. Daher bedürfe es keiner Hinweise der Gesellschafterversammlung oder des Aufsichtsrates, dass er sich an die Gesetze, an die Satzung und an die in seinem Dienstvertrag niedergelegten Pflichten zu halten habe. Er habe sich vielmehr ohne Abmahnung und von sich aus im Rahmen seines Pflichtenkreises dem Standard eines ordentlichen Geschäftsmanns entsprechend zu verhalten.

cc. Stellungnahme

Der 2. Senat stützt seine Auffassung zur grundsätzlichen Entbehrlichkeit der Abmahnung im Fall der Kündigung von Organmitgliedern zunächst darauf, dass dieses Rechtsinstitut vor dem Hintergrund der Schutzbedürftigkeit von Arbeitnehmern entwickelt worden sei und dieser Schutzgedanke bei der Kündigung von Organmitgliedern nicht greife.

Diese Begründung ist unzutreffend. Erstmals hat das BAG zu dieser Frage in einer Entscheidung vom 19.06.1967 Stellung genommen.[399] Der 2. Senat hat das Erfordernis hier jedoch nicht etwa – wie die Entscheidungsgründe vom 14.02.2000 vermuten lassen würden – aus Arbeitnehmerschutzerwägungen, sondern vielmehr aus einem in der Vorschrift des § 326 Abs. 1 BGB (a.F.) enthaltenen allgemeinen Schutzgedanken hergeleitet. Dass es sich beim Institut der Abmahnung – entgegen der Auffassung des BGH – nicht um ein spezifisch arbeitsrechtliches Rechtsinstitut handelt, wird auch in anderen Vorschriften des BGB, hier namentlich in den §§ 550, 553, 1053 deutlich.[400] Die weitere Begründung des BGH, wonach eine Abmahnung vor der Kündigung von Organmitgliedern juristischer Personen deshalb entbehrlich sein soll, weil diese ihre Pflichten in der Regel kennen, ist – jedenfalls in der vom BGH statuierten allgemeinen Form – angreifbar. Nicht zu leugnen ist

[398] BGH, Urteil vom 10.09.2001 – II ZR 14/00 – in DB 2001, 2438 ff.
[399] Vgl. BAG, Urteil vom 19.06.1967 – 2 AZR 287/66 – in DB 1967, 1550.
[400] Vgl. *Adam*, LM Nr. 44 zu § 626 BGB.

zwar, dass die Gesellschaft zu Recht an die von einem Vorstandsmitglied zu erwartende Anwendung von Sorgfaltspflichten höhere Anforderungen stellen kann, als im Rahmen eines „normalen“ Arbeitsverhältnisses. Dies bedeutet jedoch noch nicht, dass in ihrer Intensität vergleichbar geringfügige Pflichtverletzungen nicht zunächst abgemahnt werden müssen, bevor zum Mittel der außerordentlichen Kündigung gegriffen werden darf. Andernfalls würden an die Person des Vorstandsmitglieds zu hohe Anforderungen gestellt, die insbesondere vor dem Hintergrund der Fülle der von ihm wahrzunehmenden Aufgaben und Verantwortlichkeiten nicht zu rechtfertigen sind. Auch einem Vorstandsmitglied muss es zugebilligt werden, dass dieser sich über Inhalt und Umfang einzelner Pflichten einmal täuschen darf, ohne befürchten zu müssen, bei einem Irrtum sogleich seine Stellung zu verlieren.[401] Dies gebietet nicht zuletzt der in § 626 Abs. 1 BGB selbst enthaltene Verhältnismäßigkeitsgrundsatz. Auch im Fall der außerordentlichen Kündigung eines AG-Vorstandsmitglieds sprechen daher gute Gründe dafür, eine vorhergehende erfolglose Abmahnung für erforderlich zu halten.

Unter dogmatischen Gesichtspunkten ist die Rechtsprechung seit Inkrafttreten der Schuldrechtsreform gezwungen, ihren Lösungsansatz zu überdenken.[402] In § 314 Abs. 2 S. 1 2. Alt. BGB ist nunmehr ausdrücklich normiert, dass eine Abmahnung als Vorstufe zur außerordentlichen Kündigung von Dauerschuldverhältnissen erforderlich ist, sofern der Kündigungsgrund in einer Vertragspflichtverletzung besteht. Die Vorschrift könnte auch im Fall der außerordentlichen Kündigung eines AG-Vorstandsmitglieds Annwendung finden. Das setzt zunächst voraus, dass die Vorschrift des § 314 BGB im Fall der Kündigung von Dienst- und Arbeitsverhältnissen einschlägig ist. Die Anwendbarkeit von § 314 BGB könnte daran scheitern, dass sich in § 626 BGB eine spezialgesetzliche Regelung zur außerordentlichen Kündigung von Dienst- und Arbeitsverhältnissen findet, die einen Rückgriff auf die allgemeinere Kündigungsregel des § 314 BGB ausschließt. Nicht bezweifelt werden kann zunächst, dass § 626 BGB in seinem Anwendungsbereich als lex specialis der allgemeinen Kündigungsregel in § 314 BGB vorgehen muss.[403] Für die Beurteilung des wichtigen Grundes und des Erfordernisses der einzelfallbezogenen Interessenabwägung ergeben sich sachlich ohnedies keine Unterschiede, da die Voraussetzungen im jeweiligen Absatz 1 von § 314 BGB bzw. § 626 BGB gleich konzipiert sind. Mit der in § 626 Abs. 2 BGB geregelten Zwei-Wochen-Frist für den Ausspruch einer außerordentlichen Kündigung enthält § 626 BGB allerdings eine gegenüber § 314 Abs. 3 BGB speziellere Fristenregelung. § 314 Abs. 3 BGB fordert lediglich, dass die außerordentliche Kündigung binnen angemessener Frist

401 Vgl. *Adam*, LM Nr. 44 zu § 626 BGB (Ziffer 2. a.E.).

402 Vgl. hierzu: *Gravenhorst*, Anm. zum BGH-Urteil vom 10.09.2001 – II ZR 14/00 - in EzA Nr. 43 zu § 611 BGB Abmahnung; *Schneider*, GmbHR 2003, S. 1 ff.; *Schumacher-Mohr*, DB 2002, 1606.

403 BT-Drucksache 14/6040, S. 177; Berkowsky, AuA 2002, 11 (12); Gotthardt, Arbeitsrecht nach der Schuldrechtsreform (2002), Rn. 201.

ausgesprochen werden muss, spezifiziert den Zeitrahmen jedoch nicht genauer. Im Fall der außerordentlichen Kündigung von Dienst- und Arbeitsverhältnissen geht § 626 Abs. 2 BGB der allgemeineren Regel in § 314 Abs. 3 BGB nach allgemeinen Grundsätzen vor. Im Unterschied zu § 314 Abs. 2 BGB trifft § 626 BGB allerdings keine Regelung zum Erfordernis einer erfolglosen Abmahnung vor Ausspruch der außerordentlichen Kündigung. Das Fehlen einer solchen Regelung in der für Dienst- und Arbeitsverhältnisse spezielleren Regelung des § 626 BGB bedeutet jedoch nicht, dass deren außerordentliche Kündigung nach Inkrafttreten der Schuldrechtsreform stets ohne vorhergehende erfolglose Abmahnung zulässig ist.[404] Soweit § 626 BGB keine Regelung trifft, ist vielmehr auf das allgemeine Schuldrecht und somit auch auf § 314 Abs. 2 BGB Rückgriff zu nehmen. Ausweislich der Gesetzesbegründung wollte der Gesetzgeber durch die Implementierung einer allgemeinen gesetzlichen Grundlage über die außerordentliche Kündbarkeit von Dauerschuldverhältnissen lediglich die von der Rechtsprechung hierzu entwickelten Grundsätze in das Gesetz aufnehmen, nicht jedoch eine sachliche Neuregelung treffen. Die Schaffung der Norm diente allein dem Zweck der Komplettierung der im Rahmen der Schuldrechtsreform vorgenommenen grundlegenden Überarbeitung des Schuldrechts.[405] Aus § 314 Abs. 2 S. 1 1. Alt. BGB ergibt sich somit, dass der außerordentliche Kündigung von Dienst- und Arbeitsverhältnissen eine erfolglose Abmahnung vorauszugehen hat. Nach der hier vertretenen Auffassung ist den von der arbeitsrechtlichen Rechtsprechung und Literatur entwickelten Grundsätze zum Abmahnungserfordernis daher insbesondere unter der Geltung des neuen Schuldrechts ein unbeschränkter Geltungsanspruch zuzugestehen. Die BGH-Rechtsprechung sollte insoweit überdacht werden. Umso mehr verwundert es, dass sogar das BAG die irrige BGH-Rechtsprechung – wenn auch nur in einem obiter dictum – jüngst noch kritiklos übernommen hat.[406]

dd. Ergebnis

Der außerordentlichen Kündigung von Vorstands-Anstellungsverhältnissen hat in der Regel eine vorherige erfolglose Abmahnung vorauszugehen. Etwas anderes gilt nur dann, wenn im Einzelfall besondere Umstände vorliegen, die eine Abmahnung ausnahmsweise entbehrlich machen. Diejenigen Fallgruppen, die die Rechtsprechung für die Entbehrlichkeit aufgestellt hat, bilden auch unter der Geltung des neuen Schuldrechts als Beurteilungsmaßstab eine tragfähige Grundlage, ergeben sich jedoch nunmehr nicht mehr nur aus reinem Richterrecht, sondern können auf eine gesetzliche Regelung, namentlich auf § 314 Abs. 2 S. 2 i.V.m. § 323 Abs. 2 BGB gestützt werden. An die ausnahmsweise Entbehrlichkeit der Abmahnung

---

[404] So im Ergebnis auch *Gotthardt*, Rn. 204.

[405] Vgl. BT-Drucksache 14/6040, S. 177.

[406] BAG, Urteil vom 08.08.2002 – 8 AZR 574/01 –; vorhergehend: LAG Hamm, Urteil vom 19.07.2001 – 4 Sa 1413/99 –.

sind, da einem Organmitglied eine größere Sorgfaltspflicht als Arbeitnehmern obliegt, jedoch geringere Anforderungen zu stellen, als dies im Arbeitsrecht sonst der Fall ist.

Da das Dienstverhältnis von Vorstandsmitgliedern von einem besonderen Vertrauensverhältnis getragen wird, ist in Fällen, in denen aufgrund von (mehreren vergleichsweise geringfügigen) Pflichtverletzungen eine Zerstörung dieses Vertrauens eingetreten ist, eine Abmahnung vor Ausspruch der außerordentlichen Kündigung allerdings unnötig. Insoweit kann auf die allgemein im Arbeitsrecht geltenden Grundsätze mit der Maßgabe zurückgegriffen werden, dass im Fall von Vorstandsmitgliedern eine Zerstörung des Vertrauensverhältnisses schneller anzunehmen sein wird, als bei Arbeitsverhältnissen.

b. Änderungskündigung

Hinsichtlich des Erfordernisses des Ausspruches einer Änderungskündigung als gegenüber der außerordentlichen Kündigung milderes Mittel gelten im Fall der außerordentlichen Kündigung von Vorstandsmitgliedern keine Besonderheiten.[407] Diese kommt wegen der Befristung des Anstellungsverhältnisses aber in der Regel nur als außerordentliche Änderungskündigung in Betracht. In der Praxis wird sich die Gesellschaft bei Vorliegen eines wichtigen Kündigungsgrundes häufig jedoch mit Erfolg auf die Unzumutbarkeit einer Weiterbeschäftigung zu geänderten Vertragsbedingungen berufen können.

III. Ausschlussfrist gem. § 626 Abs. 2 BGB

Gem. § 626 Abs. 2 S. 1 BGB kann die außerordentliche Kündigung nur innerhalb von zwei Wochen erfolgen. Die Frist beginnt mit dem Zeitpunkt, in dem der Kündigungsberechtigte von den für die Kündigung maßgebenden Tatsachen Kenntnis erlangt hat, vgl. § 626 Abs. 2 S. 2 BGB. Die Kündigungsfrist ist dann eingehalten, wenn die Kündigung dem Kündigungsadressaten innerhalb von zwei Wochen nach der Kenntniserlangung durch den Kündigungsberechtigten zugeht.[408] Die zeitliche Begrenzung zur Ausübung des Kündigungsrechts dient dem Gebot der Rechtssicherheit. Hat der eine Vertragsteil die Voraussetzungen für eine außerordentliche Kündigung verwirklicht, darf nicht unangemessen lange Zeit ungewiss bleiben, ob der andere Teil hieraus kündigungsrechtliche Folgen zieht.[409] Nach dem Ablauf der Zwei-Wochen-Frist wird deshalb unwiderleglich vermutet, dass dem Kündigungsberechtigten die Fortsetzung des Dienstverhältnisses zumutbar ist.[410] In Rechtspre-

---

[407] Vgl. zu den Voraussetzungen der Änderungskündigung z.B. Erfurter Kommentar/Müller-Glöge, § 626 BGB Rz. 59.

[408] Vgl. BGH, Urteil vom 29.01.2001 – II ZR 360/99 – in DStR 2001, 861f.; KR/*Fischermeier*, § 626 BGB Rz. 358.

[409] Vgl. Erfurter Kommentar/*Müller-Glöge*, § 626 BGB, Rz. 246.

[410] Vgl. *Schaub*, § 125 Rz. 26.

chung und Literatur ist anerkannt, dass erst die sichere Kenntnis der Tatsachen, die das Vorliegen eines wichtigen Grundes begründen können, für den Beginn der Frist relevant ist.[411] Bloßes Kennenmüssen genügt hierfür nicht.[412] Hält der Kündigungsberechtigte eine weitere Sachaufklärung und ggf. die Anhörung des Betroffenen für erforderlich, ist die Zwei-Wochen-Frist jedenfalls dann gehemmt, wenn die Aufklärung mit der gebotenen Beschleunigung betrieben wird.[413] Wegen Zeitablauf verfristete wichtige Gründe können grundsätzlich eine fristlose Kündigung nicht mehr rechtfertigen.[414] Sie können jedoch im Rahmen der gebotenen Gesamtabwägung unterstützend herangezogen werden, sofern wenigstens ein nicht verfristeter Grund von einigem Gewicht verbleibt, der sich aufgrund seines inneren Zusammenhangs mit den früheren Ereignissen als weiteres und letztes Glied in einer Kette von Pflichtverletzungen darstellt, die sich zu einem Gesamtverhalten zusammenfasst.[415]

Im Fall der Kündigung des Vorstandsmitglieds einer Aktiengesellschaft stellt sich vor dem Hintergrund, dass Kündigungsberechtigter i.S.d. der Vorschrift der Aufsichtsrat, also ein Kollegialorgan ist, die Frage, wessen sichere Kenntnis für den Fristlauf relevant ist.[416] Hier bieten sich mehrere Varianten an: Einerseits ist denkbar, dass die Frist erst dann zu laufen beginnt, wenn alle Mitglieder des Aufsichtsrats von den die Kündigung begründenden Umständen Kenntnis haben. Andererseits könnte hierfür jedoch auch die Kenntnis nur eines Aufsichtsratsmitglieds oder jedenfalls die Kenntnis des Aufsichtsratsvorsitzenden bzw. diejenige des stellvertretenden Aufsichtsratsvorsitzenden genügen.[417]

Eine gefestigte Rechtsprechung zu dieser Frage existiert nicht. Die im Bereich des Fristlaufs ergangenen Entscheidungen in Fällen, in denen ein Kollegialorgan kündigungsbefugt ist, befassen sich zum großen Teil nicht mit der Kündigung des Vorstands einer AG, sondern mit der Parallelproblematik bei organisationsrechtlich ähnlichen Gesellschaftsformen bzw. Rechtsträgern.

Die diesbezügliche Rechtsprechung soll im folgenden neben den aktienrechtlichen Entscheidungen dargestellt werden, da sich hieraus Nutzen für die Beantwortung der Frage nach dem Fristlauf bei der außerordentlichen Kündigung des Vorstandsmitglieds einer Aktiengesellschaft ziehen lässt.

---

[411] Vgl. BGH, Urteil vom 02.06.1997 – II ZR 101/96 – in DStR 1997, 1338 (1339); GK/*Hillebrecht*, § 626 BGB Rz. 222; Palandt/*Putzo*, § 626 Rz. 23.
[412] Ständige Rechtsprechung des BAG, vgl. etwa: BAG, Urteil vom 16.08.1990 – 2 AZR 113/90 – in NZA 1991, 141 ff.; sowie statt aller: Erfurter Kommentar/*Müller*-Glöge, § 626 BGB, Rz. 263.
[413] BGH, Urteil vom 26.02.1996 – II ZR 114/95 – in DStR 1996, 676
[414] BGH, Urteil vom 29.01.2001 – II ZR 360/99 – in DStR 2001, 861 f.
[415] BGH, Urteil vom 29.01.2001 – II ZR 360/99 – in DStR 2001, 861 f.
[416] So die Rechtsprechung und die h.M. in der Literatur, vgl. *Hüffer* § 84 Rz. 38; a.A. nur *Lüders*, BB 1990, 790 (792). Dieser hält die Partei des Arbeitsvertrages (sic) für kündigungsberechtigt.
[417] Vgl. hierzu auch: *Schumacher-Mohr, ZIP 2002*, 2245 ff.

1. Die Auffassung der Rechtsprechung

a. Rechtsprechung zur AG

Soweit ersichtlich, existiert zur Frage des Fristlauf bei der Aktiengesellschaft bislang lediglich ein höchstrichterliches Urteil, das allerdings bereits aus dem Jahr 1964 stammt.[418] Der 2. Senat vertritt hier die Auffassung, dass schon die Kenntnis eines Aufsichtsratsmitglieds ausreiche, um ein rechtserhebliches Wissen der AG zu begründen. Das Wissen eines Mitglieds des in der Angelegenheit vertretungsberechtigten Organs sei Wissen der Gesellschaft und könne daher den Fristlauf in Gang setzen. In seinem Urteil vom 04.09.1997 ist das OLG Düsseldorf der Ansicht, dass die Frist des § 626 Abs. 2 BGB jedenfalls dann beginne, wenn der Aufsichtsratsvorsitzende bzw. der stellvertretende Aufsichtsratsvorsitzende von den die Kündigung begründenden Tatsachen Kenntnis habe.[419] In dieser Entscheidung beruft sich das OLG Düsseldorf darauf, dass nach der Rechtsprechung des Bundesgerichtshofs bereits die Kenntnis eines Aufsichtsratsmitglieds ausreiche, um den Fristlauf in Gang zu setzen. Das Wissen eines in der Angelegenheit vertretungsberechtigten Organmitglieds sei als Wissen des Organs anzusehen und damit auch der juristischen Person zuzurechnen. Das OLG Düsseldorf zitiert in diesem Zusammenhang mehrere höchstrichterliche Entscheidungen, aus denen sich seiner Ansicht nach eine seine Sichtweise unterstützende einheitliche höchstrichterliche Rechtsprechung ergibt.[420] Die Auswertung der vom OLG Düsseldorf zitierten Entscheidungen ergibt indes, dass eine solche Rechtsprechung aber gerade nicht besteht. Insbesondere gilt dies nicht für den Fall der außerordentlichen Kündigung des Vorstandsmitglieds einer AG,[421] da sich die vom OLG Düsseldorf angegebenen Fundstellen zumeist mit anderen Gesellschaftsformen befassen.

b. Rechtsprechung zu anderen Gesellschaftsformen

Auch die Durchsicht der sonstigen zum Themenkomplex der Kündigungsbefugnis eines Kollegialorgans ergangenen Entscheidungen ergibt kein anderes Bild.

Für das Gebiet des Genossenschafts-, Sparkassen- und Gemeinderechts bzw. zum Versicherungsverein auf Gegenseitigkeit lassen sich mehrere höchstrichterliche Entscheidungen finden, die zeitlich nach dem zitierten Urteil des BGH liegen. In diesen zeichnet sich eine vom oben zitierten BGH-Urteil abweichende Auffassung ab. In einer Entscheidung aus dem Jahr 1977[422] hat das Bundesarbeitsgericht für den Fall der Kündigung des Vorstandsmitglieds einer Genossenschaft festge-

---

[418] BGH, Urteil vom 06.04.1964 – II ZR 75/62- in BGHZ 41, 282 (287).
[419] OLG Düsseldorf, Urteil vom 04.09.1997 – 6 U 223/96 – n.v.
[420] Vgl. etwa: BGH, Urteil vom 08.02.1989 – V ZR 246/87 – in NJW 1990, 975; BGH, Urteil vom 01.03.1984 – IX ZR 34/83 – in NJW 1984, 809 ff.; BGH, Urteil vom 03.03.1956 – IV ZR 314/55 – in BGHZ 20, 149 ff..
[421] Vgl. hierzu im einzelnen die oben dargestellte Rechtsprechung.
[422] Vgl. BAG, Urteil vom 05.05.1977 – 2 AZR 297/76 – in NJW 1978, 723 ff.

stellt, dass die Kenntnis nur eines Aufsichtsratsmitglieds nicht genüge, um den Fristlauf des § 626 Abs. 2 BGB auszulösen. Diesen Standpunkt teilt auch der 2. Zivilsenat des BGH in seinem Urteil vom 18.06.1984.[423] Dieser führt aus, dass die Frist erst dann beginne, wenn die Generalsversammlung Kenntnis von den Kündigungstatsachen erhält. Die Genossenschaft müsse sich jedoch so behandeln lassen, als ob die Generalversammlung bereits informiert wäre, sofern der Aufsichtsrat von den die Kündigung begründenden Umständen Kenntnis erlangt habe und er diese nicht in angemessen kurzer Zeit nach seiner eigenen Kenntniserlangung einberufe. In dieselbe Richtung geht auch ein Urteil des 2. Senats des BGH im Fall der Kündigung des Geschäftsleiters eines Versicherungsvereins auf Gegenseitigkeit aus dem Jahr 1980.[424] Anfang der 90er Jahre hat sich der 9. Senat des BGH hinsichtlich der Wissenszurechnung bei einer Sparkasse dahingehend geäußert, dass in einem Fall, in dem ein Mitglied des zuständigen Vertretungsorgans einer Sparkasse, die eine fristlose Kündigung eines Vorstandsmitglieds tragenden Tatsachen kenne, diese Kenntnis dem Vertretungsorgan jedenfalls ab dem Zeitpunkt zuzurechnen sei, in dem es die anderen Mitglieder hätte unterrichten können.[425]

Demgegenüber geht der 5. Senat des BGH[426] im Gemeinderecht allerdings davon aus, dass sich die Gemeinde das Wissen aller ihrer vertretungsberechtigten Organwalter zurechnen lassen müsse.[427] Hiernach kann mithin auch die Kenntnis nur einer Einzelperson für den Fristlauf gem. § 626 Abs. 2 BGB relevant sein.

Mit Ausnahme des im Bereich des Gemeinderechts ergangenen Urteils, lässt sich den dargestellten Urteilen somit eine Tendenz dahingehend entnehmen, dass BAG und BGH die Kenntnis nur eines Mitglieds des Kollegialorgans als für die Auslösung des Fristlaufs grundsätzlich nicht genügend ansehen. Dies bedeutet jedoch nicht, dass die Kenntnis eines Mitglieds des kündigungsbefugten oder ggf. sogar eines anderen Organs der Gesellschaft deshalb für den Fristlauf irrelevant ist. Bei entsprechender Kenntnis kann nämlich eine Einberufungspflicht bestehen, deren Verletzung Auswirkungen auf den Fristlauf haben kann.

Für den Komplex der Kündigung eines GmbH-Geschäftsführers findet sich eine Vielzahl von höchstrichterlichen sowie instanzgerichtlichen Entscheidungen. Der 2. Senat des BGH ist hier ebenfalls bereits seit langem der Auffassung, dass die Kenntnis nur eines Mitglieds der Gesellschafterversammlung nicht ausreicht, um die Frist des § 626 Abs. 2 BGB in Gang zu setzen. Erforderlich ist seiner Auffassung nach vielmehr die Kenntnis aller Mitglieder des zur Kündigung berechtig-

---

[423] Vgl. BGH, Urteil vom 18.06.1984 – II ZR 221/83 – in DB 1984, 1820 f. Die gleiche Auffassung vertritt das OLG Köln ebenfalls im Fall der Genossenschaft in seinem Urteil vom 26.11.1993 – 16 U 93/93 – in DB 1994, 471.

[424] Vgl. BGH, Urteil vom 19.05.1980 – II ZR 169/79 – in NJW 1981, 166 f.

[425] BGH, Urteil vom 05.04.1990 – IX ZR 16/89 – in NJW-RR 1990, 1330 ff.

[426] BGH, Urteil vom 08.12.1989 – V ZR 246/87 – in NJW 1989, 975 ff.

[427] BGH, Urteil vom 08.12.1989 – V ZR 246/87 – in NJW 1989, 975 (976).

ten Organs.[428] Im Anwendungsbereich des GmbH-Rechts statuiert das Gericht gleichfalls eine Pflicht der einberufungsberechtigten Gesellschafter, die Gesellschafterversammlung in angemessener Zeit nach Kenntnis eines kündigungsrelevanten Sachverhalts einzuberufen.[429] Der Senat ist auch hier der Auffassung, dass sich die Gesellschaft so behandeln lassen muss, als habe sie innerhalb zumutbarer Frist von den die Kündigung begründenden Tatsachen Kenntnis erlangt, wenn dasjenige Mitglied des Kollegialorgans, bei dem die Kenntnis vorliegt, es versäumt, das für die Kündigung zuständige Kollegialorgan binnen angemessener Frist einzuberufen.[430] Mit Urteil vom 15.06.1998[431] hat der BGH diese Grundsätze dahingehend präzisiert, dass es im Rahmen von § 626 Abs. 2 BGB auf die Kenntnis der Kündigungsberechtigten in ihrer Eigenschaft als Mitwirkende der kollektiven Willensbildung ankomme. Bislang war er davon ausgegangen, dass die Frist spätestens mit Kenntnis aller Gesellschafter zu laufen beginnt, sofern die Gesellschafterversammlung innerhalb der Zwei-Wochen-Frist zusammentreten, wirksam beschließen und die Kündigungserklärung dem Geschäftsführer hätte zugehen lassen können.[432] Diese Sichtweise hat der Senat in seiner Entscheidung vom 15.06.1998 ausdrücklich aufgegeben.[433] Für den Fristlauf gilt im Bereich des GmbH-Rechts entsprechend der ersten beiden Leitsätze des BGH im Urteil vom 15.06.1998, die im folgenden wörtlich wiedergegeben werden, somit folgendes:

> „Für den Fristbeginn der außerordentlichen Kündigung nach § 626 Abs. 2 BGB ist bei der GmbH grundsätzlich die Kenntnis aller Mitglieder der Gesellschafterversammlung in ihrer Eigenschaft als Mitwirkende an der kollektiven Willensbildung maßgeblich. Daher löst nicht schon deren außerhalb der Gesellschafterversammlung, sondern erst die nach dem Zusammentritt erlangte Kenntnis der für die Kündigung maßgeblichen Tatsachen den Lauf der Ausschlussfrist aus (Abweichung von der bisherigen Senatsrechtsprechung, zuletzt: BGH, WiB 1997, 1238 = DStR 1997, 1338 f.)
>
> Wird allerdings die Einberufung der Gesellschafterversammlung einer GmbH von ihren einberufungsberechtigten Mitgliedern nach Kenntniserlangung von dem Kündigungssachverhalt unangemessen verzögert, so muss sich die Gesellschaft so behandeln lassen, als wäre die Gesell-

[428] Vgl. BGH, Urteil vom 09.11.1992 – II ZR 234/91 – in NJW 1993, 463; *Hirte*, NJW 2000, 3531 (3533).

[429] Vgl. So auch schon *Grunewald* in FS für Beusch, 301 (316).

[430] Vgl. BGH, Urteil vom 15.06.1998 – II ZR 318/96 – in NZA 1998, 1005 ff; mit zustimmender Anmerkung von *Kowalski* in EWiR 3/98, 927 ff; vgl. hierzu bereits *Densch*, DB 1983, 811 (817).

[431] Vgl. BGH, Urteil vom 15.06.1998 – II ZR 318/96 – in NZA 1998, 1005 (1006).

[432] Vgl. BGH, Urteil vom 17.03.1980 – II ZR 178/79 – in DB 1980, 957 f.

[433] Vgl. BGH, Urteil vom 15.06.1998 – II ZR 318/96 – in NZA 1998, 1005 (1006); hierzu auch *Hirte*, NJW 2000, 3531 (3533 f.).

schafterversammlung mit der billigerweise zumutbaren Beschleunigung einberufen worden."

In seinem Urteil vom 18.06.1999 hat sich das Kammergericht Berlin der Rechtsprechung des BGH zum Beginn der Frist des § 626 Abs. 2 BGB im Fall der Kündigung eines GmbH-Geschäftsführers angeschlossen.[434] Gleiches gilt für das Oberlandesgericht Zweibrücken.[435]

2. Literaturmeinungen

Soweit sich die Literatur zu der Frage des Fristlaufs gem. § 626 Abs. 2 BGB äußert, werden hier teilweise die Erwägungen der Rechtsprechung im Bereich des GmbH-Rechts auf das Aktienrecht übertragen. So führt *Hüffer* unter Berufung der Rechtsprechung des Bundesgerichtshofs zur GmbH aus, dass die Ausschlussfrist des § 626 Abs. 2 BGB erst beginne, wenn der Sachverhalt der Gesellschafterversammlung (bei der AG also dem Aufsichtsrat) unterbreitet werde, deren Einberufung nicht unangemessen verzögert werden dürfe. Dies sei wegen vergleichbarer Interessenlage auch auf den Aufsichtsrat der AG zu übertragen, so dass die Frist ab dem Sitzungstag des Aufsichtsrats laufe, wenn die Sitzung mit zumutbarer Beschleunigung einberufen worden sei.[436] *Mertens* dagegen teilt die Ansicht des OLG Düsseldorf, wonach auf der einen Seite zwar die Kenntnis eines Aufsichtsratsmitglieds noch nicht als Kenntnis des Aufsichtsrats gilt, jedoch auf der anderen Seite die Kenntnis des Aufsichtsratsvorsitzenden bzw. dessen Stellvertreter ausreichen soll .[437] Begründet wird dies von ihm damit, dass der Aufsichtsratsvorsitzende bzw. sein Stellvertreter Passivvertreter der Gesellschaft sei. Zumindest kraft Gewohnheitsrechts müsse er damit als ermächtigt gelten, Willenserklärungen, die dem Aufsichtsrat gegenüber abzugeben sind, für die Gesellschaft entgegenzunehmen. Damit sei der Zugang der Erklärung gegenüber der Gesellschaft bewirkt und somit auch die Frist des § 626 Abs. 2 BGB in Gang gesetzt.[438] In älteren Kommentierungen und Stellungnahmen finden sich – entsprechend der oben zitierten Entscheidung des BGH aus dem Jahr 1964 – auch noch Stellungnahmen dahingehend, dass die Kenntnis eines Aufsichtsratsmitglieds ausreiche, um die Frist des § 626 Abs. 2 BGB auszulösen.[439]

---

[434] Vgl. KG Berlin, Urteil vom 18.06.1999 – 14 U 8940/97 – in NZA 2000, 101 ff. Revision derzeit beim BAG unter dem Aktenzeichen – 2 AZR 227/99 –.
[435] Vgl. OLG Zweibrücken, Urteil vom 08.06.1999 – 8 U 138/98 – in NZG 1999, 1011. Revision derzeit beim BGH unter dem Aktenzeichen – II ZR 210/99 –.
[436] Vgl. *Hüffer*, § 84 Rz. 42.
[437] Vgl. *Mertens* in Kölner Komm., § 84, Rz. 144.
[438] Vgl. *Mertens* in Kölner Komm., § 84, Rz. 144.
[439] Vgl. hierzu auch *Densch*, BB 1990, 790 (791); *Hefermehl* in Geßler/Hefermehl, § 84 Rz. 89.

3. Stellungnahme

Der Rechtsprechung des BGH zum Beginn des Fristlaufs bei der GmbH ist sowohl in der Begründung als auch im Ergebnis zuzustimmen. Für die Übertragung der Grundsätze zum Beginn des Fristlaufs im Fall der außerordentlichen Kündigung eines GmbH-Geschäftsführers auf den Fall der außerordentlichen Kündigung eines AG-Vorstandsmitglieds, sprechen wegen der strukturellen Vergleichbarkeit beider Organisationsformen gute Gründe. Die Rechtsprechung bringt die Interessen der Gesellschaft einerseits und die des von der Kündigung betroffenen Geschäftsleiters andererseits in einem angemessenen Ausgleich. Dem Umstand, dass Kündigungsberechtigter im Fall der Kündigung des Geschäftsleiters ein Kollegialorgan ist, wird hierdurch adäquat Rechnung getragen. Dass die Besonderheiten der Verbandsverfassung bei Anwendung des § 626 Abs. 2 BGB im Fall der Kündigung von Organmitgliedern nicht genügend Beachtung fänden, war einer der Hauptpunkte, weshalb in der Vergangenheit stets massive Kritik gegen das Erfordernis der Einhaltung der Zwei-Wochen-Frist im Zusammenhang mit der außerordentlichen Kündigung von Geschäftsleitern geübt wurde. In der Praxis konnte die Einhaltung häufig nämlich daran scheitern, dass es der Gesellschaft trotz diesbezüglicher erheblicher Bemühungen oftmals nicht gelang, das Gesamtorgan rechtzeitig vor Ablauf der Frist zusammenzurufen, damit es über die Kündigung entscheiden konnte.[440] Selbst wenn eine Einberufung rechtzeitig vorgenommen werden konnte, war die dem Gesamtorgan zur Verfügung stehende Überlegungsfrist oft erheblich verkürzt. Bestenfalls stand der Fristablauf noch einige wenige Tage bevor. Dieser Zustand war mit der Ratio der Vorschrift des § 626 Abs. 2 BGB nicht vereinbar. Die Frist dient nämlich nicht nur dem Schutz des Kündigungsempfängers, sondern auch dem des Kündigungsberechtigten. Diesem soll die für die notwendige Entschließung erforderliche Bedenkzeit zustehen.[441] In § 626 Abs. 2 BGB kommt der Wille des Gesetzgebers, dass dies volle zwei Wochen sein sollen, zweifelsfrei zum Ausdruck. Zu Recht gehen die Gerichte im Fall des GmbH-Geschäftsführers daher zunächst davon aus, dass für die Kenntnis eines Beschlussorgans nicht die Kenntnis der einzelnen Mitglieder, sondern nur die des Gesamtorgans maßgeblich ist. Dies folgt daraus, dass auch nur das Gesamtorgan in der Lage ist, die rechtlich gebotenen Konsequenzen in Form der Kündigung des Geschäftsführers zu beschließen.[442] Auch der Auffassung, wonach nur die Kenntnis einberufungsberechtigter Personen für den Fristlauf Relevanz besitzt, ist zuzustimmen. Eine Begrenzung der Zurechnung nur auf den Kreis der einberufungsberechtigten Gesellschafter stellt sicher, dass sich die Gesellschaft im Ergebnis die Untätigkeit von Personen, die zur Vornahme der Handlung von Rechts wegen gar nicht imstande

---

[440] Vgl. *Stein* in ZGR 1999, 264 (270).

[441] Vgl. KR/*Fischermeier*, § 626 BGB Rz 312, 319 f. m.w.N.

[442] Vgl. *Kowalski*, EWiR 1998, 927 (928).

wären, nicht zurechnen lassen muss.[443] Durch die Rechtsprechung werden jedoch nicht nur die gesellschaftlichen Interessen, sondern auch diejenigen des von der Kündigung betroffenen Geschäftsleiters hinreichend geschützt. Um dem berechtigten Interesse des Geschäftsführers an zeitnaher Rechtssicherheit zur Durchsetzung zu verhelfen, wird von der Rechtsprechung gefordert, dass in Fällen, in denen ein einberufungsberechtigtes Mitglieds des kündigungsbefugten Kollegialorgans von den die Kündigung begründenden Umständen Kenntnis erlangt, dieses verpflichtet ist, die Einberufung des zur Kündigung des Geschäftsführers berufenen Organs nicht unangemessen lange zu verzögern. Auf diese Weise wird vermieden, dass Verzögerungen, die von der Gesellschaft zu vertreten sind, nicht zu Lasten des betroffenen Geschäftsleiters gehen.[444]

4. Ergebnis

Da spezifisch aktienrechtliche Gründe einer Übertragbarkeit der von der Rechtsprechung im Fall der GmbH entwickelten Grundsätze nicht entgegenstehen, ist wegen der strukturellen Vergleichbarkeit beider Gesellschaftsformen im Hinblick auf die Kündigungsberechtigung daher im Ergebnis davon auszugehen, dass auch im Fall der Kündigung eines AG-Vorstandsmitglieds hinsichtlich des Fristlaufs gem. § 626 Abs. 2 BGB grundsätzlich folgendes gilt:

- Die Frist beginnt zu laufen, wenn sämtliche Aufsichtsratsmitglieder von den die Kündigung begründenden Umständen im Zusammenhang mit ihrer Organtätigkeit Kenntnis erlangt haben.
- Die zur Einberufung einer Aufsichtsratssitzung berechtigten Personen sind verpflichtet, die Einberufung in angemessener Frist ab Kenntniserlangung der die Kündigung begründenden Umstände einzuberufen.
- Wird die Einberufung unangemessen verzögert, so muss sich die Gesellschaft so behandeln lassen, als sei die Aufsichtsratssitzung mit der zumutbaren Beschleunigung einberufen worden.

5. Praktische Probleme bei der Anwendung der Grundsätze des BGH zum Fristbeginn gem. § 626 Abs. 2 BGB

Auch wenn die Rechtsprechung des BGH im Grundsatz interessengerecht und daher zu begrüßen ist, so wirft sie doch in ihrer praktischen Anwendbarkeit verschiedene Probleme auf.[445] Im Schrifttum werden für den Bereich der Kündigung eines GmbH-Geschäftsführers hier insbesondere folgende Fragen diskutiert:

---

[443] a. A.: *Stein* in ZGR 1999, 264 (278).
[444] Vgl. *Stein* in ZGR 1999, 264 (271).
[445] Vgl. hierzu ausführlich: *Stein*, ZGR 1999, 264 ff.

- Wie ist der Kreis der für den Fristlauf gem. § 626 Abs. 2 BGB relevanten Personen zu bestimmen?
- Woraus ist eine Pflicht zur Einberufung bei Bestehen eines Einberufungsrecht herzuleiten und welche Fristdauer ist als „angemessene Frist" zur Einberufung anzusehen?
- Was gilt für den Fristlauf, wenn das zur formalen Durchführung der Einberufung befugte Organ seiner Verpflichtung nicht nachkommt?

Diese könnten auch bei einer Übertragung der Rechtsprechung auf die außerordentliche Kündigung eines AG-Vorstandsmitglieds Bedeutung erlangen. Da die Rechtsprechung ihre Wurzeln im Bereich der GmbH hat, ist es zweckmäßig, die Fragen zunächst für den Bereich der GmbH zu beantworten und danach jeweils zu untersuchen, ob und inwieweit im Hinblick auf Besonderheiten des Aktienrechts hier Modifikationen vorgenommen werden müssen.

a. Bestimmung des Kreises der für den Fristlauf gem. § 626 Abs. 2 BGB relevanten Personen

Wie bereits erläutert, geht der BGH davon aus, dass nur der Kreis derjenigen Personen für den Fristlauf Relevanz besitzt, die auch zur Einberufung des kündigungsberechtigten Kollegialorgans befugt sind.

aa. Kreis der Einberufungsberechtigten bei der GmbH

Bei der GmbH ist diesbezüglich zwischen der GmbH, die der paritätischen Mitbestimmung unterliegt einerseits und der mitbestimmungsfreien GmbH andererseits zu unterscheiden.

Bei der mitbestimmungsfreien GmbH ist zuständiges Organ für die Kündigung des Geschäftsführers die Gesellschafterversammlung.[446] Die Grundzuständigkeit zur Einberufung der Gesellschafterversammlung ist in § 49 Abs. 1 GmbHG geregelt. Hiernach wird die Gesellschafterversammlung durch die Geschäftsführer einberufen. Wer die Einberufung der Gesellschafterversammlung verlangen kann, ergibt sich aus der Vorschrift des § 50 Abs. 1 GmbHG. Diese normiert, dass Gesellschafter, deren Geschäftsanteile zusammen mindestens dem zehnten Teil des Stammkapitals entsprechen, berechtigt sind, unter Angabe des Zwecks und der Gründe die Einberufung der Versammlung zu verlangen. Nach der gesetzlichen Konzeption ist für das Bestehen des Einberufungsrecht also grundsätzlich ein Quorum von 10 % erforderlich. Die gesetzliche Mindestgrenze kann allerdings zugunsten der Minderheitsgesellschafter im Gesellschaftsvertrag abgesenkt werden.[447] Unter Zugrundelegung der Rechtsprechung des BGH im Urteil vom

[446] Vgl. *Zöllner* in Baumach/Hueck, § 46 GmbHG Rz. 24.
[447] Vgl. *Zöllner* in Baumbach/Hueck § 50 GmbHG Rz. 2 m.w.N.

15.06.1998 ist für die mitbestimmungsfreie GmbH somit festzuhalten, dass, sofern ein Wissen kündigungsrelevanter Umstände nur bei Gesellschaftern vorhanden ist, die weniger als 10 % des Stammkapitals halten, dieses für die Frage nach dem Fristlauf des § 626 Abs. 2 BGB grundsätzlich irrelevant ist. Gegebenenfalls kann hier jedoch eine Pflicht in Betracht kommen, durch eine entsprechende Information anderer Gesellschafter auf die Einberufung des Gesamtorgans hinzuwirken.

In dem Fall, in dem die GmbH der paritätischen Mitbestimmung unterliegt, ist zuständiges Organ für die Kündigung des Geschäftsführers nicht mehr die Gesellschafterversammlung, sondern der mitbestimmte Aufsichtsrat.[448] Wem bei der GmbH die Kompetenz zur Einberufung des mitbestimmten Aufsichtsrats zusteht, ergibt sich aus der in § 52 Abs. 1 GmbHG enthaltenen Verweisung auf die Vorschriften des Aktiengesetzes, hier insbesondere auf § 110 AktG. Aus dieser Verweisung folgt, dass bei Vorhandensein eines paritätisch besetzten Aufsichtsrats bei der GmbH hinsichtlich des Einberufungsrechts die selben Regelungen gelten wie bei der AG.

bb. Kreis der Einberufungsberechtigten bei der AG

Die Pflicht des Aufsichtsratsvorsitzenden zur Einberufung des Aufsichtsrats besteht nach § 110 AktG bereits dann, wenn nur ein Aufsichtsratsmitglied (oder der Vorstand) dies verlangt. Eine von dieser gesetzlichen Vorschrift abweichende Regelung kann in der Satzung der Gesellschaft nicht in der Weise getroffen werden, dass ein Einberufungsrecht nur bestehen soll, wenn zwei oder mehr Aufsichtsratsmitglieder dies verlangen. Eine solche Regelung wäre wegen Verstoßes gegen § 23 Abs. 5 AktG nichtig.[449] Hiernach kann in der Satzung von Vorschriften des Aktiengesetzes nämlich nur abgewichen werden, wenn es im Aktiengesetz ausdrücklich zugelassen ist. Eine solche Regelung fehlt für den Fall der Erhöhung der Mindestvoraussetzungen für die Einberufung des Aufsichtsrats indessen im AktG. Die bei der GmbH sich ergebende Problematik, ob eine Verpflichtung selbst nicht einberufungsberechtigter Gesellschafter besteht, auf die Einberufung des Gesamtorgans hinzuwirken, findet bei der AG daher keine Entsprechung.

Im Ergebnis ist für die AG daher festzuhalten, dass bereits das Wissen eines jeden einzelnen Aufsichtsratsmitglieds für den Fristlauf gem. § 626 Abs. 2 BGB insoweit Relevanz besitzt, als hieraus eine Verpflichtung resultiert, die Einberufung einer Aufsichtsratssitzung innerhalb angemessener Frist zu verlangen. Kommt es dieser Verpflichtung nicht nach, so hat dies Auswirkungen auf den Fristbeginn. Trotz bestehender Einberufungsberechtigung des Vorstands ist dessen Wissen bzw. das Wissen einzelner Vorstandsmitglieder im vorliegenden Zusammenhang irrelevant, da der Vorstand nicht kündigungsberechtigt i.S.d. § 626 Abs. 2 BGB ist.

---

[448] Vgl. *Zöllner* in Baumbach/Hueck, § 46 GmbHG Rz. 24, § 52 Rz. 185.

[449] Vgl. *Geßler* in Geßler/Hefermehl, § 110, Rz. 40; Kölner Komm./*Mertens*, § 110, Rz. 26.

b. Verpflichtung zur Einberufung bei Bestehen eines Einberufungsrechts und Dauer der angemessenen Einberufungsfrist

Zu erörtern ist nun, woraus eine Verpflichtung zur Einberufung bei Bestehen eines Einberufungsrechts hergeleitet werden kann und welche Fristdauer als „angemessene Einberufungsfrist“ anzusehen ist.

aa. Grundsätze bei der GmbH

(1.) Verpflichtung zur Einberufung bei Bestehen eines Einberufungsrechts

Zwar lässt sich die Pflicht zu unverzüglichem Handeln nicht aus dem Wortlaut der Vorschrift des § 50 Abs. 1 GmbHG ableiten. Diese spricht lediglich von einer „Berechtigung“ und nicht einer „Verpflichtung“ zur Einberufung. Eine Einberufungspflicht als Kehrseite eines bestehenden Einberufungsrechts ergibt sich aber aus der den Gesellschaftern gegenüber der Gesellschaft obliegenden Treuepflicht. Diese Treuepflicht gebietet es, alles zu tun, damit Schädigungen von der Gesellschaft abgewendet werden.[450] Liegen Gründe vor, die es rechtfertigen, einen Geschäftsleiter aus wichtigem Grund fristlos zu kündigen, so besteht die Gefahr, dass die ordnungsgemäße Geschäftsführung der Gesellschaft im Unternehmensinteresse nicht mehr sichergestellt ist. Dies gilt unabhängig davon, ob es sich im Einzelfall um personenbedingte oder verhaltensbedingte Gründe handelt. In beiden Konstellationen besteht daher eine akute Gefahr des Eintritts von Schäden zu Lasten der Gesellschaft.

Es ist daher festzustellen, dass die einberufungsberechtigten Gesellschafter verpflichtet sind, unverzüglich nach Kenntniserlangung von den für die Kündigung des Geschäftleiters relevanten Tatsachen, vom Aufsichtsratsvorsitzenden gem. § 50 Abs. 1 GmbHG die Einberufung der Gesellschafterversammlung zu verlangen, die dann ebenfalls unverzüglich einberufen werden muss.

(2.) Berechnung der angemessenen Einberufungsfrist

§ 50 Abs. 1 GmbHG bestimmt lediglich, dass die Versammlung der Gesellschafter durch die Geschäftsführer berufen wird. Keine Aussage wird jedoch darüber getroffen, welche Frist der Geschäftsleitung für die Erfüllung des Einberufungsverlangens einzuräumen ist. Der BGH ist in seinem Urteil vom 15.06.1998 der Auffassung, dass eine Frist von drei Wochen zur Erfüllung des Einberufungsverlangens noch angemessen sei. Das Gericht weist jedoch darauf hin, dass diese Frist nicht in jedem Fall maßgeblich sei, sondern dass es für ihre Dauer auf die Umstände des Einzelfalls ankomme.[451] In einer Entscheidung aus dem Jahr 1985 hat er

[450] Vgl. *Stein*, ZGR 1999, 264 (281).
[451] Vgl. BGH, Urteil vom 15.06.1998 – II ZR 318/98 – in NZA, 1998, 1005 (1007).

einen Zeitraum von mehr als sieben Wochen jedenfalls für nicht mehr angemessen gehalten.[452]

(3.) Auswirkungen auf den Fristlauf, wenn die Geschäftsführung der Erfüllung des Einberufungsverlangens nicht nachkommt

§ 50 Abs. 3 GmbHG sieht für den Fall, dass die Geschäftsführung dem Einberufungsverlangen nicht nachkommt, ein Selbsthilferecht der einberufungsberechtigten Gesellschafter dergestalt vor, dass diese unter Mitteilung des Sachverhalts die Einberufung selbst bewirken können.Diesen ist für die Ausübung des Selbsthilferechts eine zweite angemessene Frist zuzubilligen, die die Frist des § 626 Abs. 2 BGB ebenfalls noch nicht beginnen lässt. Im Rahmen der Frist für die Ausübung des Selbsthilferechts gem. § 50 Abs. 3 GmbHG hat der BGH in seiner Entscheidung vom 15.06.1998 eine Frist von (weiteren) zwei Wochen für angemessen erachtet. Soweit sich die aktienrechtliche Literatur zu dieser Frage äußert, finden sich Stellungnahmen dahingehend, dass den Gesellschaftern mindestens die gesetzlichen (§ 51 Abs. 1 S. 2 GmbHG[453]) oder statuarisch vorgeschriebenen Ladungsfristen zuzüglich der regelmäßigen Postlaufzeiten zuzubilligen seien. Hierzu komme dann noch einmal ein „Toleranzzuschlag“,[454] dessen Dauer allerdings nicht näher bezeichnet wird.

(4.) Ergebnis

Im vom BGH am 15.06.1998 entschiedenen Fall führte die Addition der für angemessen erachteten Frist für die Einberufung durch den Geschäftsführer von drei Wochen sowie die hinzutretende Frist für die Ausübung des Selbsthilferechts der einberufungsberechtigten Gesellschafter von weiteren zwei Wochen dazu, dass die Zwei-Wochen-Frist des § 626 Abs. 2 BGB erst nach einer Vorfrist von insgesamt fünf Wochen nach Kenntniserlangung des einberufungsberechtigten Gesellschafters von den die Kündigung begründenden Umständen zu laufen begann.

bb. Übertragung der Grundsätze auf die AG

(1.) Verpflichtung zur Einberufung bei Bestehen eines Einberufungsrechts

Da nach dem oben Gesagten jedes Aufsichtsratsmitglied das Recht hat, die Einberufung der Aufsichtsratssitzung zu verlangen, besteht auch für jedes eine diesbezügliche Pflicht. Bei der AG kann in dieser Hinsicht nichts anderes gelten, als bei der GmbH: Die Mitglieder des Aufsichtsrats einer AG sind in dieser Eigenschaft ebenfalls zur Wahrung des Unternehmensinteresses verpflichtet.[455] Sind einem

[452] Vgl. BGH, Urteil vom 28.01.1985 – II ZR 79/84 – in DB 1985, 1837 (1837).
[453] Die Frist muss mindestens eine Woche betragen, vgl. § 51 Abs. 1 S. 2 GmbHG.
[454] Vgl. *Stein*, ZGR 1999, 264 (275).
[455] Vgl. hierzu *Lutter/Krieger*, § 7 Rz. 303.

Aufsichtsratsmitglied Umstände über ein Vorstandsmitglied bekannt geworden, die zur Rechtfertigung der außerordentlichen Kündigung geeignet sind, so ist es verpflichtet, den anderen Aufsichtsratsmitgliedern umgehend Mitteilung zu machen. Nur so kann die Gefahr eines Schadenseintritts für die Gesellschaft vermieden werden.

(2.) Berechnung der angemessenen Einberufungsfrist

Im Gegensatz zur Regelung des § 50 Abs. 1 GmbHG, der keine Frist zur Einberufung der Gesellschafterversammlung vorsieht, trifft § 110 AktG eine Regelung zu der vom Aufsichtsratsvorsitzenden bei der Einberufung zu beachtenden Frist. Gem. § 110 Abs. 1 S. 1 AktG ist der Aufsichtsratsvorsitzende zur unverzüglichen Einberufung der Aufsichtsratssitzung verpflichtet. Gem. § 110 Abs. 1 S. 2 AktG muss die Sitzung sodann binnen zwei Wochen nach der Einberufung stattfinden. Fraglich ist allerdings, was unter „unverzüglich" im Sinne des § 110 Abs. 1 AktG zu verstehen ist. Soweit sich die aktienrechtliche Literatur zur dieser Frage äußert, finden sich hier Ausführungen dahingehend, dass der Unverzüglichkeitsbegriff im Sinne des § 110 Abs. 1 AktG mit dem in § 121 BGB legal definierten Unverzüglichkeitsbegriff gleichzusetzen sei.[456] Nach dieser Legaldefinition bedeutet unverzüglich „ohne schuldhaftes Zögern", was jedoch nicht mit „sofort" gleichzusetzen ist. Vielmehr ist dem zum Handeln Verpflichteten eine gewisse Überlegungsfrist zuzubilligen.[457] Die Rechtsprechung ist der Auffassung, dass eine Überlegungsfrist von zwei Wochen die Obergrenze für Handlungen darstellt, die noch als „unverzüglich" i.S.d. Norm angesehen werden können.[458] Ein anderer Lösungsansatz in der aktienrechtlichen Literatur[459] geht ebenfalls vom Vorliegen einer Zwei-Wochen-Frist aus, begründet dies jedoch anders. Hiernach lasse sich aus der Vorschrift des § 110 Abs. 1 S. 2 AktG ableiten, dass auch im Rahmen von § 110 Abs. 1 S. 1 AktG vom Gesetzgeber eine Frist von höchstens zwei Wochen gewollt sei. Obwohl die beiden Auffassungen zum selben Ergebnis führen und deshalb eine Streitentscheidung eigentlich nicht erforderlich ist, bleibt anzumerken, dass die erste Ansicht die dogmatisch besser begründbare Auffassung darstellt. Nach seinem insoweit eindeutigen Wortlaut gilt § 110 Abs. 1 S. 2 AktG nur für den Fall, dass der Aufsichtsratsvorsitzende dem Verlangen auf Einberufung des Aufsichtsrats ordnungsgemäß nachgekommen ist. Der zeitlich vorgelagerte Fall einer Frist für die Einberufung selbst ist dort nicht geregelt. Gegen die zweite Auffassung bestehen daher schon aus gesetzessystematischen Erwägungen erhebliche Bedenken.

---

[456] Vgl. *Henn*, § 19 Rz. 661; *Hüffer*, § 110 Rz. 7.
[457] Vgl. Palandt/*Heinrichs*, § 121 Rz. 3 m.w.N.
[458] Vgl. OLG Hamm, Urteil vom 09.01.1990 – 26 U 21/89 – in NJW-RR 1990, 523 (zur Frage der Unverzüglichkeit einer Anfechtung).
[459] Vgl. *Lutter/Krieger*, § 6 Rz. 229.

Der Geschäftsleitung sind somit zwei Wochen für die Einberufung der Aufsichtsratssitzung zuzubilligen. Hinzu kommt eine Vorfrist von weiteren zwei Wochen, die sich daraus ergibt, dass die Sitzung gem. § 110 Abs. 1 S. 2 AktG innerhalb von zwei Wochen nach der Einberufung stattfinden muss. Insgesamt ist daher davon auszugehen, dass im Geltungsbereich des Aktienrechts eine Vorfrist von höchstens vier Wochen eingreift, bevor die eigentliche Kündigungsfrist des § 626 Abs. 2 BGB von weiteren zwei Wochen beginnt. Sind die für die Einberufung erforderlichen Rechtshandlungen früher vorgenommen worden und konnte die Gesellschafterversammlung gleichfalls zeitnaher abgehalten werden, so verkürzt sich die Vorfrist entsprechend mit der Folge, dass die Frist des § 626 Abs. 2 BGB früher zu laufen beginnt.

(3.) Auswirkungen auf den Fristlauf, wenn die Geschäftsführung der Erfüllung des Einberufungsverlangens nicht nachkommt

Ebenso wie im Fall der GmbH könnte es auch im Fall der AG Auswirkungen auf den Lauf der Zwei-Wochen-Frist haben, wenn der Aufsichtsratsvorsitzende seiner Pflicht zur Einberufung der Aufsichtsratssitzung nicht nachkommt. Entsprechend der Regelung des § 50 Abs. 3 GmbHG sieht § 110 Abs. 2 AktG ebenfalls ein Selbsthilferecht zur Einberufung der Aufsichtsratssitzung vor.[460] Auch die Vorschrift des AktG trifft zur Fristdauer keine Regelung. Daraus, dass der Aufsichtsratsvorsitzende dem Verlangen zur Einberufung der Aufsichtsratssitzung gem. § 110 Abs. 1 S. 1 AktG unverzüglich entsprechen muss, lässt sich jedoch ableiten, dass auch die Aufsichtsratsmitglieder ihr Selbsthilferecht gem. § 110 Abs. 2 AktG unverzüglich ausüben müssen.[461] Wie oben bereits dargestellt, sind die Anforderungen, die an die Unverzüglichkeit zu stellen sind, dann erfüllt, wenn die Handlung innerhalb von höchstens zwei Wochen vorgenommen wird. Kommt der Aufsichtsratsvorsitzende einem Einberufungsverlangen nicht nach, so hat dies Auswirkungen auf den Fristbeginn gem. § 626 Abs. 2 BGB dergestalt, dass zu der oben erwähnten Vier-Wochen-Vorfrist eine weitere Frist von zwei Wochen hinzutritt. Die Vorfrist beträgt in diesem Fall dann höchstens sechs Wochen, sofern die erforderlichen Rechtshandlungen nicht tatsächlich früher vorgenommen worden sind.

(4.) Ergebnis

Für den Beginn des Fristlaufs gem. § 626 Abs. 2 BGB ist daher von folgenden Grundsätzen auszugehen: Zu einer Frist von zwei Wochen, die dem Aufsichtsratsvorsitzenden für die Einberufung der Aufsichtsratssitzung zuzubilligen ist, tritt eine weitere Frist von zwei Wochen, beginnend mit der Einberufung, binnen derer die Aufsichtsratssitzung stattzufinden hat. Kommt der Aufsichtsratsvorsitzende dem

---

[460] Für das Selbsthilferecht gem. § 110 Abs. 2 S. 1 ist allerdings erforderlich, dass das Einberufungsverlangen von mindestens zwei Gesellschaftern oder vom Vorstand geäußert worden ist.

[461] So auch *Geßler* in Geßler/Hefermehl, § 110 Rz. 36; *Lutter/Krieger*, § 6 Rz. 232.

Einberufungsverlangen ordnungsgemäß nach, so beträgt die „Vorfrist" daher höchstens vier Wochen. Sofern der Aufsichtsratsvorsitzende seiner Verpflichtung zur Einberufung nicht nachkommt, ist den Einberufungsberechtigten eine weitere Frist zur Ausübung ihres Selbsthilferechts gem. § 110 Abs. 2 BGB zuzubilligen. In diesem Fall kann die Vorfrist bis zu sechs Wochen betragen. Die genannten Fristen sind ausnahmslos Höchstfristen. Konnten Einberufung und Sitzung früher stattfinden, so verkürzt sich die Vorfristdauer entsprechend mit der Folge, dass auch die Kündigungserklärungsfrist des § 626 Abs. 2 BGB früher zu laufen beginnt.

6. Praktische Vorgehensweise zur Einhaltung der Zwei-Wochen-Frist gem. § 626 Abs. 2 BGB mit Blick auf die Vorschrift des § 174 S. 1 BGB

Für den Ausspruch einer wirksamen Kündigung gegenüber einem Vorstandsmitglied ist – wie oben gezeigt – ein hierüber gefasster Aufsichtsratsbeschluss erforderlich.[462] Nicht notwendig ist allerdings, dass das Kündigungsschreiben selbst von allen Aufsichtsratsmitgliedern unterzeichnet wird. Es genügt, wenn die Unterzeichnung des Kündigungsdokuments durch eine vom Aufsichtsrat ordnungsgemäß bevollmächtigte Person erfolgt. In der Praxis wird hierzu meist der Aufsichtsratsvorsitzende ermächtigt.

Im Fall einer Bevollmächtigung können bei der Einhaltung der Kündigungserklärungsfrist des § 626 Abs. 2 BGB Probleme in Hinblick auf die Vorschrift des § 174 S. 1 BGB eintreten. Bei einseitigen Rechtsgeschäften, wie z.B. auch der Kündigung, ist die Vertretung ohne Vertretungsmacht unzulässig, vgl. § 180 BGB. Der Erklärungsempfänger hat daher ein dringendes Interesse daran, zu erfahren, ob der Erklärende zur Abgabe einer Erklärung berechtigt ist oder nicht. Dem Interesse des Erklärungsempfängers an der Schaffung klarer Verhältnisse trägt die Vorschrift des § 174 S. 1 BGB Rechnung.[463] Hiernach ist ein einseitiges Rechtsgeschäft unwirksam, wenn ein Bevollmächtigter dieses gegenüber einem Dritten ohne Vorlage einer Vollmachtsurkunde vornimmt und der andere das Rechtsgeschäft aus diesem Grunde unverzüglich zurückweist. Der Erklärende kommt seiner Verpflichtung zur Vorlage der Vollmachtsurkunde im Rahmen des § 174 S. 1 BGB nur dadurch nach, dass er die Urkunde im Original vorlegt.[464] Die Vorlage einer beglaubigten Abschrift oder einer Fotokopie genügt ebenso wenig[465] wie die einer Faxkopie.[466] Fehlt es an der Vorlage der Originalurkunde und rügt der Gekündigte dies inner-

[462] Vgl. bzgl. der Anforderungen, die an den zu fassenden Aufsichtsratsbeschluss zu stellen sind: Teil III, Ziff. A I.
[463] Vgl. Palandt/*Heinrichs*, § 174 Rz. 1.
[464] Vgl. Palandt/*Heinrichs*, § 174 Rz. 2.
[465] Vgl. BGH, Urteil vom 04.02.1981 – VIII ZR 313/79 – in NJW 1981, 1210; BGH, Urteil vom 10.02.1994 – IX ZR 109/93 – in NJW 1994, 1472 ff.
[466] OLG Hamm, Urteil vom 26.10.1990 – 20 U 71/90 – in NJW 1991, 1185 f.

halb eines angemessenen Zeitraums,[467] so ist allein deshalb die Kündigung unwirksam. Dieser Mangel kann durch eine Nachholung der Vorlage nicht geheilt werden. Die Kündigung ist vielmehr unter Vorlage der Original-Vollmachtsurkunde erneut auszusprechen. Gelingt der Gesellschaft der erneute Ausspruch innerhalb der Zwei-Wochen-Frist nicht, so sind die der Kündigung zugrunde liegenden Umstände verfristet mit der Folge, dass hierauf eine außerordentliche Kündigung nicht mehr gestützt werden kann. Aus Sicht des Unternehmens empfiehlt es sich daher, dem zu kündigenden Vorstandsmitglied im Fall der Bevollmächtigung gleichzeitig mit Übergabe der Kündigung auch den Original-Aufsichtsratsbeschluss über die Kündigung des Anstellungsvertrages vorzulegen.

IV. Weitere Wirksamkeitserfordernisse

Hinsichtlich des Erfordernisses der Einhaltung der Schriftform gem. § 623 BGB sowie der Anhörung des Betriebsrats kann auf die diesbezüglichen Ausführungen im Rahmen der Begutachtung der ordentlichen Kündbarkeit des Vorstands-Anstellungsverhältnisses verwiesen werden.[468]

E. Das Anstellungsverhältnis des AG-Vorstandsmitglieds in den Fällen des Betriebsübergangs und der Unternehmensumwandlung

I. Grundsätze der Unterscheidung zwischen der Übertragung von Vermögensgegenständen nach § 613 a BGB und nach dem Umwandlungsgesetz

Im Gegensatz zu § 613 a BGB, der die Rechtsfolgen einer Betriebsumstrukturierung für die hiervon betroffenen Arbeitnehmer regelt, befasst sich das UmwG mit der gesellschaftsrechtlichen Umstrukturierung von Unternehmen. Dem Geltungsbereich des UmwG unterfallen daher nur solche Veränderungen, die sich auf der Rechtsträgerebene abspielen und damit die rechtlichen Verhältnisse der Gesellschaft betreffen. Bei Strukturveränderungen innerhalb eines Unternehmens, die ausschließlich die betriebliche Ebene tangieren, ist nur § 613 a BGB, nicht aber das UmwG anwendbar.[469] Während im Anwendungsbereich des § 613 a BGB die Übertragung von Vermögenswerten im Wege von Einzelakten erfolgen muss, gehen im Fall der Umwandlung nach dem UmwG die von der Umwandlung umfassten Vermögensgegenstände im Wege der Universalsukzession bzw. der partiellen Gesamtrechtsnachfolge über.[470] Der Anwendungsbereich des UmwG ist auf die Fälle der Gesamtrechtsnachfolge beschränkt. Die Möglichkeit der Übertragung von

---

[467] Ein angemessener Zeitraum kann noch nach 6-10 Tagen nach Ausspruch der Kündigung vorliegen, vgl. *Weber/Hoß/Burmester*, Teil 8 Rz. 3.
[468] Teil II, Ziff. B, IV.
[469] Vgl. *Preis*, § 74 Ziff. I.
[470] Vgl. etwa *Boecken*, Rz. 53.

Vermögenswerten im Wege der Einzelübertragung wird durch das UmwG jedoch nicht ausgeschlossen.[471] Von einem Betriebsübergang im Sinne des § 613 a BGB ist ausweislich des Wortlauts der Vorschrift dann auszugehen, wenn ein Betrieb oder Betriebsteil durch Rechtsgeschäft auf einen anderen Inhaber übergeht.[472] Gem. § 613 a BGB tritt der Erwerber nach erfolgtem Betriebsübergang in vollem Umfang in die Arbeitgeberstellung ein.[473] Gem. § 324 UmwG bleibt die Vorschrift § 613 a Abs. 1 und 4 BGB durch die Wirkungen der Eintragung einer Verschmelzung, Spaltung oder Vermögensübertragung unberührt. Dies bedeutet, dass auch im Umwandlungsrecht von einer uneingeschränkten Geltung des § 613 a Abs. 1 und 4 BGB auszugehen ist. Die Anwendbarkeit scheitert hier somit nicht daran, dass es in Fällen der Gesamtrechtsnachfolge an dem in § 613 a BGB enthaltenen Merkmal „durch Rechtsgeschäft" fehlt.[474] Liegen in einem Umwandlungsfall die Voraussetzungen des § 613 a BGB mangels Übertragung eines Betriebes oder eines Betriebsteils nicht vor, so erfolgt der Übergang der Arbeitsverhältnisse umwandlungsrechtlich im Wege der (partiellen) Gesamtrechtnachfolge gem. §§ 20 Abs. 1 Nr. 1, 131 Abs. 1 Nr. 1 S. 1, 176 ff. UmwG.[475] Dasselbe gilt in allen Umwandlungsfällen für den Übergang der freien Dienstverhältnisse.

II. Betriebsübergang gem. § 613 a BGB

1. Anwendbarkeit von § 613 a BGB auf Vorstands-Anstellungsverhältnisse

a. Direkte Anwendbarkeit von § 613 a BGB

In seinem direkten Anwendungsbereich regelt § 613 a BGB nur das rechtliche Schicksal von Arbeitsverhältnissen im Fall eines Betriebsübergangs. Da es sich bei dem Anstellungsverhältnis eines AG-Vorstandsmitglieds im Rahmen des aktienrechtlichen Grundmodells nach dem oben Gesagten jedoch zwingend um ein freies Dienstverhältnis handelt, ist die Vorschrift auf Vorstands-Anstellungsverhältnisse daher nicht direkt anwendbar.

---

[471] Vgl. *Däubler*, RdA 1995, 136 (138), *Spirolke*, S. 6; *Zöllner*, ZGR 1993, 334 (336 f.).

[472] Wegen der Einzelheiten des Vorliegens der tatbestandlichen Voraussetzungen eines Betriebsübergangs gem. § 613 a BGB soll, da deren Erörterung den Rahmen der vorliegenden Untersuchung sprengen würde, auf die zu diesem Thema existierende umfangreiche Literatur verwiesen werden.
Vgl. z.B. Erfurter Kommentar/*Preis*, § 613 a Rz. 5 ff. sowie *Ascheid* in Preis/Willemsen: Umstrukturierung von Betrieb und Unternehmen im Arbeitsrecht, Ziff. B „§ 613 a BGB: Aktuelle Tendenzen zur Neubestimmung seines Anwendungsbereichs" (S. 20 ff.).

[473] Vgl. im einzelnen: *Boecken*, Rz. 143 ff.

[474] Im Ergebnis so: *Boecken*, ZIP 1994, 1087 (1090); *Däubler*, RdA 1995, 136 (139); *Hartmann*, ZfA 1997, 21 (24), *Heinze*, ZfA 1997, 1 (14); Lutter/*Joost*, § 324 Rz. 3; *Wlotzke*, DB 1995, 40 (42).

[475] Vgl. *Boecken*, Rz. 71.

b. Analoge Anwendbarkeit von § 613 a BGB

In Betracht zu ziehen ist jedoch ihre analoge Anwendung in Fällen, in denen ein AG-Vorstandsmitglied nicht maßgeblich am Kapital der Gesellschaft beteiligt ist, es seine Arbeitskraft dem Unternehmen hauptberuflich zur Verfügung stellt und es deshalb einem Arbeitnehmer vergleichbar schutzbedürftig ist. 613 a BGB soll gewährleisten, dass Arbeitnehmer durch den Betriebsübergang keine Nachteile erleiden.[476] In diesem Zusammenhang soll insbesondere sichergestellt werden, dass der Bestand der Arbeitsverhältnisse durch einen Betriebsübergang nicht angetastet wird. § 613 a Abs. 4 BGB bestimmt deshalb, dass die Kündigung des Arbeitsverhältnisses eines Arbeitnehmers durch den bisherigen Arbeitgeber oder den neuen Inhaber wegen des Übergangs eines Betriebs oder Betriebsteils unwirksam ist. Das Recht zur Kündigung aus anderen Gründen bleibt hiervon unberührt. Der mit der Vorschrift verfolgte Schutzzweck spricht für die Anwendbarkeit des § 613 a BGB auf Vorstands-Anstellungsverhältnisse, soweit diese nach dem oben Gesagten schutzbedürftig sind. Vorstandsmitglieder, die nicht wesentlich am Kapital der Gesellschaft beteiligt sind, sind zur Aufrechterhaltung ihrer Lebensgrundlage regelmäßig ebenso auf den Fortbestand ihres Dienstverhältnisse angewiesen sind, wie dies bei Arbeitnehmern der Fall ist. Bedenken gegen die Anwendbarkeit von § 613 a BGB auf AG-Vorstandsmitglieder könnten sich jedoch mit Blick auf das Schicksal des Organverhältnisses im Fall eines Betriebsübergangs ergeben. Da das Organverhältnis von dem Betriebsübergang nicht angetastet wird, bleibt das betroffene Vorstandsmitglied weiterhin Organ derjenigen Gesellschaft, die den Betrieb veräußert hat. Das Anstellungsverhältnis aber wäre per Gesetz auf den Betriebserwerber übergegangen.[477] Die Anwendbarkeit des § 613 a BGB im Hinblick auf das Anstellungsverhältnis würde somit dazu führen, dass Organ- und Anstellungsverhältnis auseinandergerissen werden. Dies erscheint zum einen deshalb rechtlich bedenklich, weil das Rechtsverhältnis des AG-Vorstandsmitglieds auf das Unternehmen und nicht auf den Betrieb bezogen ist.[478] Zum anderen spricht gegen ein mögliches Auseinanderfallen auch der Sinn und Zweck des Anstellungsverhältnisses eines AG-Vorstandsmitglieds, der darin liegt, die Organstellung zu ergänzen. Neben den rechtlichen Bedenken wäre eine ordnungsgemäße Pflichtenerfüllung im Fall einer Spaltung im oben beschriebenen Sinne auch praktisch gar nicht mehr möglich.[479] Ginge das Anstellungsverhältnis gem. § 613 a BGB auf den Erwerber über, so wäre das Vorstandsmitglied gegenüber diesem zur Dienstleistung verpflichtet. Daneben bestände jedoch zusätzlich noch eine Verpflichtung zur Erbringung der Organtätigkeit beim Veräußerer, die gerade im Rahmen von Umstruktu-

---

[476] Vgl. satt vieler: Palandt/*Putzo*, § 613 a Rz. 2.

[477] Vgl. OLG Celle, Urteil vom 15.06.1977 – 3 U 96/76 – in DB 1977, 1840 (1841).

[478] Vgl. zur parallelen Argumentation im Fall des GmbH-Geschäftsführers: *Groß*, S. 346.

[479] Vgl. *Groß*, S. 346.

rierungsmaßnahmen ein erhebliches praktisches Bedürfnis nach der Tätigkeit des Vorstandsmitglieds hat. Insoweit geriete das Vorstandsmitglied somit in eine nicht lösbare Pflichtenkollision.[480] Hinzu kommt, dass das Anstellungsverhältnis des Vorstandsmitglieds wesentlich von einem besonderen Vertrauensverhältnis zwischen der Gesellschaft und dem Bestellten geprägt ist. Diese Prägung steht einem Übergang des Dienstverhältnisses auf den Erwerber ebenfalls entgegen.[481]

Die Organstellung des AG-Vorstandsmitglieds steht einer Anwendung von § 613 a BGB im Hinblick auf sein Anstellungsverhältnis mithin im Ergebnis entgegen.[482] Das persönliche Schutzbedürfnis hat hinter die gesellschaftsrechtlichen Interessen zurück zu treten mit der Folge, dass AG-Vorstandsmitglieder nicht gem. § 613 a Abs. 4 BGB kündigungsgeschützt sind.

2. Beendbarkeit des Anstellungsverhältnisses

Bleibt somit das Vorstands-Anstellungsverhältnis auch bei Vorliegen eines Betriebsübergangs gem. § 613 a BGB beim Veräußerer bestehen, ist dieser weiterhin insbesondere zur Fortzahlung der vertraglich vereinbarten Vergütung verpflichtet. Dies gilt wegen § 615 BGB auch dann, wenn nach dem Betriebsübergang keine tatsächliche Beschäftigungsmöglichkeit mehr bestehen sollte. In Fällen, in denen aufgrund fehlender tatsächlicher Beschäftigungsmöglichkeit nach dem Betriebsübergang in Bezug auf ein Vorstandsmitglied ein Personalüberhang besteht, stellt sich die Frage, ob das Vorstands-Anstellungsverhältnis durch die Gesellschaft auch gegen den Willen des Betroffenen beendet werden kann.

a. Ordentliche Kündigung

Zwar scheitert eine ordentliche Kündigung von Vorstandsmitgliedern nicht an der Vorschrift § 613 a Abs. 4 BGB, da diese Norm nach dem oben Gesagten auf Vorstands-Anstellungsverhältnisse nicht anwendbar ist. Da Vorstandsmitglieder wegen der Befristung ihres Anstellungsverhältnisses regelmäßig jedoch ordentlich unkündbar sind, kann die Gesellschaft nur dann ordentlich kündigen, wenn diese Möglichkeit einzelvertraglich ausdrücklich vereinbart ist und zusätzlich Gründe bestehen, aus denen die Organstellung widerrufen werden kann.[483]

---

[480] Für den GmbH-Geschäftsführer i.E. ebenso: *Groß*, S. 346.

[481] Vgl. Erfurter Komm./*Preis*, § 613 a BGB Rz. 67.

[482] So auch: Erfurter Komm./*Preis*, § 613 a BGB Rz. 67; *Gaul*, BB 1979, 1666 (1668); KR/*Pfeiffer*, § 613 a BGB Rz. 16; *Seiter*, B IV 4, S. 56. *Weber/Hoß/Burmester*, Teils 6 Rnrn. 7 ff.; vgl. *Willemsen* in Willemsen/Hohenstatt/Schweibert, Ziffer G Rz. 137, der sich auch mit der Frage befasst, ob eine Anwendbarkeit des § 613 a BGB dann in Betracht kommt, wenn neben dem Dienstvertrag des Vorstandsmitglieds noch ein aus früherer Zeit herrührendes, für die Dauer der Amtszeit aber ruhend gestelltes Arbeitsverhältnis existiert.

[483] Teil II, Ziff. B, I 1 – 4.

b. Außerordentliche Kündigung

In Betracht kommt auch der Ausspruch einer außerordentlichen betriebsbedingten Kündigung. Wegen der diesbezüglichen Einzelheiten kann an dieser Stelle auf die obigen Ausführungen verwiesen werden, da sich aus einem gleichzeitig vorliegenden Betriebsübergang keine Besonderheiten in bezug auf die Möglichkeit einer außerordentlichen Kündigung ergeben.[484]

III. Unternehmensumwandlungen nach dem UmwG

1. Einführung

Das zum 01.01.1995 in Kraft getretene UmwG kennt vier Umwandlungsarten:

- die *Verschmelzung* (§§ 2 ff. UmwG),
- die *Spaltung* in Form von Aufspaltung, Abspaltung und Ausgliederung (§§ 123 ff. UmwG),
- die *Vermögensübertragung* (§§ 174 ff. UmwG),
- und den *Formwechsel* (§§ 190 ff. UmwG).

Verschmelzung liegt vor, wenn durch einen oder mehrere Rechtsträger (= übertragende(r) Rechtsträger) unter Auflösung ohne Abwicklung das Vermögen als Ganzes auf einen oder mehrere bestehende Rechtsträger (= übernehmende(r) Rechtsträger) übertragen wird, vgl. § 2 Nr. 1 UmwG. Möglich ist auch eine Vermögensübertragung im Wege der Neugründung, indem das Vermögen zweier oder mehrerer Rechtsträger (= übertragende Rechtsträger) als Ganzes auf den neuen Rechtsträger (= übernehmender Rechtsträger) übertragen wird, vgl. § 2 Nr. 2 UmwG. Als Gegenleistung für die Übertragung werden den Anteilsinhabern des übertragenden Rechtsträgers Anteile bzw. Mitgliedschaften des übernehmenden oder neuen Rechtsträgers gewährt. Die Verschmelzung wird mit Eintragung in das Register des übernehmenden Rechtsträgers wirksam, vgl. § 20 UmwG. Mit ihr geht das Vermögen des übertragenden Rechtsträgers einschließlich aller Verbindlichkeiten auf den übernehmenden Rechtsträger über, § 20 Abs. 1 Nr. 1 UmwG. Der oder die übertragenden Rechtsträger erlöschen zu diesem Zeitpunkt automatisch, d.h. einer besonderen Löschung bedarf es nicht, § 20 Abs. 1 Nr. 2 UmwG.

Bei der *Aufspaltung* (§ 123 Abs. 1 UmwG) erlischt der bisherige Rechtsträger und überträgt sein gesamten Vermögen auf mindestens zwei bestehende (§ 123 Abs. 1 Nr. 1 UmwG) oder neu gegründete (§ 123 Abs. 1 Nr. 2 UmwG) Rechtsträger.

[484] Teil II, Ziff. D, I 2 c.

Im Fall der *Abspaltung* (§ 123 Abs. 2 UmwG) überträgt der übertragende Rechtsträger Vermögensanteile auf einen oder mehrere bereits bestehende oder neu gegründete Rechtsträger. Der übertragende Rechtsträger bleibt hierbei bestehen.

In der Variante der *Ausgliederung* (§ 123 Abs. 3 UmwG) gliedert der übertragende Rechtsträger einen Teil oder mehrere Teile seines Vermögens aus und überträgt sie auf einen oder mehrere bereits bestehende oder neu gegründete Rechtsträger. Auch bei der Ausgliederung bleibt der übertragende Rechtsträger weiterhin existent.

Im Wege der in den §§ 174 ff. UmwG normierten *Vermögensübertragung* kann das Vermögen des übertragenden Rechtsträgers unter Auflösung ohne Abwicklung entweder als Ganzes (Vollübertragung) oder teilweise (Teilübertragung) auf einen bestehenden Rechtsträger übertragen werden. Der Unterschied der Vermögensübertragung zur Verschmelzung bzw. Spaltung besteht lediglich darin, dass die Gegenleistung bei der Vermögensübertragung im Gegensatz zu den beiden letztgenannten Übertragungsformen nicht in der Gewährung von Anteilen besteht.
Mit der Eintragung der Vermögensübertragung in das Handelsregister des Sitzes des übertragenden Rechtsträgers geht im Fall der Vollübertragung deren Vermögen einschließlich aller Verbindlichkeiten auf den übernehmenden Rechtsträger über, vgl. § 176 Abs. 3 S. 1 UmwG. Soweit nur eine Teilübertragung vorliegt, gilt dies naturgemäß nur für den von der Teilübertragung betroffenen Vermögensbestandteil, vgl. § 177 Abs. 2 i.V.m. § 176 Abs. 3 S. 1 UmwG. Im Fall der Vollübertragung erlischt der übertragende Rechtsträger mit der Eintragung, vgl. § 176 Abs. 3 S. 1 und 2 UmwG. Bei der Teilübertragung bleibt er dagegen weiterhin bestehen.

Beim Formwechsel findet, da nur ein Rechtsträger beteiligt ist, naturgemäß kein Rechtsträgerwechsel statt.[485] Es wird – wie die Bezeichnung Formwechsel schon vermuten lässt – lediglich die Rechtsform des Unternehmens geändert. Dies hat keine Auswirkungen auf die Identität des Unternehmens.[486] Insbesondere besteht dieser in der im Umwandlungsbeschluss bestimmten Form gem. § 202 Abs. 1 Nr. 1 UmwG weiter.

2. Das Schicksal des Anstellungsverhältnisses des Vorstandsmitglieds in Fällen der Unternehmensumwandlung

Grundsätzlich gilt, dass der Bestand des Anstellungsverhältnisses von der Unternehmensumwandlung nicht berührt wird.[487] Welchen Inhalt das Anstellungsverhältnis des AG-Vorstandsmitglieds im Fall einer Unternehmensumwandlung hat

---

485 Vgl. *Bula/Schlösser* in Sagasser/Bula/Brüninger, Ziffer E Rz. 65.
486 Vgl. Küttner/*Kreitner*, Umwandlung Rz. 5.
487 Vgl. statt aller: *Weber/Hoß/Burmester*, Teil 6 Rz. 43 m.w.N.; für den Fall der Verschmelzung: Lutter/*Grunewald*, § 20 UmwG Rz. 28 m.w.N.
Zu der Frage des Eingreifens einer vereinbarten Koppelungsklausel im Fall der Unternehmensumwandlung: vgl. Teil III, Ziff. C, IV.

und unter welchen Voraussetzungen es beendet werden kann, hängt maßgeblich vom Schicksal des Organverhältnisses ab.

a. Das Schicksal des Organverhältnisses

Auf die Organe eines übernehmenden Rechtsträgers hat die Unternehmensumwandlung regelmäßig keine Auswirkungen.[488] Dagegen ist die Frage nach dem Fortbestand der Organverhältnisse beim übertragenden Rechtsträger in den verschiedenen in Betracht kommenden Umwandlungsarten unterschiedlich zu beurteilen.

aa. Verschmelzung

Da mit Eintragung der Verschmelzung der übertragende Rechtsträger erlischt, kommt es zwangsläufig zu diesem Zeitpunkt automatisch auch zum Erlöschen der Ämter auf der Geschäftsführungsebene dieses Rechtsträger.[489] Auch die Vorstandsbestellung findet damit ihr Ende, ohne dass es einer besonderen Abberufung der Vorstandsmitglieder bedarf.[490]

bb. Spaltung

Bei der Spaltung ist hinsichtlich des Schicksals des Organverhältnisses zwischen dem Fall der Aufspaltung einerseits und den Abspaltungs- und Ausgliederungsfällen andererseits zu differenzieren. Da bei der Aufspaltung der übertragende Rechtsträger erlischt, gilt dies auch für seine Organe. Die Vorstandsstellung erlischt daher gleichfalls. Anders ist dies bei der Abspaltung sowie der Ausgliederung: Da bei diesen der übertragende Rechtsträger bestehen bleibt, gilt dies auch in Bezug auf den Fortbestand seiner Organe und damit auch für die Vorstandsstellung.

cc. Vermögensübertragung

Bei der Vermögensübertragung ist zwischen der Variante der Vollübertragung und der Teilübertragung zu differenzieren. Da bei der Vollübertragung der übertragende Rechtsträger untergeht, erlischt auch die Organstellung, während im Fall der Teilübertragung die Organstellung wegen Fortbestehens des übertragenden Rechtsträgers nicht angetastet werden. Bei der Vollübertragung geht die Vorstandsstellung daher automatisch unter. In den anderen Fällen bleibt sie unverändert bestehen.

dd. Formwechsel

Anders stellt sich das Schicksal der Organstellung des Vorstandsmitglieds im Fall des Formwechsels dar. Dieser passt in das oben aufgezeichnete Schema der Diffe-

[488] Vgl. *Röder/Lingemann*, DB 1993, 1346.
[489] Vgl. Lutter/*Bayer*, § 87 UmwG Rz. 9, § 96 Rz. 39; Lutter/*Grunewald*, § 20 UmwG Rz. 28.
[490] Vgl. für den GmbH-Geschäftsführer: LAG Köln, Urteil vom 15.08.2001 – 7 Sa 1403/00 – BB 2002, 788.

renzierung zwischen übertragendem und übernehmendem Rechtsträger bzw. Fortbestand und Erlöschen des Rechtsträgers nicht hinein. Der Formwechsel führt zwar nicht zum Erlöschen der Gesellschaft, da diese (in der geänderten Rechtsform) fortbesteht. Trotz dieses Fortbestands wird die Stellung der Vorstandsmitglieder als Organ der Gesellschaft vom Formwechsel jedoch berührt. Wird die Rechtsform der AG in eine andere Rechtsform gewechselt, ist das Aktiengesetz auf die Gesellschaft nicht mehr anwendbar mit der Folge, dass für das Amt des Vorstands einer AG kein Raum mehr besteht und dieses wegfällt.[491] Im Hinblick auf die neu zu besetzenden Ämter im Rahmen der neuen Rechtsform ist eine Neuimplementierung nach den dann einschlägigen gesellschaftsrechtlichen Vorschriften erforderlich. Das gleiche gilt dann, wenn von einer anderen Rechtsform in die Rechtsform der AG gewechselt wird.

b. Auswirkungen auf das Anstellungsverhältnis

aa. Beendbarkeit in Fällen, in denen das Organverhältnis unangetastet bleibt

Wird das Organverhältnis in seinem Inhalt und Fortbestand durch die Unternehmensumwandlung nicht beeinflusst, ergeben sich aus der Umwandlung in Bezug auf die Frage nach der Beendbarkeit des Anstellungsverhältnisses gegen den Willen des Vorstandsmitglieds keine Besonderheiten gegenüber den regulären Beendigungsmöglichkeiten.

bb. Inhalt Beendbarkeit in Fällen, in denen das Organverhältnis aufgrund der Umwandlung erlischt

Wegen des Trennungsprinzips gilt der unveränderte Fortbestand des Anstellungsverhältnisses auch in den Konstellationen, in denen die Organstellung im Zuge der Unternehmensumwandlung erlischt. Die Erbringung der anstellungsvertraglich geschuldeten Organtätigkeit ist in diesen Fällen jedoch rechtlich unmöglich. Es stellt sich hier daher die Frage, welchen Inhalt das Anstellungsverhältnis des ehemaligen Organmitglieds nach erfolgter Unternehmensumwandlung hat und ob und unter welchen Voraussetzungen aufgrund der Unternehmensumwandlung Beendigungsmöglichkeiten bestehen. Erlischt der übertragende Rechtsträger, kommt dieser als Arbeitgeber des ehemaligen Organmitglieds nicht mehr in Betracht. Da § 613 a BGB auf AG-Vorstandsmitglieder nicht anwendbar ist, folgt aus dieser Norm nicht der Übergang der Vorstands-Anstellungsverhältnisse auf den übernehmenden Rechtsträger. Der Übergang des Anstellungsverhältnisses auf den übernehmenden Rechtsträger ergibt sich jedoch aus dem im Rahmen des Umwandlungsrechts geltenden Prinzips der Gesamtrechtsnachfolge. Nach Wirksamwerden der Verschmelzung, Spaltung oder Vermögensübertragung wird der übernehmende Rechtsträger

---

[491] Vgl. Lutter/*Decher*, § 202 UmwG Rz. 39; *Weber/Hoß/Burmester*, Teil 6 Rz. 41.

daher Dienstgeber der ehemaligen Vorstandsmitglieder des übertragenden Rechtsträgers. Hinsichtlich des Inhalts des fortbestehenden Anstellungsverhältnisses gilt das oben Gesagte.[492] An die Zumutbarkeit einer Beschäftigung unterhalb der Organebene sind hier strenge Anforderungen zu stellen, da die Unternehmensumwandlung einen Umstand darstellt, der allein in die Sphäre der Gesellschaften und nicht in irgendeiner Weise in den Risikobereich des (ehemaligen) Vorstandsmitglieds fällt. Diese Risikoverteilung ist bei der Frage nach der Zumutbarkeit einer Beschäftigung unterhalb der Organebene zu berücksichtigen und wird im Regelfall dazu führen, dass das ehemalige Vorstandsmitglied zur Ausführung von Tätigkeiten unterhalb der Organebene nicht verpflichtet werden kann.[493] Sofern eine einvernehmliche Beendigung zwischen der Gesellschaft und dem (ehemaligen) Vorstandsmitglied im Rahmen eines Aufhebungsvertrages nicht herbeigeführt werden kann, bietet sich zur Beendigung gegen seinen Willen – wie auch sonst – entweder der Ausspruch einer ordentlichen oder der einer außerordentlichen Kündigung an. Ob diese in der Konstellation einer Unternehmensumwandlung gegenüber dem (ehemaligen) Vorstandsmitglied wirksam ausgesprochen werden können, bemisst sich nach allgemeinen Grundsätzen. Besonders hinzuweisen ist hier lediglich darauf, dass die Unternehmensumwandlung allein keinen Grund darstellt, der als „wichtiger Grund" i.S.d. § 626 BGB zur Rechtfertigung einer außerordentlichen betriebsbedingten Kündigung anzuerkennen wäre.[494]

F. Das Anstellungsverhältnis des AG-Vorstandsmitglieds in der Insolvenz der Gesellschaft

Wird über das Vermögen der AG das Insolvenzverfahren eröffnet, so geht gem. § 80 Abs. 1 InsO mit der Eröffnung des Insolvenzverfahrens das Recht des Schuldners, das zur Insolvenzmasse gehörende Vermögen zu verwalten und darüber zu verfügen, auf den Insolvenzverwalter über. Gem. § 108 Abs. 1 S. 1 InsO bestehen Dienstverhältnisse unbeeinflusst von der Eröffnung des Insolvenzverfahrens mit Wirkung für die Insolvenzmasse fort.[495] Dies gilt auch für die Dienstverhältnisse der Vorstandsmitglieder.

I. Grundsätze für die Beendigung von Dienstverhältnissen in der Insolvenz

Sollen bestehende Dienstverhältnisse beenden werden, so ist – sofern eine einvernehmliche Beendigung mit dem Dienstnehmer nicht erreicht werden kann – gegen-

[492] Vgl. Ziff. G (S. 202 ff.).
[493] Vgl. *Bauer/Gragert*, ZIP 1997, 2177 (2183), vgl. zum Inhalt des Anstellungsverhältnisses im einzelnen: Teil IV.
[494] Vgl. etwa *Röder*, DB 1993, 1341 (1346).
[495] Vgl. FK-InsO/*Wegener*, § 108 Rz. 1; *Ettwig*, S. 60.

über diesem die Kündigung des Dienstverhältnisses auszusprechen. Nach Eröffnung des Insolvenzverfahrens steht die Kündigungsbefugnis (nur) dem Insolvenzverwalter zu.[496] Dies folgt aus dem Übergang der Vermögensverfügungsbefugnis auf den Insolvenzverwalter gem. § 80 Abs. 1 InsO.[497] Da der Insolvenzverwalter mit der Übernahme seines Amtes in die Rechte und Pflichten des Gemeinschuldners eintritt, stehen ihm hinsichtlich der Beendigung von Dienstverhältnissen grundsätzlich nicht mehr und keine anderen Rechte zu, als dem Gemeinschuldner selbst vor Eröffnung des Insolvenzverfahrens. Die Insolvenz als solche führt also weder zu erleichterten Kündigungsmöglichkeiten, noch stellt sie selbst einen eigenständigen Kündigungsgrund dar.[498] Dieser Grundsatz ist nur dort durchbrochen, wo insolvenzrechtliche Vorschriften dem Insolvenzverwalter ausdrücklich Sonderrechte einräumen.[499]

II. Besonderheiten bei der Beendigung des Dienstverhältnisses mit einem Vorstandsmitglied

1. Ordentliche Kündigung durch den Insolvenzverwalter

Der Übergang der Verfügungsbefugnis auf den Insolvenzverwalter hat nicht zur Folge, dass die Organe der Gesellschaft zu diesem Zeitpunkt automatisch ihre Organstellung verlieren.[500] Soweit die Kompetenzen nach der InsO auf den Insolvenzverwalter übergehen, findet lediglich eine Verdrängung gesellschaftsrechtlicher Organkompetenzen statt. Zur Beendigung der Organstellung des AG-Vorstandsmitglieds vor Ablauf der Bestellungsdauer ist daher auch in der Insolvenz seine Abberufung gem. § 84 Abs. 3 AktG erforderlich. Liegen die Voraussetzungen für eine Abberufung nach § 84 Abs. 3 AktG nicht vor, besteht insoweit eine Sperrwirkung für den Ausspruch der ordentlichen Kündigung.[501] Da die Insolvenzordnung die Zuständigkeit zur Abberufung der Gesellschaftsorgane nicht dem Insolvenzverwalter zuschreibt und diese insbesondere auch nicht in den Bereich der gem. § 80 Abs. 1 InsO übergehenden Verwaltungs- und Verfügungsbefugnis fällt,[502] verbleibt

---

[496] Der Insolvenzverwalter erhält selbstverständlich nicht nur die Kündigungsbefugnis, sondern rückt vollumfänglich in die Arbeitgeberfunktion ein, vgl. Gottwald/*Heinze*, § 102 Rz. 23.

[497] Vgl. hierzu ausführlich: Kölner Schrift zur InsO/*Düwell*, S. 1440.
Sofern das Insolvenzverfahren noch nicht eröffnet, jedoch ein Antrag auf Eröffnung gestellt worden ist, steht die Kündigungsbefugnis gleichfalls nicht mehr dem Gemeinschuldner, sondern dem vorläufigen Insolvenzverwalter zu, sofern dem Schuldner ein allgemeines Verfügungsverbot auferlegt ist. Dies folgt daraus, dass in diesem Fall gem. § 22 Abs. 1 S. 1 InsO die Verwaltungs- und Verfügungsbefugnis – und mit ihr auch die Befugnis zur Beendigung von Dienst- und Arbeitsverhältnissen auf den vorläufigen Insolvenzverwalter übergeht.

[498] Vgl. Gottwald/*Heinze*, § 103 Rz. 16.

[499] Vgl. (allerdings noch zur KO): LAG Baden-Württemberg, Urteil vom 18.12.1980 – 11 Sa 86/80 – Leitsatz 1.

[500] Vgl. *Braun/Uhlenbruck*, InsO, C VI 6 (S. 87)

[501] Teil II, Ziff. B I 2 ff.

[502] Vgl. Kölner Schrift zur InsO/*Düwell*, S. 1442.

die diesbezügliche Kompetenz beim Aufsichtsrat.[503] Die Kündigungsbefugnis im Hinblick auf das Anstellungsverhältnis geht dagegen mit der Übertragung der Verwaltungs- und Verfügungsbefugnis auf den Insolvenzverwalter über. Dies ergibt sich incidenter aus § 87 Abs. 3 AktG,[504] der eine Kündigungsbefugnis des Insolvenzverwalters im Hinblick auf Vorstands-Anstellungsverhältnisse voraussetzt. Dort heißt es:

> „Wird über das Vermögen der Gesellschaft das Insolvenzverfahren eröffnet und kündigt der Insolvenzverwalter den Anstellungsvertrag eines Vorstandsmitglieds ..."

Ausgehend von dem Grundsatz, dass der Insolvenzverwalter den Umfang des ihm zustehenden Kündigungsrechts von dem des Gemeinschuldners ableitet, könnte sich eine weitere Hürde für den Ausspruch einer wirksamen ordentlichen Kündigung auch in der Insolvenz der Gesellschaft aus der Rechtsnatur des Vorstands-Anstellungsverhältnisses als befristetem Dienstverhältnis ergeben.[505] Indessen trifft die InsO für den Fall der vorzeitigen Beendbarkeit befristeter Dienstverhältnisse eine ausdrückliche Sonderregelung. Gem. § 113 Abs. 1 InsO[506] können Dienstverhältnisse vom Insolvenzverwalter und vom Dienstverpflichteten ohne Rücksicht auf eine vereinbarte Vertragsdauer oder einen vereinbarten Ausschluss des Rechts zur außerordentlichen Kündigung gekündigt werden. Die Kündigungsfrist beträgt gem. § 113 Abs. 1 S. 2 InsO drei Monate zum Monatsende, sofern nicht eine kürzere (gesetzliche oder vertragliche) Frist maßgeblich ist. § 113 Abs. 1 S. 1 InsO eröffnet dem Insolvenzverwalter somit die Möglichkeit zur ordentlichen Kündigung auch dann, wenn es sich um ein befristetes Dienstverhältnis handelt und die Möglichkeit der ordentlichen Kündbarkeit vor Ablauf der Befristungsdauer nicht vertraglich vereinbart worden ist.[507] § 113 InsO ist auf das Dienstverhältnis des AG-Vorstandsmitglieds anwendbar. Während die insolvenzrechtliche Sonderkündigungsvorschrift des § 22 KO auf Dienstverhältnisse in „Haushalten, Wirtschaftsbetrieben oder Erwerbsgeschäften des Gemeinschuldners" beschränkt war, ist der Geltungsbereich des § 113 InsO auf sämtliche Dienstverhältnisse bezogen, die auf

---

[503] Vgl. auch *Eisenbeis/Mues*, Rz. 74 (allerdings mit unzutreffendem Hinweis auf § 84 Abs. 2 AktG)

[504] Vgl. *Eisenbeis/Mues*, InsO Rz. 72; *Obermüller/Hess*, InsO Rz. 750 f.

[505] Vgl. hierzu im einzelnen: Teil II, Ziff. B I 1.

[506] § 113 InsO findet allerdings nur im Fall der Kündigung durch den endgültigen Insolvenzverwalter und nicht im Fall der Kündigung durch den vorläufigen Insolvenzverwalter Anwendung (vgl. Kölner Schrift zur InsO/*Düwell*, S. 1441). Dies bedeutet, dass die Vorschrift dem vorläufigen Insolvenzverwalter über den Ausschluss eines ordentlichen Kündigungsrechts nicht hinweghelfen kann. Dieser kann daher das Anstellungsverhältnis des (ehemaligen) AG-Vorstandsmitglieds nicht wirksam ordentlich kündigen, da hier die Befristung weiterhin eine diesbezügliche Sperrwirkung entfaltet.
Die folgenden Ausführungen behandeln daher ausschließlich den Fall einer Kündigung nach Verfahrenseröffnung durch den endgültigen Insolvenzverwalter.

[507] Vgl. *Caspers*, Rz. 115; *Giesen*, ZIP 1998, 46 (47); *Heinze*, NZA 1999, 57 (58).

Dauer angelegt sind.[508] Aus § 113 Abs. 1 InsO folgt demnach, dass das Anstellungsverhältnis des AG-Vorstandsmitglieds ohne Rücksicht auf seine Befristung auch dann ordentlich vom Insolvenzverwalter gekündigt werden kann, wenn ein ordentliches Kündigungsrecht nicht ausdrücklich einzelvertraglich vereinbart worden ist. § 113 Abs. 1 S. 2 InsO statuiert eine Höchstkündigungsfrist[509] von drei Monaten zum Monatsende. Dies gilt unabhängig davon, ob es sich bei dem zu kündigenden Dienstverhältnis um ein Arbeits- oder um ein freies Dienstverhältnis handelt.[510] Eine aus sonstigen Vorschriften im Einzelfall sich ergebende längere Kündigungsfrist greift daher im Insolvenzfall nicht ein. Diese wird bis auf ein Maß von drei Monaten zum Monatsende gekappt.[511] Sollte sich dagegen aus sonstigen Vorschriften eine kürzere Kündigungsfrist ergeben, ist diese auch in der Insolvenz weiterhin maßgeblich. Im Fall der Kündigung von Vorstandsmitgliedern wird die Drei-Monats-Frist des §113 Abs. 1 S. 2 InsO praktisch nur in Fällen relevant werden, in denen eine längere Kündigungsfrist, als diejenige von drei Monaten zum Monatsende, einzelvertraglich vereinbart worden ist. Aus der Anwendung der gesetzlichen Fristen des § 622 Abs. 2 BGB wird sich das Erfordernis einer Kappung selten ergeben, da eine gegenüber der Vorschrift des § 113 Abs. 1 S. 1 InsO längere Kündigungsfrist erst ab einer Betriebszugehörigkeitsdauer von mehr als 10 Jahren eingreift.

Ergänzend ist noch darauf hinzuweisen, dass § 113 InsO dem Insolvenzverwalter kein Sonderkündigungsrecht dergestalt gibt, dass die Insolvenz einen eigenständigen Kündigungsgrund darstellen würde.[512] Die Norm stellt nur insoweit im Hinblick auf den Kündigungsgrund eine Sonderregelung dar, als für die Überwindung des Kündigungsausschlusses nicht mehr auf § 626 BGB zurückgegriffen werden muss.[513] Sofern daher wegen der sozialen Schutzbedürftigkeit eines Vorstandsmitglieds diesem ausnahmsweise arbeitsrechtlicher Kündigungsschutz zuzugestehen ist, muss dieser auch vom Insolvenzverwalter beachtet werden.

2. Außerordentliche Kündigung in der Insolvenz

In § 113 Abs. 1 S. 2 InsO wird die Auffassung des Gesetzgebers deutlich, dass auch dem Insolvenzverwalter grundsätzlich die Einhaltung der ordentlichen Kündigungsfrist zuzumuten ist, sofern diese im Einzelfall nicht länger als drei Monate zum Monatsende beträgt. Aus dem Schweigen der insolvenzrechtlichen Vorschriften zur Möglichkeit der außerordentlichen Kündigung von Dienstverhältnissen, ist jedoch nicht abzuleiten, dass in der Insolvenz der Gesellschaft die außerordentliche

[508] Vgl. *Caspers*, Rz. 100; Gottwald/*Heinze*, § 103 Rz. 59; Kölner Schrift zur InsO/*Düwell*, S. 1442.
[509] Vgl. *Caspers*, Rz. 102; *Heinze*, NZA 1999, 57 (58).
[510] Vgl. FK-InsO/*Eisenbeis*, § 113 InsO Rz. 12.
[511] Vgl. *Giesen*, ZIP 1998, 46 (47).
[512] Vgl. Kölner Schrift zur InsO/*Düwell*, S. 1444.
[513] Vgl. *Heinze*, NZA 1999, 57 (59).

Kündigung von Dienst- und Arbeitsverhältnissen ausgeschlossen ist. Diese ist vielmehr auch hier unter den Voraussetzungen des § 626 BGB möglich. Für die außerordentliche Kündigung durch den Insolvenzverwalter ist somit zunächst das Vorliegen eines „wichtigen Grundes" i.S.d. § 626 Abs. 1 BGB erforderlich. Die Eröffnung des Insolvenzverfahrens stellt für sich genommen keinen solchen wichtigen Grund dar.[514] Auch die Befürchtung des Insolvenzverwalters, dass die Insolvenzmasse zur Deckung der Arbeitnehmeransprüche während der laufenden Kündigungsfrist nicht mehr ausreichen könnte oder dass ein Auszehren der Insolvenzmasse durch Arbeitnehmeransprüche zu Lasten anderer Insolvenzgläubiger droht, reicht zur Begründung einer außerordentlichen Kündigung nicht aus.[515] Daraus, dass der Insolvenzverwalter den Umfang seines Kündigungsrechts grundsätzlich von dem des Gemeinschuldners ableitet, ist zu folgern, dass wichtige Gründe, die ohne die Eröffnung des Insolvenzverfahrens den Gemeinschuldner zur außerordentlichen Kündigung berechtigt hätten, auch den Insolvenzverwalter zur außerordentlichen Kündigung berechtigen. Aus dem Verhältnis zwischen zu Kündigendem und Insolvenzverwalter können jedoch zusätzliche wichtige Kündigungsgründe resultieren. Hieran ist etwa dann zu denken, wenn sich ein Dienstnehmer unberechtigterweise weigert, mit dem Insolvenzverwalter zusammenzuarbeiten.[516] Hinsichtlich des Bestehens eines zur außerordentlichen Kündigung durch den Insolvenzverwalter berechtigenden wichtigen Grundes ergeben sich in bezug auf das Vorstands-Anstellungsverhältnis keine Besonderheiten.

Bei Ausspruch einer außerordentlichen Kündigung ist der Insolvenzverwalter von der Beachtung der Zwei-Wochen-Frist des § 626 Abs. 2 BGB nicht entbunden, d.h. die außerordentliche Kündigung muss auch in der Insolvenz innerhalb von zwei Wochen nach Kenntniserlangung von den Kündigungsgründen erfolgen. Für die Kenntnis von den Kündigungsgründen kommt es auf die Person des Insolvenzverwalters an. Im Fall der außerordentlichen Kündigung eines Vorstandmitglieds in der Insolvenz können daher die mit der Einhaltung der Frist bei Kollegialorganen im Zusammenhang stehenden Probleme nicht auftreten.

Handelt es sich bei den Kündigungsgründen um solche, die bereits vor der Insolvenzeröffnung vorlagen, ist für den Fristlauf die Kenntnis des Gemeinschuldners als zuvor Kündigungsbefugtem maßgeblich. Auf solche Umstände kann der Insolvenzverwalter seine außerordentliche Kündigung somit nur dann stützen, wenn die Gründe nicht bereits wegen positiver Kenntniserlangung durch den Ar-

---

[514] Vgl. zur KO: BAG, Urteil vom 25.10.1968 – 2 AZR 23/68 – in DB 1969, 266 (267); hierzu auch schon oben: .Teil II, Ziff. D, I 2 c.

[515] Vgl. BAG, Urteil vom 25.10.1968 – 2 AZR 23/68 – in DB 1969, 266 (267).
Der 2. Senat lehnt zu Recht die gegenteilige Auffassung zweier Instanzgerichte mit zutreffendem Hinweis auf die vom Gesetzgeber in der KO getroffene Wertung ab. Dieser Einwand trägt auch unter Geltung der InsO, da der Gesetzgeber auch hier von einer Anerkennung einer erweiterten außerordentlichen Kündigungsmöglichkeit des Insolvenzverwalters abgesehen hat.

[516] Vgl. zu diesem Gedanken: Kölner Schrift zur InsO/*Düwell*, S. 1445.

beitgeber verfristet waren. Sofern eine außerordentliche Kündigung des AG-Vorstandsmitglieds auf vor der Insolvenzeröffnung liegende Gründe gestützt werden soll, ist nach den oben dargestellten Grundsätzen für die Rechtzeitigkeit der Zeitpunkt der Kenntniserlangung durch den Aufsichtsrat maßgeblich.[517] Nur wenn insoweit noch keine Verfristung vorliegt, kann der Insolvenzverwalter hierauf seine außerordentliche Kündigung stützen.

[517] Teil II, Ziff. D, III.

Teil III
Ansatzpunkte zur Vermeidung kündigungsrechtlicher Probleme

Die bisherigen Untersuchungen haben gezeigt, dass für die Gesellschaft auch bei Vorliegen eines wichtigen Grundes zur Beendigung des Organverhältnisses nur sehr eingeschränkte Möglichkeiten bestehen, das Anstellungsverhältnis eines Vorstandsmitglieds vor Ablauf einer vereinbarten Zeit bzw. der gesetzlich zulässigen Höchstdauer wirksam zu kündigen. Es stellt sich hier die Frage, auf welche Weise kündigungsrechtliche Probleme vermieden werden können.

Da vereinfachte Beendigungsmöglichkeiten dann bestehen, wenn das Anstellungsverhältnis nicht wirksam zustande gekommen ist, sollte diesem Komplex auch bei der Beantwortung der Beendigungsfrage erhöhte Aufmerksamkeit geschenkt werden. Weiterhin ist zu erörtern, ob sich die Beendigungsproblematik nicht im Wege der Anwendung allgemeiner Rechtsprinzipien einfacher und rechtssicherer lösen lässt. Darüber hinaus erscheint es erwägenswert, bereits bei der Vertragsgestaltung auf die Vermeidung von Beendigungsproblemen hinzuwirken.

A. Beendigungsmöglichkeiten wegen unwirksamen Zustandekommen des Anstellungsverhältnisses

Ist das Anstellungsverhältnis des AG-Vorstandsmitglieds nicht wirksam zustande gekommen, könnte der Gesellschaft das Recht zustehen, sich nach den von der Rechtsprechung entwickelten Grundsätzen über das faktische Anstellungsverhältnis unter vereinfachten Voraussetzungen von diesem zu lösen.

I. Gesellschaftsrechtliche Vorgaben beim Zustandekommen des Anstellungsvertrages

Zuständiges Organ für den Abschluss, die Änderung sowie die Beendigung des Anstellungsvertrages eines Vorstandsmitglieds ist – ebenso wie für Rechtshandlungen im Zusammenhang mit der Bestellung – der Aufsichtsrat der Gesellschaft.[518] Dieser entscheidet hierüber durch Beschluss i.S.v. § 108 AktG. Anders als im Fall der Bestellung muss die Entscheidung über den Anstellungsvertrag nicht zwingend durch den Gesamtaufsichtsrat gefasst werden. Sie kann auch einem

[518] OLG Schleswig-Holstein, Urteil vom 16.11.2000 – 5 U 66/99 – in ZIP 2001, 71 ff.

Ausschuss übertragen werden.[519] Die Zulässigkeit der Übertragung auf einen Ausschuss folgt daraus, dass § 107 Abs. 3 S. 2 AktG nur auf § 84 Abs. 1 S. 1 und 3 bzw. Abs. 2 und Abs. 3 S. 1 AktG und somit nicht auf § 84 Abs. 1 S. 5 AktG verweist. Dies stellt keine Durchbrechung des Prinzips der Alleinzuständigkeit des Gesamtaufsichtsrats, sondern lediglich eine gesetzliche Modifizierung dar.[520] Bei der Übertragung der Entscheidung über den Anstellungsvertrag auf einen Ausschuss ist jedoch zu beachten, dass der dem Gesamtorgan vorbehaltenen Entscheidung über die Bestellung nicht durch einen verfrühten Abschluss des Anstellungsvertrages vorgegriffen werden darf.[521] Der Ausschuss, der über den Anstellungsvertrag beschließen soll, muss wenigstens mit drei Mitgliedern besetzt sein, vgl. § 108 Abs. 2 S. 3 AktG. Die Bestimmung einer Mindestzahl für die Beschlussfähigkeit des Aufsichtsrats soll im Interesse der Gesellschaft und ihrer Mitglieder Zufallsentscheidungen verhüten und damit eine möglichst kollegiale Meinungsbildung gewährleisten.[522] Ein Ausschuss, der aus dem Aufsichtsratvorsitzenden und seinem Stellvertreter gebildet worden ist, kann Anstellungsverträge daher ebenso wenig wirksam abschließen, wie nur ein einzelnes Aufsichtsratsmitglied.[523] Zum Vertragsschluss selbst, d.h. zur reinen Unterzeichnung, kann allerdings auch nur ein einzelnes Aufsichtsratsmitglied, etwa der Aufsichtsratsvorsitzende, ermächtigt werden.[524] Entsprechend der ständigen Rechtsprechung des BGH und einhelliger Ansicht in der Literatur kann der gem. § 108 Abs. 1 AktG vom Gesamtaufsichtsrat bzw. von einem aus seiner Mitte zu bildendenden Ausschuss zu fassende Beschluss über die Anstellung eines Vorstandsmitglieds nicht konkludent, sondern nur ausdrücklich gefasst werden.[525] Der 2. Senat des BGH ist der Auffassung, dass der Zulässigkeit einer konkludenten Beschlussfassung bereits die Sollvorschrift des § 107 Abs. 2 S. 2 AktG über das Erfordernis der Beurkundung von Beschlüssen entgegenstehe. Auch folge aus der Zulassung der schriftlichen Abstimmung durch § 92 Abs. 3 AktG (= a.F. entspricht § 108 Abs. 3 AktG n.F.), dass das Gesetz eine ausdrückliche Stimmabgabe voraussetze.[526] Bei einer konkludenten Beschlussfassung sei es unmöglich, Feststellungen darüber zu treffen, ob die für einen wirksa-

[519]Allgemeine Meinung: vgl.: *Hefermehl* in Geßler/Hefermehl, § 84 Rz. 39; *Henn*, § 18 Rz. 551; *Hüffer*, § 84 Rz. 12; Großkomm. AktG/*Meyer-Landrut*, § 84 Anm. 5; Kölner Komm./ *Mertens*, § 84 Rz. 47.
[520] Vgl. *Gerlach*, AG 1965, 251.
[521] Vgl. *Fleck*, WM 1981 Sonderbeil. 3, 677.
[522] Vgl. BGH, Urteil vom 23.10.1975 – II ZR 90/73 – in BGHZ 65, 190 (192).
[523] Vgl. *Hefermehl* in Geßler/Hefermehl, § 84 Rz. 39; Kölner Komm./*Mertens*, § 84 Rz. 48; *Fleck*, WM 1994, 1957.
[524] Vgl. BGH, Urteil vom 06.04.1964 – II ZR 75/62 – in BGHZ 41, 282 (285); OLG Schleswig-Holstein, Urteil vom 16.11.2000 – 5 U 66/99 – in ZIP 2001, 71 (73).
[525] Vgl. BGH, Urteil vom 11.07.1953 – II ZR 126/52 – in NJW 1953, 1465 (1466); BGH, Urteil vom 06.04.1964 – II ZR 75/62 – in BGHZ 41, 282 (286); BGH, Urteil vom 23.10.1975 – II ZR 90/73 – in BGHZ 65, 190 (195); BGH, Urteil vom 19.12.1988 – II ZR 74/88 – in NJW 1989, 1928 (1929); *Fleck*, EWiR 1989, 317; *Hüffer*, § 108 Rz. 4; *Mertens* in Kölner Kommentar, § 108 Rz. 12.
[526] Vgl. BGH, Urteil vom 11.07.1953 – II ZR 126/52 – in NJW 1953, 1465 (1466):

men Beschluss erforderliche Beschlussfähigkeit vorgelegen habe und inwieweit Zustimmung bzw. Ablehnung oder Stimmenthaltungen gegeben waren.[527] Die Möglichkeit des Treffens diesbezüglicher Feststellungen sei jedoch unter Rechtssicherheitsgesichtspunkten erforderlich.[528] Das Erfordernis einer ausdrücklichen Beschlussfassung ergibt sich auch aus dem Sinn und Zweck, der hinter der gesetzlichen Anordnung einer Beschlussfassung nach § 108 Abs. 1 AktG steht. In Fällen, in denen ein Kollegialorgan entscheidungsbefugt ist, soll hierdurch sichergestellt werden, dass der Entscheidung tatsächlich auch eine kollektive Willensbildung mit vorangegangener Willenskoordinierung zugrunde liegt. Die Mitglieder des Kollektivorgans sollen hierdurch veranlasst werden, über den Beschlussgegenstand gemeinsam, oder – im Fall einer schriftlichen Beschlussfassung – zumindest einzeln noch einmal nachzudenken, das Für und Wider sorgfältig abzuwägen und so letztlich eine Entscheidung zu treffen. Insoweit ist das Beschlusserfordernis gem. § 108 Abs. 1 AktG ein Schutzmechanismus, der eine sorgfältige Willensbildung im Kollektivorgan gewährleisten soll. Ließe man eine konkludente Beschlussfassung zu, so würde der vom Gesetzgeber mit § 108 Abs. 1 AktG verfolgte Zweck einer sorgfältigen Willensbildung und Entscheidungsfindung konterkariert. Hierdurch würde dem Aufsichtsrat gleichsam eine vom Gesamtorgan nicht bewusst getroffene Entscheidung „untergeschoben". Der in Rechtsprechung und Literatur einhellig vertretenen Auffassung, dass der Beschluss über den Anstellungsvertrag eines Vorstandsmitglieds nur ausdrücklich, nicht aber konkludent gefasst werden kann, ist daher uneingeschränkt zuzustimmen.

II. Folgen von Verletzungen der gesellschaftsrechtlichen Vorgaben

Fehlt es an einem ausdrücklichen Beschluss des Gesamtaufsichtsrats bzw. eines aus seiner Mitte ordnungsgemäß gebildeten Ausschusses über den Abschluss des Anstellungsvertrages, stellt sich zunächst die Frage, ob dieser Mangel einer Heilung zugänglich ist.

1. Auslegung des Bestellungsbeschlusses

Zunächst ist zu erwägen, ob der Bestellungsbeschluss gem. §§ 133, 157 BGB so ausgelegt werden kann, dass auch die Anstellung des Vorstandsmitglieds als mitbeschlossen anzusehen ist.[529] Wäre dies der Fall, so wäre das Fehlen eines ausdrücklichen Beschlusses über den Anstellungsvertrag unschädlich. Der Auslegung des Bestellungsbeschlusses im Sinn eines mitbeschlossenen Anstellungsvertrages stehen die oben gegen die konkludente Beschlussfassung dargelegten Bedenken nicht

---

[527] Vgl. BGH, Urteil vom 06.04.1964 – II ZR 75/62 – in BGHZ 41, 282 (286); OLG Schleswig, Urteil vom 16.11.2000 – 5 U 66/99 – in ZIP 2001, 71 (73).
[528] Vgl. BGH, Urteil vom 19.12.1988 – II ZR 74/88 – in NJW 1989, 1928 (1929).
[529] Vgl. BGH, Urteil vom 19.12.1988 – II ZR 74/88 – in NJW 1989, 1928 (1929).

entgegen. Im Fall der Auslegung des Bestellungsbeschlusses kann an einen vom Aufsichtsrat ausdrücklich gefassten Beschluss in Form des Bestellungsbeschlusses angeknüpft werden. Ein Anhaltspunkt gegen einen „mitbeschlossenen" Anstellungsvertrag liegt nach Auffassung des OLG Schleswig dann vor, wenn ausweislich des Protokolls der Aufsichtsratssitzung bei der Abberufung des alten Vorstands noch ausdrücklich zwischen dem Widerruf der Bestellung und der Beendigung des Anstellungsvertrages unterschieden wurde, diese Unterscheidung sich jedoch bei der Bestellung des neuen Vorstands nicht wiederfindet.[530] Hilft auch die Auslegung des Bestellungsbeschlusses nicht weiter, ist ein trotzdem geschlossener Anstellungsvertrag – selbst wenn er vom Aufsichtsratsvorsitzenden unterschrieben worden ist – unwirksam[531] mit der Folge, dass auch das Anstellungsverhältnis unwirksam begründet worden ist

2. Heilungsmöglichkeiten bei Verletzung der gesellschaftsrechtlichen Vorgaben

Selbst wenn der Aufsichtsrat in der Folgezeit Kenntnis davon erlangen sollte, dass der von ihm Bestellte als Vorstandsmitglied eine Beschäftigung aufgenommen hat, kann hierdurch die Unwirksamkeit des Anstellungsvertrages aufgrund Fehlens eines den Anforderungen entsprechenden Aufsichtsratsbeschlusses nicht geheilt werden. Eine Heilung kommt selbst dann nicht in Betracht, wenn der Aufsichtsrat positive Kenntnis von einem durch seinen Aufsichtsratsvorsitzenden abgeschlossenen Anstellungsvertrag erhalten sollte. Zu Recht führt der 2. Senat des BGH bereits in seinem Urteil vom 06.04.1964[532] aus, dass nur der in einem Beschluss zum Ausdruck kommende einheitliche Wille der abstimmenden Aufsichtsratsmitglieder den Willen des Aufsichtsrats darstelle. Was nicht in einem Beschluss seinen Niederschlag gefunden habe, könne nicht als eine Stellungnahme des Aufsichtsrats angesehen werden. Eine nachträgliche konkludente Billigung könne daher nicht zur Wirksamkeit eines aufgrund eines fehlenden Beschlusses des Gesamtaufsichtsrats unwirksamen Anstellungsvertrages mit einem Vorstandsmitglied führen. Aus den dargestellten Gründen kann auch die Anwendung der Grundsätze über die Anscheins- bzw. Duldungsvollmacht nicht die Wirksamkeit des Vertragsverhältnisses herbeiführen.[533] Ist das Anstellungsverhältnis eines Vorstandsmitglieds wegen Verletzung der aktienrechtlichen normierten Kompetenzordnung unwirksam begründet, kommt eine Heilung dieses Mangels mithin nicht in Betracht. Es bleibt

[530] Vgl. OLG Schleswig, Urteil vom 16.11.2000 – 5 U 66/99 – in ZIP 2001, 71 (74).
[531] Vgl. BAG, Urteil vom 02.08.1998 – 2 AZR 112/98 – (NV) Ziffer 3 der Entscheidungsgründe; BGH, Urteil vom 19.12.1988 – II ZR 74/88 – in NJW 1989, 1928 (1929); BGH, Urteil vom 06.04.1964 II ZR 75/62 – in BGHZ 41, 282 (285); Großkomm. AktG/*Meyer-Landrut*, § 84 Rz. 20; *Hüffer*, § 84 Rz. 19.
[532] Vgl. BGH, Urteil vom 06.04.1964 – II ZR 75/62 – in BGHZ 41, 282 (264).
[533] Dies hält aber *Gerlach* für möglich, vgl. AG 1965, 251 (253 f.).

vielmehr bei der Unwirksamkeit des mit dem Vorstandsmitglied geschlossenen Anstellungsvertrages.

III. Rechtsfolgen fehlerhafter Anstellung

Fraglich ist nun, wie sich die Unwirksamkeit des Anstellungsverhältnisses auf die Möglichkeit der vorzeitigen Lösung der Gesellschaft von einem Vorstandsmitglied gegen dessen Willen auswirkt.

1. Grundsatz

Nach einhelliger Auffassung in Rechtsprechung und Schrifttum sind auch auf das fehlerhafte Anstellungsverhältnis eines Organmitglieds grundsätzlich die Regeln über das sog. faktische Arbeitsverhältnis sinngemäß anzuwenden.[534] Nach der Lehre vom faktischen Arbeitsverhältnis ist das fehlerhaft zustande gekommene Anstellungsverhältnis für die Dauer der tatsächlichen Tätigkeit zwar wie ein wirksam zustande gekommenes Anstellungsverhältnis zu behandeln, für die Zukunft jedoch können sich beide Parteien durch einseitige Erklärung ohne die Einhaltung von Fristen oder sonstiger Beschränkungen von ihm lösen.[535]

Für den hier diskutierten Fall des wegen der Verletzung von Kompetenznormen unwirksamen Anstellungsvertrages eines Vorstandsmitglieds hieße dies, dass sich die Gesellschaft jederzeit von dem betroffenen Vorstandsmitglied gegen dessen Willen im Wege einer einseitigen Erklärung ohne das Erfordernis der Einhaltung von Kündigungsbeschränkungen und Kündigungsfristen lösen könnte.

2. Ausnahme wegen Verstoßes gegen Treu und Glauben gem. § 242 BGB

Unter Billigkeitserwägungen könnten gegen die uneingeschränkte Anwendbarkeit der Grundsätze über das faktische Arbeitsverhältnis im Fall des Vorstandsmitglieds jedoch Bedenken bestehen.

Zu bedenken ist, dass es sich in Fällen, in denen das Dienstverhältnis mit dem Vorstandsmitglied aufgrund fehlenden oder unwirksamen Beschlusses des Aufsichtsrats nicht wirksam zustande gekommen ist, um einen Fehler handelt, der allein aus der Sphäre der Gesellschaft kommt. Darauf, dass der Beschluss über den Anstellungsvertrag wirksam gefasst wird, hat das Vorstandsmitglied naturgemäß keinen Einfluss. In Extremfällen könnte eine Gesellschaft, die sich eine „unauffällige Hintertür“ zur jederzeitigen Beendigung des Anstellungsvertrages eines Vorstandsmitglieds offen halten will, bewusst einen unwirksamen Anstellungsbeschluss fassen, um sich eines ihm missliebigen Vorstandsmitglieds jederzeit – je-

---

[534] Vgl. hierzu BAG, Urteil vom 03.07.2000 – II ZR 282/98 – in NZA 2000, 945 (946) (zum GmbH-Geschäftsführer); *H;üffer*, § 84 Rz. 19; Kölner Komm./*Mertens*, § 84 Rz. 52; *Hefermehl* in Geßler/Hefermehl, § 84 Rz. 134; *Schwarz*, S. 131 (jeweils m.w.N.).

[535] Vgl. hierzu etwa: BGH, Urteil vom 30.07.2000 – II ZR 282/98 – in ZIP 2000, 1442 (1443) (für das Vorstandsmitglied), *Reichold*, Rz. 48; Söllner/*Waltermann*, Rz. 736; *Wörlen*, Rz. 92.

denfalls auf anstellungsrechtlicher Ebene – entledigen zu können. Gewöhnlich hat sich das Vorstandsmitglied zudem mit seiner ganzen beruflichen Existenz auf den Bestand des Vertrages eingestellt und auch bewusst auf weitere Vorkehrungen für seine wirtschaftliche Zukunft verzichtet.[536] Auch unter diesem Gesichtspunkt könnte im Einzelfall unter Billigkeitserwägungen eine Einschränkung des Rechts der Gesellschaft, sich auf die Unwirksamkeit des Vertrages zu berufen, geboten sein.

Zu der Frage, wann der Gesellschaft ein Berufen auf die Unwirksamkeit eines Vorstandsvertrages wegen Verstoßes gegen Treu und Glauben gem. § 242 BGB versagt ist, finden sich in der Rechtsprechung mehrere Entscheidungen. Bereits in einem Urteil aus dem Jahr 1973[537] führt der Bundesgerichtshof aus, dass ein Berufen der Gesellschaft auf die Unwirksamkeit eines Vorstandsvertrages dann gegen Treu und Glauben verstoße, wenn beide Parteien das Vertragsverhältnis über mehrere Jahre hinweg wie ein wirksam zustande gekommenes gelebt und den (unwirksam) geschlossenen Vertrag während der gesamten Zeit als Grundlage für ihre Vertragsbeziehung angesehen hätten. Ein schützenswertes Vertrauen des Vorstandsmitglieds sei in solchen Fällen jedenfalls dann anzuerkennen, wenn die Gesellschaft in Kenntnis eines unwirksamen Anstellungsvertrages entsprechend dessen Regelungen die Vorstandsbezüge in der Vergangenheit bereits erhöht und der Aufsichtsrat über die Verlängerung der Anstellung einen Beschluss gefasst habe, ohne zum Ausdruck zu bringen, dass er den geschlossenen Anstellungsvertrag nicht als maßgebend ansehe.[538] In einer Entscheidung aus dem Jahr 1975[539] legt der 2. Senat seine Auffassung dar, dass die Annahme eines faktischen Anstellungsverhältnisses auch dann dem Grundsatz von Treu und Glauben widerspreche, wenn der Anstellungsvertrag im Vertrauen auf die Maßgeblichkeit der bei Vertragsschluss vertretenen Rechtsansichten als wirksam angesehen, infolge der Änderung der rechtlichen Beurteilungsmaßstäbe durch die Rechtsprechung jedoch für unwirksam gehalten werde.[540] Auch zu Fallgestaltungen, in denen ein Berufen der Gesellschaft auf die Grundsätze des faktischen Anstellungsverhältnisses nicht ausgeschlossen sein soll, finden sich in der Rechtsprechung Beispiele: Nach Auffassung des OLG Schleswig[541] ist ein schützenswertes Vertrauen des Vorstandsmit-

---

[536] Zu diesem Gesichtspunkt äußert sich auch der BGH in seinem Urteil vom 23.10.1975 – II ZR 90/73 – in BGHZ 65, 190 (194).

[537] Vgl. BGH, Urteil vom 08.03.1973 – II ZR 134/71 – in WM 1973, 506.

[538] Vgl. BGH, Urteil vom 08.03.1973 – II ZR 134/71 – in WM 1973, 506 (507).

[539] Vgl. BGH, Urteil vom 23.10.1975 – II ZR 90/73 – in BGHZ 65, 190.

[540] Vgl. BGH, Urteil vom 23.10.1975 – II ZR 90/73 in BGHZ 65, 190 (194) (In dem entschiedenen Fall war die Entscheidung über den Anstellungsvertrag eines Vorstandsmitglieds einem nur zweiköpfig besetzten Ausschuss übertragen worden. Ob eine derartige Übertragung wirksam erfolgen kann, war bis zur Entscheidung des Senats in der Lehre umstritten und bis zu diesem Zeitpunkt auch noch nicht höchstrichterlich für den Geltungsbereich des AktG 1965 entschieden worden.)
Bestätigt wurde diese Auffassung nun noch einmal durch ein BGH, Urteil vom 03.07.2000 – II ZR 282/98 – in NZA 2000, 945 (946).

[541] Vgl. OLG Schleswig, Urteil vom 16.11.2000 – 5 U 66/99 – in ZIP 2001, 71 (74 f.).

glieds auf den Bestand des Anstellungsvertrages dann nicht anzuerkennen, wenn das Anstellungsvertrag nur 1 ½ Jahre lang gewährt habe und der Aufsichtrat in dieser Zeit nicht deutlich zu erkennen gegeben habe, dass er die in dem unwirksamen Anstellungsvertrag getroffenen Abreden als verbindlich anerkenne. Der BGH[542] geht in einem Fall, in dem es um die Wirksamkeit des Anstellungsvertrages eines GmbH-Geschäftsführers ging, in zeitlicher Hinsicht noch einen Schritt weiter. Sogar eine Vertragdauer von drei Jahren und sechs Monaten soll nach seiner Auffassung allein nicht ausreichen, um ein schutzwürdiges Vertrauen des betroffenen Organmitglieds zu begründen. Auch hier sei vielmehr weiterhin erforderlich, dass das für den Abschluss des Vertrages zuständige Organ während dieser Zeit Handlungen vorgenommen hat, an denen festgestellt werden könne, dass es die im Vertrag getroffenen Regelungen als verbindlich anerkannt habe. Dies sei z.B. dann der Fall, wenn eine Erhöhung der dem Betroffenen zu zahlenden Vergütung nach den Regelungen des Anstellungsvertrages erfolgt sei.[543]

Dass eine Vollzugsdauer von über 1 ½ Jahren ohne das Hinzutreten weiterer Umstände zur Begründung eines schützenswerten Vertrauens des Vorstandsmitglieds an den Bestand eines wirksamen Anstellungsverhältnisses nicht ausreichen soll, erscheint allerdings zweifelhaft. Hat der Aufsichtsrat eine Person zum Vorstandsmitglied bestellt und somit das Organverhältnis wirksam begründet, gehört es gleichfalls zu seinen Pflichten, im Zusammenwirken mit dem Bestellten baldmöglichst auch einen die Bestellung ergänzenden wirksamen Anstellungsvertrag abzuschließen. Kommt er dieser Verpflichtung nicht nach, so kann dies – entsprechend dem oben Gesagten – zwar nicht zur Heilung eines mit einem Vorstandsmitglied fehlerhaften Anstellungsvertrages herangezogen werden, eine Geltendmachung des Mangels seitens der Gesellschaft würde nach einer so langen Vollzugsdauer jedoch gegen Treu und Glauben verstoßen. Nach einer Vollzugsdauer von über 1 ½ Jahren muss sich ein Vorstandsmitglied darauf verlassen können, dass die Gesellschaft gegen die Wirksamkeit des mit ihm begründeten Anstellungsverhältnisses keine Einwände mehr erheben wird. Etwas anderes kann nur dann gelten, wenn das Gegenteil für ihn erkennbar war. Insoweit ist unter Billigkeitsgesichtspunkten in Abweichung zur oben dargestellten Rechtsprechung daher davon auszugehen, dass allein der Zeitfaktor bei einer über 1 ½-jährigen Vollzugsdauer wegen des in dieser Zeit entstandenen schützenswerten Vertrauens des Vorstandsmitglieds auf den Bestand seines Anstellungsverhältnisses so schwer wiegt, dass der Gesellschaft ein Berufen auf die Unwirksamkeit des Anstellungsverhältnisses

[542] Vgl. BGH, Urteil vom 03.07.2000 – II ZR 282/98 – in NZA 2000, 945 ff. (Für den Fall des GmbH-Geschäftsführers).

[543] Insoweit stellt das Urteil eine Bestätigung der Rechtsprechung des 2. Senats aus dem Jahr 1973 dar, vgl. BGH, Urteil vom 29.03.1973 – II ZR 134/71 – in WM 1973, 506 (507).

in der Regel – d.h. wenn nicht besondere Umstände dieses Vertrauen im Einzelfall ausnahmsweise zerstören – versagt ist.

3. Ergebnis

Soweit die Anwendbarkeit der Regeln über das faktische Anstellungsverhältnis auch im Rahmen des Vorstands-Anstellungsverhältnisses anzuerkennen ist, besteht für die Gesellschaft die Möglichkeit, sich im Wege einseitiger Erklärung ohne die Erforderlichkeit der Einhaltung von Kündigungsbeschränkungen vom Anstellungsverhältnis zu lösen.

B. Beendigungsfolgen, die sich aus der Anwendung des allgemeinen bürgerlichen Rechts bzw. des allgemeinen Schuldrechts ergeben.

In Fällen, in denen die Organstellung vorzeitig beendet worden ist, könnte sich die Beendigungsfolge im Hinblick auf das Anstellungsverhältnis auch unter dem Gesichtpunkt der Anfechtung, der Unmöglichkeit sowie der Störung der Geschäftsgrundlage ergeben.

I. Anfechtung

Die weit überwiegende Auffassung in Rechtsprechung und Literatur geht zu Recht davon aus, dass ein bestehendes Kündigungsrecht ein Anfechtungsrecht nicht verdrängt.[544] Beide Rechtsinstitute sind voneinander wesensverschieden. Während die Anfechtung einen Grund voraussetzt, der schon vor oder bei Vertragsschluss vorgelegen hat, dient die Kündigung dazu, ein Dienst- bzw. Arbeitsverhältnis dann zu beseitigen, wenn dies nachträglich eingetretene Gründe rechtfertigen.[545] Anfechtung und Kündigung haben somit einen unterschiedlichen Störungstatbestand, einen voneinander verschiedenen materiellen Geltungsgrund und erfüllen eine andere Ordnungsfunktion im geltenden Recht.[546] Liegen im Einzelfall sowohl die Voraussetzungen für eine Anfechtung, als auch diejenigen für eine Kündigung vor, kann der Berechtigte wählen, welches Recht er geltend machen will. Möglich ist es aber auch, beide Rechte nebeneinander auszuüben. Wegen der Wesensverschiedenheit beider Gestaltungsrechte sind bei der Anfechtung die sich aus Kündigungsschutzgesetzen ergebenden Kündigungsbeschränkungen nicht zu beachten. Hinsichtlich der Wirkung der Anfechtung sieht die Vorschrift des § 142 Abs. 1 BGB an sich eine ex-tunc-Wirkung vor. Mit Blick auf die Problematik einer bereicherungs-

---

[544] Vgl. schon: BAG, Urteil vom 28.03.1974 – 2 AZR 92/73 – in DB 1974, 1531; KR/*Fischermeier*, § 626 BGB Rz. 44; Küttner/*Bauer*, Arbeitsvertrag, Rz. 70 (jeweils m.w.N). / zweifelnd allerdings: MüKo/*Schwerdtner*, § 626 BGB Rz. 29.

[545] Vgl. *Preis*, § 23 I 2 a.

[546] Vgl. Küttner/*Bauer*, Arbeitsvertrag, Rz. 70.

rechtlichen Rückabwicklung von im Rahmen eines vollzogenen Dauerschuldverhältnisses ausgetauschten Leistungen, entspricht es jedoch einhelliger Literaturauffassung sowie der ständigen Rechtsprechung des BAG, dass die gesetzlich angeordnete Anfechtungswirkung bei Arbeitsverhältnissen dergestalt zu modifizieren ist, dass der Anfechtung nur ex-nunc-Wirkung zukommt.[547] Dieser Gedanke greift gleichermaßen auch bei freien Dienstverhältnissen ein.

1. Anfechtungsgründe

Eine Anfechtung kann grundsätzlich auf alle in den §§ 119 ff. BGB enthaltenen Gründe gestützt werden. Im Arbeits- und Dienstvertragsrechts kommt aber insbesondere der Anfechtung wegen Fehlens einer verkehrswesentlichen Eigenschaft gem. § 119 Abs. 2 BGB bzw. wegen arglistiger Täuschung gem. § 123 Abs. 1 1. Alt. BGB besondere praktische Bedeutung zu. Wegen der Vielschichtigkeit möglicher Anfechtungskonstellationen soll auf eine Aufzählung an dieser Stelle verzichtet werden. In der Tendenz lässt sich jedoch sagen, dass vom Fehlen einer verkehrswesentlichen Eigenschaft mit der Folge des Bestehens eines Anfechtungsrechts gem. § 119 Abs. 2 BGB dann ausgegangen werden kann, wenn auch ein zu einer außerordentlichen Kündigung berechtigender an sich geeigneter personenbedingter Kündigungsgrund anzunehmen ist. So hat das BAG ein Anfechtungsrecht wegen Fehlens einer verkehrswesentlichen Eigenschaft z.B. in einem Fall angenommen, in dem der Dienstverpflichtete dergestalt erkrankt war, dass er nicht nur vorübergehend, sondern dauernd daran gehindert war, die vertraglich geschuldete Tätigkeit auszuüben.[548] Wegen ihrer Wichtigkeit in Bezug auf die Anfechtbarkeit des Anstellungsverhältnisses eines Vorstandsmitglieds ist in diesem Zusammenhang noch eine weitere Konstellation erwähnenswert: Ein zur Anfechtung berechtigender Irrtum über eine verkehrswesentliche Eigenschaft kann auch dann vorliegen, wenn sich nach Abschluss des Anstellungsvertrages herausstellt, dass ein Dienstverpflichtender schwerwiegend vorbestraft ist und deshalb bezweifelt werden kann, dass er die für die Dienstausübung erforderliche Zuverlässigkeit besitzt.[549] Hieran ist im Fall des Vorstandsmitglieds insbesondere dann zu denken, wenn die Gesellschaft nach Abschluss des Anstellungsvertrages davon Kenntnis erlangt, dass das Vorstandsmitglied wegen der Begehung von Vermögensstraftaten vorbestraft ist. Hier kann schlüssig argumentiert werden, dass ihm deshalb die Zuverlässigkeit zur Verwaltung der ihm anvertrauten gesellschaftlichen Vermögenswerte fehlt. In solchen Fällen kann eine Anfechtung ggf. auch auf § 123 BGB ge-

---

[547] Vgl. hierzu BAG vom 28.01.1998 – 4 AZR 473/96 – Leitsatz 2 (n.v.) sowie grundlegend: BAG, Urteil vom 05.12.1957 – 1 AZR 594/56 – BAGE 5, 159; *Dütz*, Rz. 117; Söllner/*Waltermann*, Rz. 734.

[548] Vgl. BAG, Urteil vom 28.03.1974 – 2 AZR 92/73 – in DB 1974, 1531 (für den Fall der Epilepsie).

[549] Vgl. Küttner/*Bauer*, Arbeitsvertrag Rz. 74.

stützt werden, sofern das Verschweigen von Vorstrafen den Tatbestand der arglistigen Täuschung erfüllt. Dies ist dann anzunehmen, wenn der Dienstnehmer im Rahmen der Einstellungsverhandlungen unwahre Angaben auf eine zulässige Frage gemacht hat und er aufgrund dieser falschen Angaben eingestellt worden ist oder wenn er Umstände verschwiegen hat, zu deren Offenbarung er, auch ohne hiernach gefragt worden zu sein, verpflichtet gewesen wäre.[550] Dass die Frage nach Vorstrafen, die für die Art des zu besetzenden Arbeitsplatzes und für die vorgesehene Beschäftigung Relevanz haben, eine zulässige Frage darstellt, kann nicht bezweifelt werden.[551] Gibt das Vorstandsmitglied auf diese Frage eine unrichtige Antwort oder ergibt sich aus den Umständen des Einzelfalls sogar, dass das Vorstandsmitglied einer dahingehende Offenbarungspflicht hatte, so kann hierauf auch eine Anfechtung gem. § 123 BGB gestützt werden.

2. Anfechtungsfristen und deren Modifikationserfordernis mit Blick auf die Zwei-Wochen-Frist des § 626 Abs. 2 BGB

§ 121 Abs. 1 BGB bestimmt, dass die Anfechtung in den drei Irrtumsfällen des § 119 BGB ohne schuldhaftes Zögern (unverzüglich) zu erfolgen hat. Unverzüglichkeit liegt nur dann vor, wenn die Anfechtung innerhalb der Zwei-Wochenfrist des § 626 Abs. 2 BGB erfolgt.[552]

Im Fall der Anfechtung nach § 123 BGB hat die Anfechtung binnen Jahresfrist zu erfolgen, vgl. § 124 Abs. 1 BGB. Diese Jahresfrist könnte zur Vermeidung von Wertungswidersprüchen im Hinblick auf die Zwei-Wochen-Frist des § 626 Abs. 2 BGB dergestalt zu modifizieren sein, dass auch im Fall der Anfechtung gem. § 123 BGB von der (analogen) Anwendbarkeit der Zwei-Wochen-Frist auszugehen ist. Eine analoge Anwendbarkeit der Zwei-Wochen-Frist gem. § 626 abs. 2 BGB wird jedoch zur Recht abgelehnt.[553] Für eine analoge Anwendung fehlt es angesichts der in § 124 BGB enthaltenen fest fixierten starren Ausschlussfrist von einem Jahr an einer planwidrigen Regelungslücke, die im Wege der entsprechenden Anwendbarkeit des § 626 Abs. 2 BGB geschlossen werden könnte. Lediglich dann, wenn ein Festhalten an der Jahresfrist einen Verstoß gegen Treu und Glauben gem. § 242 BGB darstellen würde, kann eine abweichende Betrachtungsweise gerechtfertigt sein. Das BAG zieht eine Unvereinbarkeit mit dem in § 242 BGB enthaltenen Grundsatz von Treu und Glauben unter dem Gesichtpunkt der Verwirkung beispielsweise dann in Betracht, wenn nach den Umständen des Einzelfalls nach langjähriger Tätigkeit der Anfechtungsgrund im Zeitpunkt der Anfechtungserklärung für die Durchführung des Vertragsverhältnisses keine Bedeutung mehr hat.

---

[550] Vgl. APS/*Preis*, Grundlagen K, Rz. 47 ff.
[551] Vgl. schon: BAG, Urteil vom 05.12.1957 – 1 AZR 594/96 – in BAGE 5, 159.
[552] LAG Schleswig-Holstein, Urteil vom 19.12.2001 – 2 Sa 468/01–.
[553] Vgl. BAG, Urteil vom 19.05.1983 – 2 AZR 171/81 – in DB 1984, 298.

Dem Anfechtungsberechtigten ist daher für die Geltendmachung seines Anfechtungsrechts nach § 123 BGB die Jahresfrist des § 124 BGB zuzubilligen ist.

II. Beendigung des Anstellungsverhältnisses unter dem Gesichtspunkt der Unmöglichkeit der Erbringung der Vorstandstätigkeit

1. Automatische Beendigung aufgrund der Unmöglichkeit

Die Vorschriften der §§ 275, 326 Abs. 1 1. Hs. BGB regeln die Rechtsfolgen der Unmöglichkeit. Gem. § 275 Abs. 1 BGB ist der Anspruch auf Leistung ausgeschlossen, sofern diese für den Schuldner oder für jedermann unmöglich ist. Die Rechte des Gläubigers richten sicht in diesem Fall gem. § 275 Abs. 4 BGB nach den §§ 280, 283 bis 285, 311 a, 326 BGB. Als Rechtsfolge ist dort insbesondere angeordnet, dass der Gläubiger zur Gegenleistung nicht mehr verpflichtet ist, dass zudem ein Schadensersatzanspruch in Betracht kommt und dass dem Gläubiger ein Rücktrittsrecht zustehen kann. Aus den Rechtsfolgeregelungen ergibt sich jedoch nicht, dass bei Vorliegen von Unmöglichkeit das Schuldverhältnis automatisch erlischt, vielmehr wird der Bestand des Dienstverhältnisses nicht tangiert.[554] Aus den Unmöglichkeitsregeln des Bürgerlichen Rechts kann daher kein eigenständiger Beendigungsgrund abgeleitet werden[555]

2. Auflösung des Anstellungsverhältnisses im Wege des Rücktritts gem. § 326 Abs. 5 i.V.m. § 323 BGB analog

Unter dem Gesichtpunkt der Unmöglichkeit könnte jedoch ein zulässigerweise ausgeübter Rücktritt gem. § 326 Abs. 5 i.V.m. § 323 BGB analog einen Beendigungsgrund für das Anstellungsverhältnis darstellen.[556]

§ 326 Abs. 5 BGB bestimmt, dass dem Gläubiger ein Rücktrittsrecht in Fällen zusteht, in denen der Schuldner gem. § 275 BGB wegen Unmöglichkeit der Leitung nicht zu leisten braucht. Mit der Abberufung verliert das Vorstandsmitglied seine Befugnis zur Erbringung der Vorstandstätigkeit. Die weitere vertragsgemäße Erfüllung seiner Pflichten wird ihm hierdurch rechtlich unmöglich, so dass ein Rücktritt grundsätzlich nicht ausgeschlossen erscheint.[557]

Der Anwendung der schuldrechtlichen Rücktrittsregeln könnten jedoch die Besonderheiten des Dienst- bzw. Arbeitsvertragsrechts entgegenstehen. In der Rechtsprechung und der Literatur wird ihre Anwendbarkeit aus diesem Grund fast ein-

---

[554] So jedoch: *Aden*, RdA 1981, 280 (283).

[555] Vgl. LAG Hamm, Urteil vom 31.01.1990 – 2 Sa 1672/89 – in LAGE Nr. 14 zu § 1 KSchG Krankheit; *Herschel*, BB 1982, 253 f.; *Stahlhacke/Preis/Vossen*, Rz. 150; a.A. *Aden*, RdA 1981, 280 (283).

[556] Herschel, BB 1982, 253 (254).

[557] Vgl. zur rechtlichen Unmöglichkeit: Palandt/*Heinrichs*, § 275 Rz. 16.

hellig abgelehnt.[558] § 626 BGB schließe das Recht zum Rücktritt aus. Die Kündigung sei gegenüber dem Rücktritt der „natürlichere“ (sic!)[559] Rechtsbehelf. Zudem führe die Anwendung der Rücktrittsregeln bei einem vollzogenen Dauerschuldverhältnis zu unüberwindbaren Schwierigkeiten.[560] Durch den Rücktritt wird das Vertragsverhältnis in ein Abwicklungsverhältnis umgewandelt mit der Folge, dass die bereits ausgetauschten Leistungen zurückzugewähren sind.[561] Die Rückgewähr von in einem möglicherweise seit Jahren bestehenden Dienstverhältnisses ausgetauschten Leistungen sei aber wegen deren Vielzahl und Vielschichtigkeit praktisch nicht möglich. Die von der herrschenden Meinung geäußerten Bedenken im Hinblick auf die mangelnde Praktikabilität der Rückabwicklung bereits ausgetauschter Leistungen sind zwar nicht geeignet, durchgreifende Bedenken gegen die Anwendung der Rücktrittsregeln darzustellen. Ebenso wie im Fall der Anfechtung kann solcherlei Einwänden im Wege einer Modifikation in den Rechtsfolgen des Rücktritts Rechnung getragen werden, indem dem Rücktritt keine Rückwirkung, sondern nur Wirkung für die Zukunft zuerkannt wird. Entscheidend gegen die Anerkennung eines Rücktrittsrechts unter dem Gesichtpunkt der Unmöglichkeit sprechen aber Erwägungen, die mit der vom Gesetzgeber in § 626 BGB getroffenen Wertung im Zusammenhang stehen: In § 626 BGB hat der Gesetzgeber eine Entscheidung dahingehend getroffen, dass die fristlose Beendigung eines Dienst- bzw. Arbeitsverhältnisses nur unter sehr strengen Voraussetzungen in bezug auf den sie rechtfertigenden Grund sowie die einzuhaltende Frist zulässig sein soll. Diese gesetzgeberische Wertung würde im Fall des Zugeständnisses eines Rücktrittsrechts unterlaufen.

Das Anstellungsverhältnis des AG-Vorstandsmitglieds kann daher nicht im Wege des Rücktritts § 326 Abs. 5 i.V.m. § 323 BGB beendet werden. Dies bedeutet jedoch nicht, dass einem von der Gesellschaft erklärten „Rücktritt“ kein Erklärungswert beizumessen ist. In dieser Erklärung ist der Wille der Gesellschaft, das Anstellungsverhältnis mit einem Vorstandsmitglied beenden zu wollen, so hinreichend zum Ausdruck gebracht, dass die Rücktrittserklärung als Kündigungserklärung ausgelegt oder in eine solche umgedeutet werden kann.[562]

III. Wegfall der Geschäftsgrundlage

Seit Inkrafttreten der Schuldrechtsreform zum 01.01.2002 sind die bis dato gewohnheitsrechtlich anerkannten Grundsätze über den Wegfall bzw. die Störung der

---

[558] Vgl. statt vieler: *Ascheid*, Rz. 91; Palandt/*Heinrichs*, § 325 Rz. 2; *Preis* § 41 (S.423); *Stahlhacke/Preis/Vossen*, Rz. 150.
[559] Vgl. Herschel, RdA 1982, 253 (254).
[560] Vgl. *Preis*, § 41.
[561] Vgl. Palandt/*Heinrichs*, § 346 BGB Rz. 4.
[562] Vgl. KR/*Fischermeier*, § 626 BGB Rz. 41.

Geschäftsgrundlage in § 313 BGB kodifziert. Durch sie soll einem gemeinsamen Irrtum beider Vertragsparteien über vertragsgewichtige Umstände Rechnung getragen werden.[563] Nach ständiger Rechtsprechung sind Geschäftsgrundlage die bei Abschluss des Vertrages zutage getretenen, dem anderen Teil erkennbar gewordenen und von ihm nicht beanstandeten Vorstellungen der einen Partei oder die gemeinsamen Vorstellungen beider Parteien von dem Vorhandensein oder dem künftigen Eintritt bestimmter Umstände, sofern der Geschäftswille der Parteien auf diesen Vorstellungen aufbaut.[564] Abzugrenzen ist die Geschäftsgrundlage von nur einseitigen Erwartungen einer Partei. Diese gehören nur dann zur Geschäftsgrundlage, wenn sie in den dem Vertrag zugrunde liegenden gemeinschaftlichen Willen beider Parteien aufgenommen worden sind. Nicht genügend ist, dass die eine Partei ihre Erwartungen der anderen Partei mitgeteilt hat. Entscheidend ist vielmehr, ob das Verhalten des anderen Teils nach Treu und Glauben als bloße Kenntnis oder als Einverständnis und Aufnahme der Erwartung in die gemeinsamen Grundlagen des Geschäftswillens zu werten ist.[565] Rechtsfolge eines Wegfalls der Geschäftsgrundlage ist im Regelfall nicht die Vertragsbeendigung im Zeitpunkt des Fortfalls, sondern eine Vertragsanpassung an die veränderten Umstände, vgl. § 313 Abs. 1 BGB. Nur wenn letztere nicht möglich oder unzumutbar ist besteht ausnahmsweise ein Rücktrittsrecht, an dessen Stelle bei Dauerschuldverhältnissen ein fristloses Kündigungsrecht aus wichtigem Grund tritt, vgl. §§ 313 Abs. 3, 314 BGB.[566]

Eine zur Anpassung oder zur Vertragsbeendigung berechtigende Störung der Geschäftsgrundlage liegt unter folgenden Voraussetzungen vor:

- Es müssen sich nach Vertragsschluss Umstände, die Vertragsgrundlage sind, entscheidend verändert haben.
- Diese Umstände dürfen nicht Inhalt des Vertrages geworden sein.
- Die Parteien müssten, wenn sie die Änderung vorausgesehen hätten, den Vertrag nicht oder mit anderem Inhalt geschlossen haben.
- Das Festhalten am unveränderten Vertrag muss für den einen Teil unter Berücksichtigung aller Umstände des Einzelfalls, insbesondere der vertraglichen oder gesetzlichen Risikoverteilung unzumutbar sein.

In Rechtsprechung und Literatur wird die Anwendbarkeit der Grundsätze über die Störung bzw. den Wegfall der Geschäftsgrundlage bei Arbeitsverhältnissen nahezu einhellig mit der Begründung abgelehnt, dass hierdurch die in der Vorschrift des § 626 BGB vom Gesetzgeber getroffene Wertung unterlaufen würde. In dieser Norm habe er zum Ausdruck gebracht, dass sich die Beendigung eines Dienst- und

[563] Vgl. *Schellhammer*, Rz. 1219.
[564] Vgl. Palandt/*Heinrichs*, 60. Auflage, § 242 BGB Rz. 113.
[565] Vgl. Palandt/*Heinrichs*, 60. Auflage, § 242 BGB Rz. 117.
[566] Vgl. BT-Drucksache 14/6040, S. 176; sowie in jüngster Zeit: BGH, Urteil vom 26.02.2000 – XII ZR 279/97 – in DB 2000, 1275 (1276).

Arbeitsverhältnisses mit sofortiger Wirkung an den dort genannten Voraussetzungen des Vorliegens eines wichtigen Grundes messen lassen müsse. Andernfalls könne zwingender Kündigungsschutz umgangen bzw. die zwingende gesetzliche Kündigungsfrist des § 622 BGB ausgehebelt werden. § 626 BGB sei daher als lex specialis gegenüber dem Rechtsinstitut des Wegfalls bzw. der Störung der Geschäftsgrundlage im Arbeits- und Dienstvertragsrecht anzusehen.[567] Gegen die Anwendbarkeit von § 313 BGB werden insoweit mithin dieselben Argumente wie gegen die Zubilligung eines Rücktrittsrechts angeführt. Daher können auch die Grundsätze der Störung der Geschäftsgrundlage nicht herangezogen werden.

Die Gefahr des Unterlaufens der vom Gesetzgeber in § 626 BGB getroffenen Wertung, wonach ein Anstellungsverhältnis nur bei Vorliegen einer der dort genannten wichtigen Gründe mit sofortiger Wirkung beendbar sein soll, besteht auch im Fall des Vorstandsmitglieds. Hier droht die Umgehung zwingenden Kündigungsschutzes, obwohl es sich bei seinem Anstellungsverhältnis um ein freies Dienstverhältnis und nicht um ein Arbeitsverhältnis handelt. Ist ein Vorstandsmitglied nicht maßgeblich am Kapital der Gesellschaft beteiligt und stellt es seine Arbeitskraft dem Unternehmen hauptberuflich zur Verfügung, rechtfertigt dies nach dem oben Gesagten die analoge Anwendung von Arbeitnehmerschutzrecht, hier insbesondere die Anwendung des nicht dispositiven § 622 BGB.

IV. Ergebnis

Im Ergebnis ist daher festzuhalten, dass sich die Gesellschaft bei Vorliegen der gesetzlichen Voraussetzungen zulässigerweise im Wege der Anfechtung des Anstellungsvertrages vom Anstellungsverhältnis eines AG-Vorstandsmitglieds lösen kann. Dagegen ergibt sich die Beendigungsfolge in Fällen, in denen die Organstellung vorzeitig beendet worden ist, nicht unter dem Gesichtpunkt der Unmöglichkeit sowie der Störung der Geschäftsgrundlage.

C. Vereinbarung von Koppelungsklauseln

Aus Sicht der Gesellschaft erscheint es daher sinnvoll, bereits im Rahmen der Gestaltung des Anstellungsvertrages darauf hinzuwirken, dass das Anstellungsverhältnis schon dann wirksam vorzeitig beendet werden kann, wenn die Voraussetzungen für die vorzeitige Beendigung des Organverhältnisses vorliegen. Die Recht-

[567] Vgl. *Ascheid*, Rz. 91; APS/*Preis*, Grundlagen K, Rz. 72; KR/*Fischermeier*, § 626 BGB Rz. 42; *Stahlhacke/Preis/Vossen*, Rz. 149.
Die Rechtsprechung hat früher unter außergewöhnlichen Umständen (Kriegsfolgen) anerkannt, dass ein Arbeitsverhältnis durch Wegfall der Geschäftsgrundlage ohne Kündigung enden kann, wenn der Zweck des Arbeitsverhältnisses endgültig unerreichbar ist. Eine solche Sonderkonstellation, die auch im Fall des abberufenen Vorstandsmitglieds eine Anwendung des Instituts des WGG rechtfertigen würde, liegt jedoch nicht vor.

sprechung sowie die herrschende Auffassung in der Literatur halten die Vereinbarung derartiger Koppelungsklauseln zwar grundsätzlich für zulässig.[568] Ob dieser Sichtweise zu folgen ist, bedarf aber, insbesondere vor dem Hintergrund der Geltung des Trennungsprinzips, einer näheren Prüfung.

I. Bedenken gegen die Zulässigkeit von Koppelungsklauseln

Für die Beurteilung der Zulässigkeit von Koppelungsklauseln bildet die Vorschrift des § 84 Abs. 3 S. 5 AktG den Ausgangspunkt. Diese unterstellt das Schicksal des Anstellungsvertrages den allgemeinen Vorschriften und ist daher Ausdruck des vom Gesetzgeber gewollten Trennungsprinzips.

1. Zur Frage des Vorliegens grundsätzlicher Bedenken gegen die Koppelung von Anstellungs- und Organverhältnis wegen des Trennungsprinzips

Aus der Geltung des Trennungsprinzips wird vereinzelt gefolgert, dass sich eine Koppelung des Anstellungsverhältnisses an das Organverhältnis bereits im Ansatz verbiete.[569] Anhaltspunkte dafür, dass die Möglichkeit der Koppelung beider Rechtsverhältnisse kraft einzelvertraglicher Vereinbarung wegen der Geltung des Trennungsprinzips unzulässig sein könnte, finden sich jedoch weder in der Formulierung der einschlägigen aktienrechtlichen Vorschriften noch gebietet dies die Ratio des Trennungsprinzips. Mit der in § 84 Abs. 3 S. 5 AktG enthaltenen Normierung wollte der Gesetzgeber klarstellen, dass sich das dienstrechtliche Schicksal des Vorstandsmitglieds an denjenigen Voraussetzungen, die in dienstrechtlicher Hinsicht an eine wirksame Beendigung des Anstellungsverhältnisses zu stellen sind, messen lassen muss. Soweit dies sichergestellt ist und dem Vorstandsmitglied der ihm gesetzlich garantierte Mindestschutz erhalten bleibt, bestehen gegen ihre Vereinbarung mit Blick auf das in § 84 Abs. 3 S. 5 AktG zum Ausdruck kommende Trennungsprinzip keine Bedenken.[570] Es ist deshalb der vom BGH in seinem Urteil vom 29.05.1989[571] vertretenen Auffassung zuzustimmen, wonach die vom Gesetzgeber in der Vorschrift des § 84 AktG zum Ausdruck gebrachte Trennung von Anstellungs- und Organverhältnis nicht zwingend und unabdingbar gebietet, dass jegliche Verknüpfung zwischen beiden Rechtsvorgängen durch rechtsgeschäftliche Vereinbarung zu unterbleiben hat.

---

[568] Vgl. aus der Rechtsprechung: BGH, Urteil vom 29.05.1989 – II ZR 220/88 – in DB 1989, 1865 ff., sowie das bestätigende Urteil des 2. Senats vom 21.06.1999 – II ZR 27/98 – in DB 1999, 2103; vgl. aus dem Schrifttum: *Bauer/Diller*, GmbHR 1998, 809 ff.; *Happ*, S. 479; *Hefermehl* in Geßler/Hefermehl, § 84 Rz. 92; *Mertens* in Kölner Komm., § 84 Rz. 138; *Zimmermann*, EWiR 1989, 1051 f.; *Säcker*, BB 1979, 1321 (1322); *Schwarz*, S. 133; *Weber/Hoß/Burmester*, Teil 8 Rz. 179; a.A. nur *Eckardt*, AG 1989, 431 ff. sowie *Eckardt*, S. 19 ff.; zweifelnd: MüKo/*Schwerdtner*, § 622 Rz. 6.

[569] so ausdrücklich: *Eckardt*, AG 1989, 431 ff.

[570] In diesem Sinne auch: *Bauer/Diller*, GmbHR 1998, 809 (810).

[571] Vgl. BGH-Urteil vom 29.05.1989 – II ZR 220/88 – in DB 1989, 1865 f.

2. Zur Frage der Beschränkung der Zulässigkeit von Koppelungsklauseln wegen des Vorrangprinzips

Wie bereits erläutert, lässt sich das Verhältnis zwischen Organ- und Anstellungsverhältnis jedoch nicht auf das Trennungsprinzip reduzieren, da diese Sichtweise vernachlässigen würde, dass beide Rechtsverhältnisse in einem engen tatsächlichen Zusammenhang stehen. Diesem Zusammenhang ist dadurch Rechnung zu tragen, dass die Zulässigkeit anstellungsvertraglicher Vereinbarungen dort ihre Grenze findet, wo sie in die Ausgestaltung des Organverhältnisses eingreifen können.[572] Dies ergibt sich aus der Geltung des Vorrangprinzips. Die Gefahr des Eingriffs in das Organverhältnis besteht im Fall der Vereinbarung von Koppelungsklauseln im Anstellungsvertrag nicht, sofern diese erst dann eingreifen sollen, wenn das Organverhältnis durch Widerruf der Bestellung wirksam beendet werden kann. Bei Koppelungsklauseln der hier diskutierten Art ist die Beachtung des Vorrangprinzips somit stets sichergestellt.

Auch vor dem Hintergrund des geltenden Vorrangprinzips ergeben sich gegen die Zulässigkeit von Koppelungsklauseln daher keine grundsätzlichen Bedenken.

II. Arten von Koppelungsklauseln und deren Zulässigkeit aus dienstrechtlicher Sicht

Mit der Feststellung über die grundsätzliche Zulässigkeit von Koppelungsklauseln ist jedoch noch keine Aussage über ihre konkrete Zulässigkeit aus dienstrechtlicher Sicht getroffen. Eine solche pauschale Beurteilung ist auch gar nicht möglich, da die Koppelung des Anstellungs- an das Organverhältnis schuldrechtlich in unterschiedlicher Weise konstruiert werden kann. Die Beurteilung ihrer dienstrechtlichen Zulässigkeit ist daher einzelfallorientiert anhand der verschiedenen in Betracht kommenden Koppelungsvarianten zu erörtern.

1. Einräumung einer ordentlichen Kündigungsmöglichkeit bei vorzeitiger Beendigung der Organstellung

Zunächst ist die Anbindung des Anstellungsverhältnisses an das Organverhältnis dergestalt denkbar, dass der Gesellschaft für den Fall der vorzeitigen Beendigung der Organschaft das Recht zur ordentlichen Kündigung des Anstellungsverhältnisses eingeräumt wird. Eine entsprechende Vertragsklausel könnte wie folgt gefasst werden:

[572] Vgl. BGH, Urteil vom 29.05.1989 – II ZR 220/88 – in NJW 1989, 2683.

„Wird Herr/Frau ... von seinem/ihrem Amt abberufen, ist die Gesellschaft zur ordentlichen Kündigung des Dienstvertrages unter Einhaltung der gesetzlichen Fristen berechtigt.“[573]

Gegen die Vereinbarung einer ordentlichen Kündigungsmöglichkeit für den Fall des vorzeitigen Bestellungsendes bestehen kein Bedenken, soweit man mit der hier vertretenen Ansicht die ordentliche Kündbarkeit des Anstellungsverhältnisses überhaupt für zulässig erachtet.[574] Durch die Einräumung einer ordentlichen Kündigungsmöglichkeit werden die dem Vorstandsmitglied gesetzlich garantierten Mindestrechte nicht ausgehöhlt.[575]

2. Vereinbarung, dass der Widerruf der Organstellung einen wichtigen Kündigungsgrund i.S.d. § 626 BGB darstellen soll

Die zweite mögliche Variante besteht darin, im Anstellungsvertrag zu bestimmen, dass der Widerruf der Organstellung einen wichtigen Kündigungsgrund i.S.d. § 626 BGB darstellen soll. Dies könnte z.B. folgendermaßen formuliert werden:

„Das Dienstverhältnis ist für die Dauer vom ... bis zum ... befristet.
Es kann vor Ablauf der Befristung jedoch aus wichtigem Grund gem. § 626 BGB außerordentlich gekündigt werden.
Wird Herr/Frau ... von seinem/ihrem Amt abberufen, so stellt dies einen wichtigen Kündigungsgrund i.S.d. § 626 BGB dar.“

Bei der Beurteilung der Zulässigkeit der Vereinbarung eines wichtigen Kündigungsgrundes wird im allgemeinen Dienstvertragsrecht zwischen Arbeitsverhältnissen einerseits und freien Dienstverhältnissen andererseits unterscheiden. Das Recht zur außerordentlichen Kündigung kann bei Arbeitsverhältnissen nach einhelliger Auffassung in Rechtsprechung und arbeitsrechtlichem Schrifttum vertraglich nicht über das gesetzliche Maß hinaus erweitert werden. Zur Begründung wird angeführt, dass eine Festlegung bestimmter Tatbestände als „wichtige Gründe“ über den in § 626 BGB gesetzten Rahmen hinaus zur Aushebelung zwingender Kündigungsschutzvorschriften sowie gegen die in § 622 BGB zwingend festgelegten Mindestkündigungsfristen verstoßen würde.[576] Demgegenüber geht die herrschende Meinung bei freien Dienstverhältnissen davon aus, dass die einzelvertragliche Erweiterung wichtiger Kündigungsgründe gem. § 626 BGB zulässig ist. Dies wird damit begründet, dass bei diesen die Gefahr der Umgehung zwingenden

[573] Beispiel von *Bauer/Diller*, GmbHR 1998, 809 (810).
[574] Vgl. hierzu und insbesondere zur gegenteiligen Auffassung von *Eckardt*: Ziff. F I 1 b aa. (S. 90 f.).
[575] Vgl. hierzu im einzelnen die Darstellung zur Rechmäßigkeit der ordentlichen Kündigung: Ziff. F I 1 b (S. 88 ff.).
[576] Vgl. statt vieler: APS/*Dörner*, § 626 BGB Rz. 17; KR/*Fischermeier*, § 626 BGB Rz. 68 (jeweils m.w.N).; *Zimmermann*, EWiR 1989, 1051.

Kündigungsschutzes nicht bestehe, da insbesondere die bei freien Dienstverhältnissen eingreifende gesetzliche Kündigungsfrist des § 621 BGB nicht zwingend sei.[577]

Bei dem Anstellungsverhältnis eines AG-Vorstandsmitglieds handelt es sich nach der hier vertretenen Auffassung stets um ein freies Dienstverhältnis, so dass entsprechend der herrschenden Meinung die Vereinbarung eines zusätzlichen außerordentlichen Kündigungsgrundes zulässig sein könnte. Hierdurch würde jedoch vernachlässigt, dass die die herrschende Meinung tragenden Gesichtpunkte zur Erweiterung des außerordentlichen Kündigungsrechts im Fall des AG-Vorstandsmitglieds nicht einschlägig sind. Sofern dieser seine Arbeitskraft dem Unternehmen hauptberuflich zur Verfügung stellt und er nicht maßgeblich am Kapital der Gesellschaft beteiligt ist, weist er eine Schutzbedürftigkeit auf, die insbesondere die Anwendung der in § 622 BGB analog normierten arbeitsrechtlichen Kündigungsfrist rechtfertigt. Ausnahmsweise kann darüber hinaus sogar die Anwendung des mutterschutzrechtlichen Kündigungsschutzes in Betracht kommen. Trotz Vorliegens eines freien Dienstverhältnisses droht hier daher die Aushöhlung arbeitsrechtlicher Schutzvorschriften. Dieser Umstand könnte zur Unzulässigkeit einer Koppelungsklausel führen, die den Widerruf der Bestellung zum wichtigen Kündigungsgrund i.S.d. § 626 BGB erhebt. Die Annahme der Unwirksamkeit der Koppelungsklausel hätte zur Folge, dass für die Gesellschaft trotz Vorliegens eines wichtigen Grundes für den Widerruf der Organstellung keine Möglichkeit bestehen würde, das Anstellungsverhältnis vor Ablauf der vereinbarten Vertraglaufzeit bzw. der gesetzlichen Höchstdauer vorzeitig gegen den Willen des Vorstandsmitglieds zu beenden. Diese Sichtweise würde nicht nur den Interessen der Gesellschaft zuwiderlaufen, sondern auch dem bei Abschluss des Anstellungsvertrages geäußerten beiderseitigen Vertragswillen widersprechen. Beide Seiten waren sich bei Vertragsschluss des Umstandes, dass die Dauer des Anstellungsverhältnisses von der Dauer des Organverhältnisses abhängen soll, bewusst und haben den Vertrag in diesem Bewusstsein abgeschlossen. Andernfalls wäre die Koppelungsklausel gar nicht vereinbart worden. Nicht bewusst waren sie sich lediglich darüber, dass die Koppelungsklausel wegen der hiermit verbundenen Gefahr der Umgehung zwingenden Kündigungsschutzes unzulässig sein könnte. Diesem Umstand kann unter Anerkennung der beiderseitigen Interessen im Wege einer einschränkenden Auslegung der Klausel Rechnung getragen werden.[578] Der BGH geht nicht von einer Unwirksamkeit der Klausel aus, sondern es versagt ihr lediglich die unmittelbare Beendigungswirkung mit Ausspruch der außerordentlichen Kündigung. Das Ende des Anstellungsverhältnisses tritt nach seiner Auffassung auch in Fällen, in denen der Widerruf der Bestellung kraft einzelvertraglicher Vereinbarung einen wichtigen Grund

---

[577] Vgl. Palandt/*Putzo*, § 626 Rz. 2

[578] Vgl. BGH, Urteil vom 11.05.1981 – II ZR 126/80 – DB 1981, 1232 (Leitsatz 2).

zur Kündigung des Anstellungsverhältnisses darstellen soll, erst mit Ablauf der in § 622 Abs. 1 BGB (a.F.) bezeichneten Mindestkündigungsfrist ein. Die Tendenz des BGH geht somit dahin, der Klausel nicht mehr die Bedeutung einer Erweiterung des außerordentlichen Kündigungsrechts gem. § 626 BGB beizumessen, sondern in ihr lediglich eine Vereinbarung über die Einräumung eines ordentlichen Kündigungsrechts zu sehen. Dem ist zuzustimmen, weil auf diese Weise die Interessen der Gesellschaft an einer vorzeitigen Beendbarkeit des Anstellungsverhältnisses einerseits und das Schutzbedürfnis des Vorstandsmitglieds an der Erhaltung des gesetzlich garantierten Mindestschutzes andererseits in einen angemessenen Ausgleich gebracht werden können. Der Gefahr der Umgehung zwingender gesetzlicher Kündigungsregeln wird durch die Annahme der Einräumung eines nur ordentlichen Kündigungsrechts adäquat begegnet.

Eine individualvertragliche Vereinbarung, wonach der Widerruf der Bestellung einen wichtigen Kündigungsgrund i.S.d. § 626 BGB darstellen soll, ist nach dem Willen der Vertragsparteien gem. §§ 133, 157 BGB somit als Vereinbarung über das Bestehen eines ordentlichen Kündigungsrechts auszulegen. Mit dieser Maßgabe ist die Klausel als zulässig anzusehen.

3. Automatische Beendigung des Anstellungsverhältnisses bei Widerruf der Organstellung

Eine weitere Möglichkeit der Koppelung des Anstellungs- an das Organverhältnis besteht darin, das Dienstverhältnis durch den Widerruf der Organstellung gem. § 158 Abs. 2 BGB auflösend zu bedingen. Eine solche Vereinbarung könnte im Anstellungsvertrag wie folgt formuliert werden:

> „Sollte die Bestellung als Vorstandsmitglied (...) gem. § 84 Abs. 3 AktG aus wichtigem Grund widerrufen werden, so endet damit auch dieser Dienstvertrag[579] (*ggf. ergänzend*: mit Ablauf der Fristen des § 622 BGB (analog))[580]."

Bei der Beurteilung der Zulässigkeit der Vereinbarung einer auflösenden Bedingung gem. § 158 Abs. 2 BGB wird ebenso wie bei der Frage nach der Zulässigkeit der Vereinbarung eines wichtigen Kündigungsgrundes im Dienstrecht grundsätzlich zwischen Arbeitsverhältnissen einerseits und freien Dienstverhältnissen andererseits differenziert. Nach Auffassung des Bundesarbeitsgerichts sowie der herrschenden Meinung in der Literatur bedarf die Vereinbarung einer auflösenden Bedingung bei Arbeitsverhältnissen zu ihrer Wirksamkeit eines sie sachlich rechtfer-

---

[579] Vgl. hierzu: BGH, Urteil vom 29.05.1989 – II ZR 220/88 – in NJW 1989, 2683 f. Die dortige Klausel zitiert allerdings noch die Vorschrift des § 75 Abs. 3 AktG 1937 als Regelung über den Widerruf der Bestellung. Im derzeit geltenden Aktiengesetz ist der Widerruf der Bestellung aus wichtigem Grund bekanntermaßen in § 84 Abs. 3 AktG geregelt.

[580] Vgl. *Weber/Dahlbender*, II § 3 C, S. 72.

tigenden Grundes, wenn und soweit durch sie der Schutz zwingender Kündigungsschutzvorschriften genommen wird.[581] Sofern freie Dienstverhältnisse – wie im Regelfall – einem solchen Schutz nicht unterliegen, ist hier ein sachlicher Grund nicht erforderlich. Da nicht wesentlich am Kapital beteiligte AG-Vorstandsmitglieder jedoch unter der Voraussetzung einer hauptberuflichen Tätigkeit, insbesondere unter dem Gesichtspunkt der Kündigungsfrist einen über den allgemein im freien Dienstrecht hinausgehenden Schutz genießen, müssen hier dieselben Erwägungen gelten, wie im Fall der Vereinbarung eines wichtigen Kündigungsgrundes.[582] Die Vereinbarung einer auflösenden Bedingung gem. § 158 Abs. 2 BGB im Anstellungsvertrag eines Vorstandsmitglieds ist daher einschränkend gem. §§ 133, 157 BGB auszulegen.[583] Sie ist mit der Maßgabe zulässig, dass deren Beendigungswirkung nach Ablauf der in § 622 BGB bestimmten Fristen eintritt. Fristbeginn ist der Zeitpunkt der Erklärung des Widerrufs der Bestellung.[584] Dieses Ergebnis erreicht der BGH – ebenso im Fall der Vereinbarung eines außerordentlichen Kündigungsrechts – im Wege einer einschränkenden Auslegung der im Vertrag enthaltenen Koppelungsklausel. Sofern zudem im Einzelfall vom Eingreifen von Kündigungsschutzbestimmungen[585] auszugehen ist, ist auch diesem Umstand bei der Auslegung der Koppelungsklausel entsprechend Rechnung zu tragen.[586]

III. Ergebnis

Im Ergebnis ist in Bezug auf die Wirksamkeit der Vereinbarung von Koppelungsklauseln somit folgendes festzuhalten: Die einzelvertragliche Vereinbarung eines ordentlichen Kündigungsrechts bei Widerruf der Organstellung ist ohne weiteres möglich. Es kann des weiteren wirksam vereinbart werden, dass der Widerruf der Bestellung zum Vorstandsmitglied einen Grund darstellen soll, der die Gesellschaft zur außerordentlichen Kündigung des Anstellungsverhältnisses gem. § 626 BGB berechtigt. Gleiches gilt für die Möglichkeit der Vereinbarung einer auflösenden Bedingung gem. § 158 Abs. 2 BGB. Da im Fall eines mehrheitlich nicht am Kapital beteiligten Vorstandsmitglieds, das seine Arbeitskraft dem Unternehmen hauptberuflich zur Verfügung stellt, jedoch die Gefahr einer Umgehung der zwingenden

---

[581] Vgl. BAG, Urteil vom 04.12.1991 – 7 AZR 344/90 – in NZA 1992, 838; Erfurter Komm./*Müller-Glöge*, 21 TzBfG Rz. 4; KR/*Lipke/Bader*, § 620 BGB Rz. 131, jeweils m.w.N.

[582] Vgl. BGH, Urteil vom 29.05.1989 – II ZR 220/88 – in DB 1989, 1865 ff.

[583] Darüber hinaus führt der 2. Senat in diesem Zusammenhang aus, dass in der Koppelungsklausel nicht nur eine auflösende Bedingung i.S.d. § 158 Abs. 2 BGB, sondern zusätzlich auch eine Befristung i.S.d. § 163 BGB enthalten sei, vgl. BGH, Urteil vom 29.05.1989 – II ZR 220/88 – in DB 1989, 1865 (1866).

[584] Vgl. BGH, Urteil vom 29.05.1989 – II ZR 220/88 – in DB 1989, 1865.

[585] Nach der hier vertretenen Auffassung können dies nur diejenigen des MuSchG sein

[586] Im Fall des Eingreifens des MuSchG kann dies z. B. durch eine Modifikation zum Fristbeginn geschehen. Hier kann angenommen werden, dass die Frist des § 622 BGB nicht mit dem Zeitpunkt des Widerrufs der Bestellung, sondern erst dann zu laufen beginnt, wenn der zeitlich begrenzte besondere Kündigungsschutz des MuSchG weggefallen ist.

Kündigungsfristen des § 622 BGB bzw. im Ausnahmefall auch die Umgehung zwingender Kündigungsschutzvorschriften droht, sind derartige Koppelungsklauseln gem. §§ 133, 157 BGB einschränkend auszulegen. So tritt die Beendigungswirkung erst mit Ablauf der in § 622 BGB normierten gesetzlichen Kündigungsfristen ein. Besteht zudem ausnahmsweise besonderer Kündigungsschutz, muss auch dieser beachtet werden.

IV. Das Eingreifen von Koppelungsklauseln in Fällen, in denen die Organstellung anders als durch Widerruf beendet wird

Sofern in der Praxis Koppelungsklauseln vereinbart sind, regeln diese – wie die oben exemplarisch dargestellten – explizit meist nur den Fall des vorzeitigen Bestellungsendes aufgrund eines Widerrufs der Bestellung gem. § 84 Abs. 3 AktG. Dagegen ist der Fall, dass die Organstellung auf andere Weise, wie etwa im praktisch sehr relevanten Fall der Unternehmensumwandlung durch Erlöschen des übertragenden Rechtsträgers, beendet wird, dort regelmäßig nicht ausdrücklich genannt. Insbesondere in Umwandlungsfällen stellt sich daher die Frage, ob die Koppelungsklauseln gem. §§ 133, 157 Abs. 1 BGB einer Auslegung dahingehend zugänglich sind, dass nach dem Willen der Parteien hiervon nicht nur der dort ausdrücklich genannte Beendigungsgrund, sondern auch andere Beendigungsgründe, wie das Erlöschen der Organstellung aufgrund einer Unternehmensumwandlung, umfasst werden sollen. Gegen eine solche extensive Auslegung von Koppelungsklauseln spricht, dass zwischen den in den Klauseln explizit geregelten Fällen des Widerrufs der Organstellung gem. § 84 Abs. 3 AktG und dem Fortfall der Organstellung aufgrund anderer Umstände wie z.B. der Unternehmensumwandlung ein erheblicher qualitativer Unterschied besteht. Während der Widerruf der Bestellung gem. § 84 Abs. 3 AktG regelmäßig aufgrund eines Umstandes folgt, der unmittelbar mit einem Vorwurf gegen das Vorstandsmitglied selbst verknüpft ist, stellt insbesondere die Unternehmensumwandlung einen solchen dar, der allein in der Unternehmenssphäre wurzelt. Hinzu kommt, dass sich das abberufene Vorstandsmitglied in Fällen des § 84 Abs. 3 AktG gegen die Wirksamkeit der Abberufung gerichtlich zur Wehr setzen und das Bestehen eines wichtigen Abberufungsgrundes richterlich überprüfen lassen kann. Eine solche Möglichkeit besteht bei anderen Erlöschensgründen nicht. Dass sich das Vorstandsmitglieds bei Abschluss des Anstellungsvertrages jeglichen Rechtschutzes begeben wollte, kann nicht unterstellt werden. In einer Koppelungsklausel nicht ausdrücklich genannte Gründe für die Beendigung der Organstellung beenden daher das Anstellungsverhältnis regelmäßig nicht. Zur Herbeiführung der Beendigungswirkung ist eine klare diesbezügliche Regelung erforderlich. Für den Fall der Unternehmensumwandlung könnten entsprechende Klauseln etwa wie folgt formuliert werden.

Variante 1:
„Das Dienstverhältnis ist für die Dauer vom ... bis zum ... befristet.
Es kann vor Ablauf der Befristung jedoch aus wichtigem Grund gem. § 626 BGB außerordentlich gekündigt werden.
Endet die Organstellung aufgrund einer Umwandlung nach dem UmwG vorzeitig, so stellt dies einen wichtigen Kündigungsgrund i.S.d. § 626 BGB dar."
Variante 2:
„Sollte die Bestellung als Vorstandsmitglied aufgrund einer Unternehmensumwandlung vorzeitig ihr Ende finden, so endet damit auch dieser Dienstvertrag[587] (*ggf. ergänzend*: mit Ablauf der Fristen des § 622 BGB (analog)."

Variante 3:
„Sollte die Organstellung des Herrn .... aufgrund einer Unternehmensumwandlung vorzeitig ihr Ende finden, so ist die Gesellschaft zur ordentlichen Kündigung des Dienstvertrages unter Einhaltung der gesetzlichen Fristen berechtigt."

V. Der Ausschluss der Geltendmachung einer Koppelungsklausel aus Billigkeitsgründen

Trotz der Zulässigkeit einer Koppelungsklausel kann sich die Gesellschaft auf ihre Beendigungswirkung dann nicht berufen, wenn die Geltendmachung ihrer Beendigungswirkung im Einzelfall dem Grundsatz von Recht und Billigkeit widersprechen würde. Eine solche Fallgestaltung liegt dann vor, wenn die Koppelungsklausel in einem umfangreichen Anstellungsvertragswerk dergestalt eingearbeitet ist, dass sie für das Vorstandsmitglied als juristischen Laien nicht ohne weiteres erkennbar war.[588] Hier kann die Ausübung des vorzeitigen Beendigungsrechts u.U. gegen den Grundsatz von Treu und Glauben gem. § 242 BGB bzw., falls es sich um ein vorformuliertes Vertragswerk handelt, gegen § 305 c Abs. 1 BGB verstoßen.[589] Zu denken ist in diesem Zusammenhang beispielsweise an Konstellationen, in denen im Anstellungsvertrag wie folgt formuliert worden ist:

„Das Anstellungsverhältnis wird für die Dauer von fünf Jahren unter Ausschluss der ordentlichen Kündigung vereinbart. Es verlängert sich

---

[587] Vgl. hierzu: BGH, Urteil vom 29.05.1989 – II ZR 220/88 – in NJW 1989, 2683 f. Die dortige Klausel zitiert allerdings noch die Vorschrift des § 75 Abs. 3 AktG 1937 als Regelung über den Widerruf der Bestellung. Im derzeit geltenden Aktiengesetz ist der Widerruf der Bestellung aus wichtigem Grund bekanntermaßen in § 84 Abs. 3 AktG geregelt.
[588] Vgl. hierzu ausführlich *Bauer/Diller*, GmbHR 1998, 809 ff.
[589] Vgl. hierzu ausführlich *Bauer/Diller*, GmbHR 1989, 809 (812).

jeweils um fünf Jahre, wenn es nicht mindestens ein Jahr vor Ablauf gekündigt wird.

Das Recht zur außerordentlichen Kündigung aus wichtigem Grund bleibt beiden Vertragsteilen vorbehalten. Ein wichtiger Grund für die Kündigung seitens der Gesellschaft ist insbesondere die Abberufung von Herrn/Frau ... von seinem/ihrem Amt."[590]

[590] Beispiel von *Bauer/Diller*, GmbHR 1998, 809 (810).

Teil IV
Der Inhalt des Anstellungsverhältnisses eines abberufenen Vorstandsmitglieds in Fällen, in denen das Anstellungsverhältnis nicht vorzeitig beendet werden kann

In Fällen, in denen die Organstellung gem. § 84 Abs. 3 AktG aus einem der dort genannten wichtigen Gründe widerrufen worden ist, das Anstellungsverhältnis jedoch weder gegen den Willen noch im Einvernehmen mit dem abberufenen Vorstandsmitglied vor Ablauf der Anstellungsdauer beendet werden kann, stellt sich die Frage, welchen Inhalt das Anstellungsverhältnis nach erfolgter Abberufung hat. Sofern sich im Anstellungsvertrag ausnahmsweise eine diesbezügliche Vereinbarung findet, bereitet die Bestimmung des Inhalts des Anstellungsverhältnisses nach der Beendigung der Organstellung keine Probleme. Es gilt dann das Vereinbarte.

Im Regelfall fehlt es indessen an einer vertraglichen Regelung über den Inhalt des Anstellungsverhältnisses im Fall eines vorzeitigen Bestellungsendes. Hier ist zunächst davon auszugehen, dass die ursprünglich geschuldete Vorstandstätigkeit nicht mehr Inhalt des Anstellungsverhältnisses nach erfolgter Abberufung sein kann. Die Erbringung dieser Tätigkeit ist dem Betroffenen nach der Beendigung der Organstellung unmöglich. Aufgrund dieser Unmöglichkeit könnte das Anstellungsverhältnis nach erfolgter Abberufung im Hinblick auf die zu erbringende Dienstleistung entweder inhaltsleer sein oder für das Vorstandsmitglied könnte eine Verpflichtung bestehen, anstatt der ursprünglich geschuldeten Vorstandstätigkeit eine andere Tätigkeit unterhalb der Organebene zu verrichten. Hierauf könnte das abberufende Vorstandsmitglied möglicherweise sogar einen Anspruch haben.

A. Verpflichtung des Vorstandsmitglieds zur Verrichtung einer Tätigkeit unterhalb der Organebene

Fraglich ist zunächst, ob eine inhaltliche Änderung der geschuldeten Dienstleistung dogmatisch überhaupt begründbar ist.

I. Einseitige Anordnung kraft Direktionsrechts

In Betracht kommt zunächst die einseitige Zuweisung einer Tätigkeit unterhalb der Organebene im Rahmen eines der Gesellschaft gegenüber dem abberufenen Vorstandsmitglied zustehenden Direktionsrechts.

Bei näherer Betrachtung erweist sich indessen schnell, dass dies vorliegend nicht zum Erfolg führen kann. Zwar stehen nach Beendigung der Organstellung der Ausübung eines arbeitsrechtlichen Direktionsrechts keine gesellschaftsrechtlichen

Gründe mehr entgegen. Indessen findet das arbeitsrechtliche Direktionsrecht dort seine Grenze, wo es einen Widerspruch zu arbeits- bzw. dienstvertragliche Regelungen darstellen würde.[591] Ist im Dienstvertrag des Vorstandsmitglieds lediglich eine Verpflichtung zur Erbringung einer Tätigkeit als Vorstandsmitglied statuiert, so kann dem abberufenen Vorstandsmitglied daher nicht einseitig im Wege des Direktionsrechts eine andere Tätigkeit unterhalb der Organebene zugewiesen werden.

II. Ausspruch einer Änderungskündigung

Eine Pflicht zur Erbringung einer Tätigkeit unterhalb der Organebene kann deshalb allein nach einer wirksamen Änderungskündigung bestehen. Bei der Änderungskündigung handelt es sich um eine echte Kündigung, verbunden mit dem Angebot zum Abschluss eines neuen Vertrages zu geänderten Bedingungen. Sie unterliegt deshalb den für die Beendigungskündigung geltenden allgemeinen Grundsätzen.[592] Dies bedeutet, dass auch im Fall der Änderungskündigung bestehende Kündigungsbeschränkungen zu beachten sind.

1. Ordentliche Änderungskündigung

Da die ordentliche Kündigung im Fall des Vorstandsmitglieds aufgrund der Befristung seines Dienstverhältnisses regelmäßig ausgeschlossen ist, scheitert an diesem Ausschluss auch der wirksame Ausspruch einer ordentlichen Änderungskündigung.

2. Außerordentliche Änderungskündigung

In Betracht zu ziehen ist jedoch der Ausspruch einer außerordentlichen Änderungskündigung. Da diese im Gegensatz zur ordentlichen Änderungskündigung Elemente der außerordentlichen Kündigung in sich trägt, steht der einzelvertragliche Ausschluss eines ordentlichen Kündigungsrechts der Möglichkeit des Ausspruchs einer außerordentlichen Änderungskündigung nicht entgegen.[593] Bei dieser ist jedoch die Zwei-Wochen-Frist des § 626 Abs. 2 BGB[594] zu beachten. Eine außerordentliche Änderungskündigung kann unter zwei Voraussetzungen wirksam erfolgen: Auf Seiten des Kündigenden muss hierfür zunächst ein wichtiger Grund vorliegen. Dieser ist dann gegeben, wenn die unveränderte Vertragsdurchführung dem Kündigenden unzumutbar geworden ist.[595] Auf Seiten des Betroffenen ist weiterhin erforderlich, dass die angebotenen neuen Vertragsbedingungen diesem zumutbar sind.[596]

---

591 Vgl. hierzu etwa: Küttner/*Griese*, Weisungsrecht, Rz. 7.
592 Vgl. Küttner/*Eisemann*, Änderungskündigung Rz. 7.
593 Vgl. *Bauer*, Betriebsübergang, S. 86; Erfurter Kommentar/*Müller-Glöge*, § 626 Rz. 230.
594 Vgl. hierzu ausführlich: Ziff. F III e (S. 166 ff.).
595 Vgl. Erfurter Kommentar/*Müller-Glöge*, § 626 BGB Rz. 230.
596 Vgl. BAG, Beschluss vom 21.06.1995 – 2 ABR 28/94 – in NZA 1995, 2429 ff.; BAG, Beschluss vom 20.01.2000 – 2 ABR 40/99 – in NZA 2000, 578 f.

a. Unzumutbarkeit des Festhaltens an den bisherigen Bedingungen

Die unveränderte weitere Vertragsdurchführung hätte für die Gesellschaft zur Folge, dass diese zur Fortzahlung der vereinbarten Vergütung bis zum regulären Vertragsende verpflichtet wäre, ohne die Dienste des abberufenen Vorstandsmitglieds noch in Anspruch nehmen zu können. Ob der Gesellschaft dieser Zustand zumutbar ist oder ob wegen Unzumutbarkeit eine Pflicht des abberufenen Vorstandsmitglieds zur Verrichtung einer Tätigkeit unterhalb der Organebene anzuerkennen ist, kann pauschal nicht beantwortet werden. Dies hängt vielmehr von den Umständen des Einzelfalls ab. Tendenziell lässt sich sagen, dass in Fällen, in denen das Vertragsverhältnis in absehbarer Zeit ausläuft, die Zumutbarkeit der Fortzahlung der Vergütung ohne Arbeitsleistung eher anzunehmen sein wird, als bei einem Vertragsverhältnis, das noch über mehrere Jahre fortdauert.[597] Auch der Umstand einer vom Vorstand verschuldeten Abberufung kann im Zusammenhang mit der Frage nach Zumutbarkeit einer weiteren Vertragsdurchführung zu unveränderten Vertragsbedingungen Bedeutung erlangen: Ist ein Verschulden des ehemaligen Vorstandsmitglieds am Verlust seiner Organstellung festzustellen, hat es die tatsächliche Grundlage für seine Weiterbeschäftigung in der bisherigen Weise schuldhaft zerstört. Je nach Grad des Verschuldens kann ein abberufenes Vorstandsmitglied daher nicht verlangen, dass die Gesellschaft ihrer Verpflichtung zur Gehaltszahlung in unverändertem Umfang nachkommt, ohne hierfür eine adäquate Gegenleistung zu erhalten.[598]

b. Maßstab für die Zumutbarkeit einer Tätigkeit unterhalb der Organebene

In Fällen, in denen eine Verpflichtung des abberufenen Vorstandsmitglieds zu einer Tätigkeit unterhalb der Organebene anzuerkennen ist, ist für die Wirksamkeit der außerordentlichen Änderungskündigung entsprechend dem oben Gesagten weiterhin erforderlich, dass dem abberufenen Vorstandsmitglied ein zumutbares Änderungsangebot unterbreitet wird. Als ein dem abberufenen Vorstandsmitglied zumutbares Änderungsangebot kann ausschließlich das Angebot einer Tätigkeit in der zweiten Führungsebene der Gesellschaft ernsthaft in Betracht kommen.[599] Allein diese Tätigkeit entspricht dem, was dem sozialen Status sowie den Kenntnissen und Fähigkeiten des ehemaligen Vorstandsmitglied entspricht. Die Erbringung geringer qualifizierter Tätigkeiten kann daher von einem ehemaligen Vorstandsmitglied nicht verlangt werden. Dagegen, auch geringer wertige Tätigkeiten als zumutbar anzuerkennen, sprechen auch folgende Erwägungen: Durch die Annahme

[597] Zum Gesichtspunkt der Berücksichtigung des Umfangs der Rest-Vertragslaufzeit, vgl. BGH, Urteil vom 09.02.1978 – II ZR 189/76 – in DB 1978, 878 (879).

[598] Vgl. BGH, Urteil vom 14.07.1966 – II ZR 212/64 – in DB 1966, 1306; *Bauer*, DB 1992, 1413 (1416).

[599] Vgl. BGH, Urteil vom 14.07.1966 – II ZR 212/64 – in DB 1966, 1306; *Hefermehl* in Geßler/Hefermehl, § 84 Rz. 98.

einer geringer qualifizierten Tätigkeitsverpflichtung würde der Gesellschaft ein Druckmittel in die Hand gegeben, mit der sie das ehemalige Vorstandsmitglied doch noch zur einvernehmlichen Vertragsbeendigung oder sogar zur Eigenkündigung bewegen könnte. Hierdurch würden sämtliche Grundsätze über die Beendbarkeit des Anstellungsverhältnisses gegen den Willen des Vorstandsmitglieds einseitig zu Lasten des Betroffenen unterlaufen.

3. Ergebnis

Mangels Bestehens eines ordentlichen Kündigungsrechts kommt im Fall des AG-Vorstandsmitglieds nur eine außerordentliche Änderungskündigung in Betracht. Für die Beurteilung der Frage, ob der Gesellschaft eine Vertragsfortführung ohne Dienstleistung des abberufenen Vorstandsmitglieds zumutbar ist oder ob ihr ein Anspruch auf tatsächliche Dienstleistung zusteht, den sie im Wege einer außerordentlichen Änderungskündigung geltend machen kann, sind die Umstände des Einzelfalls maßgeblich. Die Zumutbarkeit der unveränderten Vertragsdurchführung bemisst sich aus Sicht der Gesellschaft nach der Dauer der restlichen Vertragslaufzeit sowie danach, inwieweit dem Vorstandsmitglied ein Verschulden am vorzeitigen Bestellungsende anzulasten ist. Als für das abberufene Vorstandsmitglied zumutbares Änderungsangebot kommt allein das Angebot einer Beschäftigung in der zweiten Führungsebene der Gesellschaft in Betracht. Geringer qualifizierte Tätigkeiten sind dem Abberufenen nicht zumutbar Nimmt das ehemalige Vorstandsmitglied das Angebot einer solchen ihm zumutbaren Beschäftigung nicht an, so kann auf diese Weigerung (bei Vorliegen der weiteren Voraussetzungen des § 626 BGB) eine wirksame außerordentliche Beendigungskündigung gestützt werden.[600]

B. Anspruch des Vorstandsmitglieds auf tatsächliche Beschäftigung

Dem abberufenen Vorstandsmitglied könnte in Fällen, in denen der Abberufungsgrund zur Beendigung seines Anstellungsverhältnisses nicht ausreicht, gegen die Gesellschaft ein Anspruch auf tatsächliche Beschäftigung zustehen.

Wegen der Unmöglichkeit der Erbringung einer Dienstleistung als Vorstandsmitglied nach erfolgter Abberufung, kommt auch hier nur ein Anspruch auf eine Tätigkeit unterhalb der Organebene in Betracht.

Nach ständiger Rechtsprechung des Bundesarbeitsgerichts ist der Arbeitgeber im Rahmen eines bestehenden Arbeitsverhältnisses grundsätzlich nicht berechtigt, den Arbeitnehmer einseitig von der Verpflichtung zur Arbeitsleistung unter Fortzahlung der Vergütung freizustellen.[601] Es besteht vielmehr eine allgemeine Be-

[600] Vgl. Kölner Kommentar/*Mertens*, § 84 Rz. 95 m.w.N.

[601] Vgl. BAG, Urteil vom 10.11.1955 – 2 AZR 591/54 – in BAGE 2, 221 ff.; vom GS bestätigt für den Fall des gekündigten Arbeitsverhältnisses, vgl. BAG, Beschluss vom 27.02.1985 – GS 1/84 – in

schäftigungspflicht, die auf Seiten des Arbeitnehmers mit einem Beschäftigungsanspruch korrespondiert. Der große Senat des BAG leitetet den Beschäftigungsanspruch aus §§ 611, 613 i.V.m. § 242 BGB ab. Nach Auffassung des BAG beruht der Beschäftigungsanspruch unmittelbar auf einer sich aus § 242 BGB unter Berücksichtigung der verfassungsrechtlichen Wertentscheidung der Art. 1 und 2 GG über den Persönlichkeitsschutz für den Arbeitgeber sich ergebenden arbeitsvertraglichen Förderungspflicht der Beschäftigungsinteressen des Arbeitnehmers.[602] Von dem Grundsatz einer tatsächlichen Beschäftigungspflicht ist jedoch dann eine Ausnahme zu machen, wenn dem überwiegende Interessen des Arbeitgebers entgegenstehen. Ein überwiegendes Interesse des Arbeitgebers, das zum Ausschluss des Beschäftigungsanspruchs führt, ist nach Ansicht des großen Senats in folgenden Fällen anzunehmen: Wegfall der Vertrauensgrundlage, fehlende Einsatzmöglichkeit, Gefahr des Geheimnisverrats sowie alle Gründe, die eine außerordentliche Kündigung rechtfertigen.[603]

Obwohl das AG-Vorstandsmitglied in einem freien Dienstverhältnis steht, sind diese arbeitsrechtlichen Prinzipien auch in seinem Fall anzuwenden, sofern das AG-Vorstandsmitglied der Gesellschaft seine Arbeitskraft hauptberuflich zur Verfügung stellt und es wegen fehlender maßgeblicher Kapitalbeteiligung vergleichbar einem Arbeitnehmer schutzbedürftig ist. Auch bei abberufenen Vorstandsmitgliedern ist daher davon auszugehen, dass die Gesellschaft nicht zur einseitigen Freistellung bis zum Ende der Vertragslaufzeit berechtigt ist. Es besteht vielmehr grundsätzlich eine Pflicht zur adäquaten tatsächlichen Beschäftigung, die mit einem dahingehenden Anspruch des Vorstandsmitglieds einhergeht.

In der Praxis wird die Durchsetzung eines Anspruchs auf tatsächliche Beschäftigung jedoch häufig daran scheitern, dass eine Suspendierungsmöglichkeit vertraglich vereinbart ist oder sich die Gesellschaft mit Erfolg auf einen Fortfall der Vertrauensgrundlage, auf eine fehlende anderweitige (adäquate) Einsatzmöglichkeit oder aber auf das Vorliegen anderer Unzumutbarkeitsgründe berufen kann.

DB 1985, 2197 ff.; vgl. hierzu im einzelnen auch: Erfurter Kommentar/*Preis*, § 611 BGB Rz. 702 ff.; an einem allgemeinen Beschäftigungsanspruch zweifelnd jedoch: *Heinze*, DB 1985, 111.

[602] Vgl. hierzu auch: Erfurter Kommentar/*Preis*, § 611 BGB Rz. 702.

[603] Vgl. auch: Erfurter Kommentar/*Preis*, § 611 BGB Rz. 702.

Teil V
Prozessuale Probleme

A. Fristprobleme

I. Geltung der dreiwöchigen Klagefrist gem. § 4 KSchG

Die Drei-Wochen-Frist des § 4 KSchG zur Geltendmachung der fehlenden sozialen Rechtfertigung einer Kündigung ist im Fall der Kündigung eines AG-Vorstandsmitglieds wegen § 14 KSchG weder direkt noch analog anwendbar. Ein gekündigtes Vorstandsmitglied ist daher nicht gezwungen, die Kündigung innerhalb von drei Wochen nach deren Zugang gerichtlich anzugreifen.[604] Dies bedeutet jedoch nicht, dass die Unwirksamkeit der gegenüber einem Vorstandsmitglied ausgesprochenen Kündigung von diesem zeitlich unbeschränkt gerichtlich geltend gemacht werden kann. In Rechtsprechung und Lehre ist anerkannt, dass das Recht des Gekündigten, sich gegen die Kündigung zur Wehr zu setzen, verwirkt werden kann.[605] Der Gesichtspunkt der Verwirkung findet als allgemeiner Rechtsgrundsatz auch im Prozessrecht Anwendung.[606] Der Eintritt einer Verwirkung des Klagerechts ist dann anzunehmen wenn seit der Kündigung bereits einige Zeit verstrichen ist (sog. Zeitmoment) und der Kündigende aufgrund der Umstände berechtigterweise davon ausgehen konnte, der Gekündigte werde die Kündigung hinnehmen (sog. Umstandsmoment).[607]

II. Geltung der dreiwöchigen Klagefrist gem. § 113 Abs. 2 InsO

Für die klageweise Anfechtung von Kündigungen normiert § 113 Abs. 2 InsO eine dreiwöchige Ausschlussfrist, die inhaltlich weit über den Rahmen des § 4 KSchG für die Erhebung der Kündigungsschutzklage hinausgeht.[608] Die Frist des § 113 Abs. 2 InsO zwingt den Gekündigten nicht nur, die fehlende soziale Rechtfertigung der Kündigung innerhalb einer Frist von drei Wochen geltend zu machen, sondern erstreckt sich auf alle Unwirksamkeitsgründe.

---

[604] So ausdrücklich auch noch mal der BGH in einem neuen Urteil zum Sparkassen-Vorstand, vgl. BGH, Urteil vom 10.01.2000 – II ZR 251/98 – in DB 2000, 813 f. (insbes. Leitsatz 2).

[605] Ständige Rechtsprechung, vgl. hierzu zuletzt: BAG, Urteil vom 02.12.1999 – 8 AZR 890/98 – in NZA 2000, 540 f.; weiterhin: LAG Hamm, Urteil vom 25.07.1986 – 16 Sa 691/86 – in LAGE Nr. 3 zu § 134 BGB; vgl. *Schaub*, § 73 Rz. 18; APS/*Ascheid*, § 7 KSchG Rz. 30 ff.; KR/*Friedrich*, § 13 KSchG Rz. 303 ff. m.w.N.

[606] Vgl. KR/*Rost*, § 7 KSchG Rz. 38.

[607] Vgl. etwa: BAG, Urteil vom 20.08.1998 – 2 AZR 12/98 – (NV) Ziffer 2 der Entscheidungsgründe; vgl. statt vieler: APS/*Ascheid*, § 7 KSchG Rz. 30.

[608] *Heinze*, NZA 1999, 57 (59).

Ob diese Kündigungsfrist im Fall der Kündigung eines AG-Vorstandsmitglieds Anwendung findet, ist zweifelhaft. Eine direkte Anwendbarkeit der Vorschrift kommt nicht in Betracht, da § 113 Abs. 2 InsO ausdrücklich nur von der Kündigung eines „Arbeitsverhältnisses" spricht. Auch gegen eine analoge Anwendung bestehen Bedenken. Die unterschiedliche Terminologie in § 113 Abs. 2 InsO im Vergleich zu Abs. 1 der Vorschrift legt den Schluss nahe, dass nach dem Willen des Gesetzgebers der Anwendungsbereich des § 113 Abs. 2 InsO enger gezogen sein soll, als der des Absatzes 1. Zudem folgt aus dem Verweis in § 113 Abs. 2 InsO auf die Vorschriften des KSchG, dass die Frist des § 113 Abs. 2 InsO nur dort Anwendung finden soll, wo auch das KSchG nach seinem persönlichen und betrieblichen Anwendungsbereich einschlägig ist.[609] Der Arbeitnehmer soll *„auch dann"* innerhalb von drei Wochen nach Zugang der Kündigung Klage beim Arbeitsgericht erheben, wenn er sich für die Unwirksamkeit der Kündigung auf andere als die in § 1 Abs. 2 und 3 KSchG bezeichneten Gründe beruft. Diese vom Gesetzgeber gewählte Terminologie ist nur dann sinnvoll, wenn durch § 113 Abs. 2 InsO die Präklusionstatbestände des § 4 KSchG erweitert werden sollen.[610] Da Vorstandsmitglieder gem. § 14 Abs. 1 Nr. 1 KSchG aufgrund ausdrücklicher gesetzlicher Anordnung aus dem persönlichen Geltungsbereich des KSchG ausgenommen sind, ist somit davon auszugehen, dass im Fall ihrer Kündigung die Vorschrift des § 113 Abs. 2 InsO keine Geltung beansprucht.

B. Passivlegitimation im Kündigungsschutzprozess

Die Gesellschaft wird gegenüber Vorstandsmitgliedern vom Aufsichtsrat vertreten, vgl. § 112 AktG.[611] Im Kündigungsschutzprozess eines AG-Vorstandsmitglieds ist daher allein die Gesellschaft, vertreten durch den Aufsichtsrat, der richtige Klagegegner.[612] Die alleinige Vertretungsbefugnis des Aufsichtsrats besteht im Interesse der Einheitlichkeit und Klarheit der Vertretungsverhältnisse[613] ohne Rücksicht darauf, ob die Belange der Gesellschaft im Einzelfall sonst gefährdet wären.[614] Wird

---

[609] Vgl. *Giesen*, ZIP 1998, 46 (48).
[610] Vgl. *Giesen*, ZIP 1998, 46 (49).
[611] Vgl. BGH, Urteil vom 07.07.1993 – VIII ZR 2/92 – in ZIP 1993, 1380; *Fleck*, WM 1994, 1957.
[612] Vgl. zur Vertretung der Gesellschaft in Liquidation: OLG Brandenburg, Urteil vom 24.10.2001 – 7 U 102/01 – OLG-NL 2002, 103 ff.
[613] Vgl. hierzu auch BGH, Urteil vom 11.05.1981 – II ZR 126/80 – in DB 1981, 1661(Auch in diesem Fall war die Wirksamkeit des Widerrufs noch nicht endgültig außer Streit gestellt).
[614] Vgl. BGH, Urteil vom 23.09.1996 – II ZR 126/95 – in 1997, 153 (zum Genossenschaftsrecht), BGH, Urteil vom 28.04.1997 – II ZR 222/95 – in DB 1997, 1455; BGH, Urteil vom 26.06.1995 – II ZR 122/94 – in DB 1995, 1759 (zum Genossenschaftsrecht); BGH, Urteil vom 22.04.1991 – II ZR 151/90 – in DB 1991, 1216.
Dieser Rechtsprechung des BGH hat sich das BAG in einem genossenschaftsrechtlichen Fall ausdrücklich angeschlossen: vgl. BAG, Urteil vom 20.08.1998 – 2 AZR 12/98 – n.v., Ziff. 1 der Gründe, letzter Absatz.

die Klage vom ausgeschiedenen Vorstandsmitglied gegen den „Restvorstand" gerichtet, ist diese (jedenfalls zunächst) unzulässig.[615] Der Vertretungsmangel kann allerdings in jeder Lage des Verfahrens geheilt werden. In der ersten Instanz genügt hierfür eine Rubrumsberichtigung.[616] Befindet sich der Prozess bereits in der zweiten Instanz, kann die Heilung des Vertretungsmangels nur noch dadurch erfolgen, dass der Aufsichtsrat die Prozessführung nachträglich billigt und diese übernimmt.[617] Die Billigung der Prozessführung muss nicht ausdrücklich erfolgen, sondern kann auch konkludent geschehen.[618] Eine Pflicht des Aufsichtsrats zur Genehmigung der Prozessführung besteht allerdings nicht.[619] In der Revisionsinstanz ist der Vertretungsmangel von Amts wegen zu beachten.[620] Erfolgt weder in der Tatsachen- noch in der Rechtsmittelinstanz eine Heilung des Vertretungsmangels entsprechend den oben dargestellten Grundsätzen, hat das erkennende Gericht die Klage kostenpflichtig als unzulässig abzuweisen.

Weitgehend Einigkeit besteht darüber, dass in den Geltungsbereich des § 112 AktG nicht nur die Vertretung gegenüber amtierenden, sondern auch diejenige gegenüber ausgeschiedenen Vorstandsmitgliedern fällt,[621] da nur so der abstrakten Gefahr einer Beeinträchtigung von Gesellschaftsinteressen durch die Vertretung der Gesellschaft durch ehemalige Vorstandskollegen sicher begegnet werden kann.[622] Die Vertretungsbefugnis des Aufsichtsrats gilt selbst in den Fällen, in denen sich das ausgeschiedene Vorstandsmitglied allein gegen die Kündigung seines Anstellungsverhältnisses und nicht auch gegen den Widerruf seiner Bestellung wendet.[623] Die Vertretungsbefugnis des Aufsichtsrats besteht zudem auch dann, wenn sich ein ausgeschiedenes Vorstandsmitglied gegen die Kündigung seines für die Dauer der Vorstandstätigkeit ruhenden Arbeitsverhältnisses wendet, sofern die Kündigungs-

---

[615] Vgl. *Bauer*, Aufhebungsverträge, Rz. 431 ff.

[616] Vgl. *Bauer*, Aufhebungsverträge, Rz. 431 e.

[617] Vgl. BGH, Urteil vom 21.06.1999 – II ZR 27/98 – in DB 1999, 2103 (für die GmbH).

[618] In der Praxis besteht für eine Billigung der Prozessführung durch den Aufsichtsrat allerdings selten ein Grund. Dieser hat im Kündigungsschutzprozess eines ausgeschiedenen Vorstandsmitglieds meist wenig Interesse daran, die gegen die Gesellschaft gerichtete Klage zulässig zu stellen.

[619] Vgl. BGH, Urteil vom 05.03.1990 – II ZR 86/89 – in DB 1990, 930.

[620] Vgl. *Fleck*, WM 1994, 1957 (1969).

[621] Vgl.: BAG, Urteil vom 04.07.2001 – 2 AZR 142/00 – in AP Nr. 18 zu § 611 BGB Organvertreter; BAG, Urteil vom 28.04.1997 – II ZR 282/95 – in DB 1997, 1455; OLG Hamburg, Urteil vom 04.05.2001 – 11 U 274/00 – in NZG 2001, 898; *Hüffer*, § 112 Rz. 2 (jeweils m.w.N.).

[622] BAG, Urteil vom 04.07.2001 – 2 AZR 142/00 – in AP Nr. 18 zu § 611 BGB Organvertreter.

[623] Vgl. BGH, Urteil vom 09.10.1986 – II ZR 284/85 – in DB 1986, 2592 (Der Senat merkt an, dass dies anders sein könne, wenn feststeht, dass mit einer Rückkehr des Abberufenen in seinen Vorstandsposten nicht mehr zu rechnen ist.); vgl. weiterhin die Anmerkung von *Meilicke* in DB 1987, 1723, der sich insbesondere mit der Frage beschäftigt, wann mit einer Rückkehr keinesfalls mehr zu rechnen ist; vgl. auch: BGH, Urteil vom 08.02.1988 – II ZR 159/87 – in NJW 1988, 1384 (insbes. 1385) (Hier legt das Gericht seine Auffassung dar, wonach es auf die Frage eine Rückkehrmöglichkeit in den Vorstandsposten nicht ankommt. Allein aufgrund der jahrelangen Zusammenarbeit im Vorstand könne es zu einer Interessenkollision für die restlichen Vorstandsmitglieder kommen, aufgrund derer es sich stets verbiete, von der Vertretungsbefugnis des Aufsichtsrats im Kündigungsschutzprozess abzuweichen.).

gründe ihren Ursprung in der früheren Vorstandstätigkeit haben.[624] Haben die Kündigungsgründe dagegen mit der Vorstandstätigkeit nichts zu tun, so liege die Vertretungsbefugnis beim Vorstand.[625]

C. Zuständiges Gericht

Für Kündigungsschutzprozesse von AG-Vorstandsmitgliedern sind die Arbeitsgerichte nicht zuständig.[626] Dies ergibt sich aus § 5 Abs. 1 S. 3 ArbGG, wonach die zur Vertretung einer juristischen Person befugten Personen nicht dem Arbeitnehmerbegriff des Arbeitsgerichtsgesetzes unterfallen. Das Vorstandsmitglied hat daher seine Kündigungsschutzklage vor dem örtlich zuständigen ordentlichen Gericht anhängig zu machen.

Die Zuständigkeit der Arbeitsgerichte für Rechtsstreitigkeiten zwischen der Gesellschaft und den Vorstandsmitgliedern kann aber vereinbart werden, vgl. § 2 Abs. 4 ArbGG. Diese Möglichkeit besteht unabhängig davon, ob es sich im Einzelfall um ein Vorstandsmitglied handelt, das einem Arbeitnehmer vergleichbar schutzbedürftig ist oder nicht.[627] Die Vereinbarung über die Zuständigkeit der Arbeitsgerichte kann allgemein im Anstellungsvertrag, in der Satzung oder für den konkreten Einzelfall getroffen werden.[628] Bei der Vereinbarung gem. § 2 Abs. 4 ArbGG handelt es sich um eine solche i.S.d. §§ 38 ff. ZPO. Die Zuständigkeit der Arbeitsgerichte kann daher auch durch rügelose Einlassung der Beklagten zur Hauptsache nach § 39 ZPO begründet werden, sofern die Beklagte zuvor nach § 504 ZPO belehrt worden ist.[629] Die Beschränkungen des § 38 ZPO gelten für die Gerichtsstandsvereinbarung nach § 2 Abs. 4 ArbGG nicht, da es sich bei § 2 Abs. 4 ArbGG insoweit um eine Sonderregelung handelt. Insbesondere muss die Vereinbarung über die Zuständigkeit des Arbeitsgerichts daher nicht schriftlich getroffen werden.[630]

---

[624] LAG Köln, Urteil vom 30.11.1999 – 13 Sa 917/99 – in DB 2000, 1084 ; BAG, Urteil vom 04.07.2001 – 2 AZR 142/00 – in AP Nr. 18 zu § 611 BGB Organvertreter. In älteren Entscheidungen geht das BAG aber wohl von einer generellen Vertretungszuständigkeit des Vorstands aus, sofern das Anstellungsverhältnis nach Beendigung der Bestellung im Rahmen eines normalen Arbeitsverhältnisses fortgeführt wird, vgl. BAG, Urteil vom 22.02.1974 – 2 AZR 289/73 – in DB 1974, 1243.

[625] BAG, Urteil vom 04.07.2001 – 2 AZR 142/00 – in AP Nr. 18 zu § 611 BGB Organvertreter; vgl. auch die kritische Anmerkung von *Gravenhorst*, EzA Nr. 3 zu § 112 AktG, 10 (12 f.).

[626] Gleiches gilt für den Fall der Kündigung eines GmbH-Geschäftsführers, vgl. hierzu etwa: OLG Schleswig-Holstein, Urteil vom 5.10.2001 – 5 Ta 72/01 – in GmbHR 2001, 1162 f.

[627] So auch *Bauer*, Aufhebungsverträge, Rz. 434.

[628] Vgl. *Germelmann/Matthes/Prütting*, § 2 ArbGG Rz. 137.

[629] Vgl. *Grunsky*, § 2 ArbGG Rz. 148

[630] Vgl. *Germelmann/Matthes/Prütting*, § 2 ArbGG Rz. 137.

Teil VI Sonderkonstellationen

Besonderheiten bei der Beendbarkeit des Anstellungsverhältnisses eines AG-Vorstandsmitglieds sind in denjenigen Konstellationen zu beachten, in denen die Ausgestaltung von Organ- und/oder Anstellungsverhältnis von den bisher behandelten Grundstrukturen abweicht. Die Eigenheiten der praktisch wichtigsten Ausgestaltungsvarianten sollen im folgenden im Hinblick auf ihre Relevanz für die Frage nach der Beendbarkeit des Anstellungsverhältnisses beleuchtet werden.

A. Weiterbeschäftigung eines ehemaligen Vorstandsmitglieds als Arbeitnehmer / Arbeitnehmertätigkeit vor Aufnahme der Organtätigkeit

Oben wurde gezeigt, dass das KSchG aufgrund der Geltungsbereichsausnahme in § 14 Abs. 1 Nr. 1 KSchG auf AG-Vorstandsmitglieder weder direkt noch analog anwendbar ist.

I. Weiterbeschäftigung eines ehemaligen Vorstandsmitglieds als Arbeitnehmer

Besonderheiten in Bezug auf die Anwendbarkeit des KSchG weist jedoch die Fallgestaltung auf, in der ein ehemaliges Vorstandsmitglied nach Beendigung der Organstellung als Arbeitnehmer weiterbeschäftigt wird und der Betroffene sodann aus diesem Arbeitsverhältnis herausgekündigt werden soll. In dieser Konstellation steht die Geltungsbereichsausnahme des § 14 Abs. 1 Nr. 1 KSchG der Anwendbarkeit des KSchG nicht entgegen.[631] Die Umwandlung in ein Arbeitsverhältnis, auf das die Vorschriften des KSchG anzuwenden sind, erfolgt nicht automatisch mit der Beendigung der Organstellung,[632] vielmehr muss über die einvernehmliche Weiterführung im Rahmen eines Arbeitsverhältnisses muss vielmehr zumindest eine konkludente Vereinbarung getroffen werden.[633] Vom Vorliegen einer solchen ist nach Ablauf einer gewissen Zeit, in der das ehemalige Vorstandsmitglied nach Beendigung seiner Organstellung für die Gesellschaft tätig ist, jedoch auszugehen.[634] Ob das KSchG bei einer einvernehmlichen Weiterbeschäftigung nach Beendigung der Organstellung im Einzelfall Anwendung findet, hängt nach allgemeinen Grundsätzen davon ab, ob das Gesetz nach seinem persönlichen und betrieblichen Anwendungsbereich gem. §§ 1 Abs. 1, 23 Abs. 1 S. 2 KSchG anwendbar ist. Während die

[631] Vgl. Scholz/*Schneider*, § 35 GmbHG Rz. 228 a.
[632] Vgl. BGH, Urteil vom 13.02.1984 – II ZR 2/83 – in WM 1984, 532 (533); bestätigt durch BGH, Urteil vom 10.01.2000 – II ZR 251/98 – in DB 2000, 564 ff. (Leitsatz 1).
[633] Vgl. Münch.Hdb. AG/*Wiesner*, § 21 Rz. 24.
[634] Vgl. Scholz/*Schneider*, § 35 GmbHG Rz. 228 a.

Anwendbarkeit des KSchG in betrieblicher Hinsicht regelmäßig keine Probleme bereitet, können sich solche jedoch in Bezug auf die persönliche Anwendbarkeit ergeben. § 1 Abs. 1 KSchG fordert in persönlicher Hinsicht, dass das Arbeitsverhältnis in demselben Betrieb oder Unternehmen ohne Unterbrechung länger als sechs Monate bestanden hat.

In der Praxis wird die sechsmonatige Wartefrist häufig nur unter Hinzurechnung der Beschäftigungszeit als Organmitglied erfüllt sein. Ob die Hinzurechnung dieser Beschäftigungszeit bei der Berechnung der Fristberechnung statthaft ist, ist jedoch zweifelhaft. Nach dem Wortlaut der Vorschrift kommt es für die Erfüllung der Wartezeit darauf an, dass das „Arbeitsverhältnis" in dem Betrieb oder Unternehmen länger als sechs Monate ununterbrochen bestanden hat. Dies legt den Schluss nahe, dass Dienstzeiten, die Vorstandsmitglieder während ihrer Organbestellung im Rahmen eines freien Dienstverhältnisses zurückgelegt haben, bei der Berechnung der Wartezeit gem. § 1 Abs. 1 KSchG nicht zu berücksichtigen sind.[635]Hiergegen könnte argumentiert werden, dass die Implementierung der Wartezeit im Interesse des Arbeitgebers den Zweck verfolgt, diesem im Rahmen der „Kennenlernphase" eine vereinfachte Kündigungsmöglichkeit zuzugestehen.[636] Da das im Rahmen eines Arbeitsverhältnis weiterbeschäftigte Organmitglied aber bereits seit längerer Zeit im Unternehmen tätig und daher „bekannt" ist, könnte hieraus der Schluss zu ziehen sein, dass das Unternehmen des Schutzmechanismus der sechsmonatigen Wartezeit nicht mehr bedarf. Dies könnte dafür sprechen, auch die Vordienstzeiten, die der Betroffene während seiner Organtätigkeit zurückgelegt hat, bei der Berechnung der Wartefrist gem. § 1 Abs. 1 KSchG zu berücksichtigen. Gegen eine solche Sichtweise spricht indessen, dass die nach Beendigung der Vorstandsbestellung zu verrichtende Tätigkeit inhaltlich notwendig eine andere ist, als diejenige die das Vorstandsmitglied während seiner Amtszeit zu verrichten hatte. Es ist daher sinnvoll, den Fristlauf mit Aufnahme des neuen Betätigungsfeldes neu beginnen zu lassen. Auch qualitativ unterscheidet sich die nach der Beendigung der Organstellung zu verrichtende Tätigkeit massiv von der Vorbeschäftigung. In Betracht kommt aus Rechtsgründen dann nämlich nur eine Tätigkeit auf einem Niveau bis zur zweiten Führungsebene. Ob sich ein ehemaliges Vorstandsmitglied in eine tiefere Hierarchiestufe einfügen wird, kann keinesfalls als gesichert angesehen werden. Auch unter diesem Gesichtspunkt sprechen gute Gründe dafür, der Gesellschaft eine neue Erprobungszeit zuzubilligen. Die Ratio der Sechsmonatsfrist gem. § 1 KSchG verbietet daher eine Berücksichtigung der im Rahmen der Amtszeit zurückgelegten Vordienstzeiten.

---

[635] Insoweit zweifelnd: *Schaub*, § 128 Rz.18.

[636] Vgl. BAG, Urteil vom 15.03.1978 – 5 AZR 831/76 – in DB 1978, 1744.

Im Ergebnis ist daher davon auszugehen, dass bei der Berechnung der Wartezeit gem. § 1 Abs. 1 KSchG Vordienstzeiten, die im Rahmen eines während der Amtsdauer bestehenden freien Dienstverhältnisses zurückgelegt worden sind, nicht zu berücksichtigen sind. Die Frist beginnt vielmehr in dem Zeitpunkt neu zu laufen, in dem das ehemalige Vorstandsmitglied seine Tätigkeit im Rahmen des der Organstellung nachfolgenden Arbeitsverhältnisses aufnimmt. Das KSchG kann daher im Fall der einvernehmlichen Weiterbeschäftigung eines ehemaligen Organmitglieds im Rahmen eines Arbeitsverhältnisses erst nach Ablauf der sechsmonatigen Arbeitnehmertätigkeit Anwendung finden.

II. Arbeitnehmertätigkeit vor Aufnahme der Organtätigkeit

Anders könnte die Frage nach der Berücksichtigungsfähigkeit von Vordienstzeiten im Rahmen von § 1 Abs. 1 KSchG aber dann zu beurteilen sein, wenn ein Organmitglied vor seiner Bestellung bei der Gesellschaft bereits als Arbeitnehmer beschäftigt war.

Die im Rahmen dieser Tätigkeit zurückgelegte Dienstzeit könnte im Fall ihrer Hinzurechnungsfähigkeit dazu führen, dass das KSchG auf ehemalige Vorstandsmitglieder schon unmittelbar nach Aufnahme der Arbeitnehmertätigkeit Anwendung findet. Wie bereits erläutert, fordert das Gesetz in § 1 Abs. 1 KSchG für die Anwendbarkeit in persönlicher Hinsicht indessen, dass das Arbeitsverhältnis in demselben Betrieb oder Unernehmen länger als sechs Monate *ununterbrochen* besteht. Wesentlich für die Anwendbarkeit des KSchG ist deshalb, ob das Arbeitsverhältnis mit Aufnahme der Tätigkeit als Organ der Gesellschaft beendet worden ist oder ob es während der Bestellungsdauer als ruhend fortbesteht.

Die Literatur[637] tendiert dazu, im Zweifel von einer Beendigung des Anstellungsverhältnisses mit Aufnahme der Tätigkeit als Organ auszugehen. Etwas anderes soll nach der herrschenden Auffassung im Schrifttum nur dann gelten, wenn sich aus den Gesamtumständen ergebe, dass der Fortbestand des Arbeitsverhältnisses neben dem Organ-Anstellungsverhältnis Geschäftsgrundlage der Bestellung zum Organ war.[638] Ob dies der Fall sei, bestimme sich nach dem anhand der Gesamtumstände des jeweiligen Einzelfalls zu ermittelnden Parteiwillen. Von einem ruhenden Fortbestand des Arbeitsverhältnisses während der Bestellungsdauer könne aber jedenfalls dann nicht mehr ausgegangen werden, wenn die Parteien im Zusammenhang mit der Aufnahme der Tätigkeit als Vorstandsmitglied das bis dahin bestehende Arbeitsverhältnis ausdrücklich aufgehoben hätten.[639] In früheren Entscheidungen war das BAG der Auffassung, dass das Arbeitsverhältnis im Zweifel

[637] Vgl. *Boemke*, ZfA 1998, 209 (224); KR/*Rost*, § 14 KSchG, Rz. 6; *Hueck/v. Hoyningen-Huene*, § 14 Rz. 7 ff., insbes. Rz. 7 b; Hachenburg/*Stein*, § 35 GmbHG Rz. 190.
[638] Vgl. *Boemke*, ZfA 1998, 209 (224); KR/*Rost*, § 14 KSchG, Rz. 6; *Hueck/v. Hoyningen-Huene*, § 14 KSchG Rz. 7 b; Hachenburg/*Stein*, § 35 GmbHG Rz. 190.
[639] Vgl. *Krauss*, S. 204 m.w.N.

nicht mit Aufnahme der Organtätigkeit beendet werde.[640] Diese Rechtsprechung hat das Gericht indessen nach längerer Rechtsprechungsentwicklung[641] aufgegeben. Auch das BAG geht inzwischen, davon aus, dass im Zweifel von einer konkludenten Aufhebung des alten Arbeitsverhältnisses mit der Begründung des Organ-Anstellungsverhältnisses auszugehen sei.[642]

Fraglich ist allerdings, ob sich die skizzierten Auffassungen des BAG sowie der herrschenden Auffassung in der Literatur mit Blick auf § 623 BGB, der im Zuge des Arbeitsgerichtsbeschleunigungsgesetzes[643] am 01.05.2000 in Kraft getreten ist, aufrecht erhalten lassen.[644] Die Vorschrift des § 623 BGB bestimmt im Interesse der Rechtssicherheit und des Übereilungsschutzes,[645] dass die Beendigung von Arbeitsverhältnissen durch Kündigung oder Auflösungsvertrag zu ihrer Wirksamkeit der Schriftform bedürfen.[646] Teilweise wird im Schrifttum davon ausgegangen, dass die Rechtsprechung des BAG sowie der herrschenden Literaturmeinung zur Möglichkeit der konkludenten Aufhebung eines bestehenden Arbeitsverhältnisses im Zuge des Abschlusses eines Geschäftsführer- bzw. Vorstandsanstellungsvertrages auch noch unter der Geltung des Schriftformerfordernisses gem. § 623 BGB Bestand haben könne.[647] Andere Stimmen in der Literatur sind dagegen der An-

---

[640] Vgl. etwa: BAG, Urteil vom 09.05.1985 – 2 AZR 330/84 – in DB 1986, 1474; BAG, Urteil vom 27.06.1985 – 2 AZR 425/84 – in DB 1986, 2132; BAG, Urteil vom 12.03.1987 – 2 AZR 336/86 – in ZIP 1988, 91.

[641] Vgl. BAG, Beschuss vom 28.09.1995 – 5 AZB 4/95- in DB 1996, 484; BAG, Beschluss vom 10.12.1996 – 5 AZB 20/96 – in DB 1997, 833; vgl. zum gesamten Themenkomplex weiterhin: *Zöllner* in Baumbach/Hueck, § 35 GmbHG Rz. 79, 129.

[642] BAG, Urteil vom 08.06.2000 – 2 AZR 207/99 – in DB 2000, 1918 (1919 f.).
In dem entschiedenen Fall war ein in leitender Position beschäftigter Arbeitnehmer zum Geschäftsführer einer neu gegründeten GmbH bestellt worden. Diese hatte wesentliche Teilaufgaben des Betriebes des bisherigen Arbeitnehmers übernommen. Infolge dessen war der Tätigkeitsbereich des zum Geschäftsführer Bestellten beim alten Arbeitgeber weggefallen. Der BGH ist hier der Auffassung, dass das alte Arbeitsverhältnis durch die Begründung des Geschäftsführer-Anstellungsverhältnis weggefallen ist. Dies gelte auch dann, wenn eine Erhöhung der bisherigen Bezüge im Zuge der Begründung des Geschäftsführer-Anstellungsverhältnisses nicht vereinbart worden sei. Etwas anderes könne nur dann gelten, wenn der ruhende Fortbestand bei der Begründung des Geschäftsführer-Anstellungsverhältnisses ausdrücklich vereinbart worden sei.

[643] BGBl. I S. 333 ff.

[644] Vgl. hierzu auch *Bauer*, GmbHR 2000, 767 ff.

[645] Vgl. *Gaul*, S. 1; *Preis/Gotthardt*, NZA 2000, 348 (348); *Däubler* in AiB 2000, S. 188 (189).

[646] In der zum 01.05.2000 in Kraft getretenen Fassung des § 623 BGB war auch die Befristung als schriftformbedürftig aufgezählt. Nach Inkrafttreten des TzBfG zum 01.01.2001 ergibt sich das Schriftformerfordernis für die Befristung jedoch aus § 14 Abs. 4 TzBfG, so dass die entsprechende Regelung im BGB mit Inkrafttreten des TzBfG gestrichen werden konnte.

[647] Vgl. *Baeck/Hopfner*, DB 2000, 1914 ff.; *Niebler/Schmiedl*, NZA-RR 2001, 281 (285 f.). Zur Aufrechterhaltung der herrschenden Auffassung in Rechtsprechung und Schrifttum werden unterschiedliche Begründungen angeführt. Zum einen wird, argumentiert, das (ehemalige) Organmitglied handele unter Verstoß gegen § 242 BGB treuwidrig im Hinblick auf das Verbot des venire contra factum proprium, wenn es zwar alle Vorteile, die die Organstellung mit sich bringt, in Anspruch nehmen würde, sich aber dennoch auf Schutzrechte aus dem Arbeitsverhältnis berufe. Zum anderen findet sich auch eine Stellungnahme dahingehend, dass dem gesetzlichen Schriftformerfordernis gem. § 623 BGB auch dann Genüge getan sei, wenn der Organ-Anstellungsvertrag der Form des § 126 Abs. 1 BGB genüge. Auch wenn in diesem nicht ausdrücklich die Aufhebung des Arbeitsver-

sicht, dass die Möglichkeit einer konkludenten Auflösung des Arbeitsverhältnisses im Zuge der Geschäftsführer- bzw. Vorstandsanstellung unter der Geltung des § 623 BGB nicht mehr bestehe.[648]

Die erstgenannte Auffassung begegnet erheblichen Bedenken, da sie den Sinn und Zweck eines gesetzlichen Schriftformerfordernisses ad absurdum führt. Gesetzliche Schriftformerfordernisse verfolgen das Ziel, den Erklärenden wegen der Risiken des Geschäfts vor übereilten Bindungen zu schützen (Warnfunktion) bzw. klarzustellen, ob und mit welchem Inhalt das Geschäft zustande gekommen ist (Klarstellungs- und Beweisfunktion).[649] Würde man trotz Bestehens eines gesetzlichen Schriftformerfordernisses eine konkludente Aufhebungsvereinbarung noch für zulässig erachten, so würde dem Betroffenen die Tragweite seines Handelns gerade nicht so ausdrücklich vor Augen geführt, dass er die Risiken seines Handelns sorgfältig abwägen kann. Auch kann er sich in diesem Fall nicht sicher sein, mit welchem Inhalt sein Anstellungsverhältnis besteht. Es ist daher davon auszugehen, dass unter der Geltung des § 623 BGB eine ausdrückliche Vereinbarung über die Beendigung des Arbeitsverhältnisses getroffen werden muss, die der Formvorschrift des § 126 BGB genügt. Ein Rückgriff auf den lediglich im Wege der Auslegung zu ermittelnden Parteiwillen ist nicht mehr möglich.[650] Fehlt es an einer ausdrücklichen Vereinbarung über die Beendigung des Arbeitsverhältnisses, ist dieses mit Aufnahme der Organtätigkeit nicht beendet worden. Im Rahmen dieses Rechtsverhältnisses zurückgelegte Dienstzeiten sind bei der Berechnung der Frist gem. § 1 Abs. 1 KSchG daher zu berücksichtigen mit der Folge, dass das KSchG Anwendung findet.

III. Gerichtliche Zuständigkeit in beiden Fällen

Will ein ehemaliges Vorstandsmitglied die Unwirksamkeit seines während der Organtätigkeit ruhenden Arbeitsverhältnisses geltend machen oder hat es nach Beendigung seiner Organtätigkeit eine gewisse Zeit im Rahmen eines Arbeitsverhältnisses weitergearbeitet, so ist die Kündigungsschutzklage gem. § 2 Abs. 1 Nr. 3 ArbGG beim örtlich zuständigen Arbeitsgericht und nicht beim ordentlichen Gericht anhängig zu machen.[651]

---

hältnisses vereinbart sei, sei dies mit Blick auf § 623 BGB unschädlich. Das Schriftformerfordernis sei gewahrt, wenn sich der Aufhebungswille aus dem Vertragswerk an sich ableiten lasse.

[648] Vgl. etwa *Boemke*, JuS 2001, 200 f.

[649] Vgl. Palandt/*Heinrichs*, § 125 Rz. 1 f.

[650] Vgl. zum gesamten Themenkomplex und insbesondere zum Erfordernis sorgfältiger Vertragsgestaltung auch: *Haase*, GmbHR 2000, 1095 ff.; *Oetker*, EWiR 2000, 1045 f.

[651] Vgl. BAG, Urteil vom 22.02.1974 – 2 AZR 289/73 – in DB 1974, 1243 (Nach Auffassung des Gerichts gilt dies auch für den Fall, dass die Kündigung auf Vorgänge während der Tätigkeit des Klägers als Organmitglied gestützt ist.).

B. Vorstandsmitglieder im Konzernverbund

Das AktG regelt das Konzernrecht als wichtigsten Teil des Recht der verbundenen Unternehmen in den §§ 17-19 bzw. den §§ 291-337 AktG. Gem. § 18 AktG ist unter einem Konzern die Zusammenfassung von zwei oder mehr rechtlich selbständigen Unternehmen zu einer wirtschaftlichen Einheit unter einheitlicher Leitung zu verstehen. Die einheitliche Leitung im Konzern beruht meist darauf, dass ein Unternehmen von einem anderen Unternehmen insbesondere aufgrund einer Mehrheitsbeteiligung gesellschaftsrechtlich abhängig ist (Unterordnungskonzern). Beruht die Konzernbildung nur auf den Beteiligungsverhältnissen, bezeichnet man den Konzern als faktischen Konzern; ist sie durch Beherrschungsvertrag gem. § 291 AktG geregelt, als Vertragskonzern. Neben den Unterordnungskonzernen kommen Konzernverbindungen auch zwischen gesellschaftsrechtlich voneinander unabhängigen Unternehmen vor (Gleichordnungskonzern).[652]

I. Vorstandsmitgliedschaft in beherrschten oder eingegliederten Konzerngesellschaften

Aus der gesellschaftsrechtlichen Abhängigkeit eines konzernverbundenen Unternehmens von der Konzernobergesellschaft resultiert häufig auch eine vergleichsweise schwache Stellung der Vertretungsorgane in abhängigen Unternehmen. Dies gilt insbesondere in bei Bestehen eines Beherrschungsvertrages bzw. bei der aktienrechtlichen Eingliederung. Die Fälle des Bestehens eines Beherrschungsvertrages gem. § 291 AktG sowie die aktienrechtliche Eingliederung gem. § 319 AktG nehmen bei der hier diskutierte Frage nach der vorzeitigen Beendbarkeit von Vorstands-Anstellungsverhältnissen insoweit eine Sonderstellung ein, als in diesen Konstellationen eine Durchbrechung des in § 76 Abs. 1 AktG normierten Grundsatzes der eigenverantwortlichen Leitungsmacht des Vorstandes der abhängigen Gesellschaft festzustellen ist.[653] Bei Bestehen eines Beherrschungsvertrages ist das herrschende Unternehmen gem. § 308 Abs. 1 AktG berechtigt, dem Vorstand der Gesellschaft hinsichtlich der Leitung der Gesellschaft Weisungen zu erteilen. Der Vorstand der beherrschten Gesellschaft wiederum ist verpflichtet, die Weisungen des herrschenden Unternehmens zu befolgen, vgl. § 308 Abs. 2 S. 1 AktG. Für den Fall der Eingliederung bestimmt das Gesetz in § 323 Abs. 1 AktG ebenfalls, dass die Hauptgesellschaft berechtigt ist, dem Vorstand der eingegliederten Gesellschaft hinsichtlich der Leitung der Gesellschaft Weisungen zu erteilen. In § 323 Abs. 1 S. 2 AktG wird zudem auch im Fall der Eingliederung u. a. § 308 Abs. 2 S. 1 AktG

[652] Vgl. zu den Grundlagen auch: *Henssler*, Arbeitsvertrag im Konzern, S. 23 ff.; *Windbichler*, S. 12 ff.
[653] Vgl. *Hüffer*, § 76 Rz. 18.

für anwendbar erklärt, d. h. auch hier ist der Vorstand der eingegliederten Gesellschaft verpflichtet, der Weisung der Hauptgesellschaft Folge zu leisten.

1. Arbeitnehmerstatus von Vorstandsmitgliedern beherrschter oder eingegliederter Konzerngesellschaften

Für die Problematik der vorzeitigen Beendbarkeit eines Vorstands-Anstellungsverhältnisses hat der Befund, dass AG-Vorstandsmitglieder in diesen Konstellationen gesellschaftsrechtlich weisungsgebunden sind, große Bedeutung. Die Prüfung einer möglichen Arbeitnehmereigenschaft von AG-Vorstandsmitgliedern im Rahmen der vorliegenden Arbeit hat ergeben, dass dieser Möglichkeit in der Regel die Garantie der gesellschaftsrechtlichen Weisungsfreiheit gem. § 76 Abs. 1 AktG zwingend entgegensteht. Eine Beeinträchtigung der freien Leitungsmacht durch die Arbeitnehmereigenschaft von Vorstandsmitgliedern droht aber in den Fällen des Bestehens eines Beherrschungsvertrages ebenso wenig wie bei der aktienrechtlichen Eingliederung. Die rechtliche Zulässigkeit der Arbeitnehmereigenschaft von Vorstandsmitgliedern scheitert in diesen Fällen daher nicht an der gesellschaftsrechtlich garantierten Kompetenzordnung.

Liegen die für die Annahme einer Arbeitnehmereigenschaft maßgeblichen Kriterien im Einzelfall tatsächlich vor, kann das AG-Vorstandsmitglied einer beherrschten oder einer eingegliederten Aktiengesellschaft somit Arbeitnehmerstatus besitzen.

2. Folgen für die Beendbarkeit des Anstellungsverhältnisses

Ist eine Arbeitnehmereigenschaft zu konstatieren, hat dies grundsätzlich das Eingreifen der an die Arbeitnehmereigenschaft anknüpfenden arbeitsrechtlichern Kündigungsschutzvorschriften zur Folge. Da dem Organverhältnis gegenüber dem Anstellungsverhältnis der Vorrang einzuräumen ist, kann dies allerdings nur insoweit gelten, als hierdurch das Vorrangprinzip[654] nicht verletzt wird und der Anwendbarkeit auf Organmitglieder juristischer Personen keine anderen zwingenden Gründe entgegenstehen. Ausgehend von diesem Grundsatz gilt in bezug auf die Anwendbarkeit arbeitsrechtlicher Bestandsschutzvorschriften bei Bestehen eines Beherrschungsvertrages bzw. bei der aktienrechtlichen Eingliederung folgendes: Trotz Bestehens eines Arbeitsverhältnisses scheitert die Anwendbarkeit des KSchG weiterhin an der in § 14 Abs. 1 Nr. 1 KSchG enthaltenen Geltungsbereichsausnahme. Die Vorschrift nimmt Organmitglieder juristischer Personen generell aus dem Anwendungsbereich des KSchG heraus und bietet insoweit keine Anknüpfungspunkte dafür, den Besonderheiten des jeweiligen Einzelfalls Rechnung tragen zu kön-

[654] Teil II, Ziff. B, I 2 b.

nen.[655] Sofern dem gesellschaftsrechtliche Gründe nicht entgegenstehen, finden zudem die Bestandsvorschriften des SGB IX, des MuSchG und des BErzGG auf Arbeitnehmer-Vorstandsmitglieder Anwendung, ohne dass es einer Analogiebildung bedarf.

II. Anstellungsverhältnisse mit der Konzernobergesellschaft

In Konzernrechtsverhältnissen kommt es häufig vor, dass ein bislang bei der Konzernobergesellschaft beschäftigter leitender Angestellter unter Beibehaltung des Anstellungsverhältnisses zur Konzernobergesellschaft zum Organmitglied einer Untergesellschaft bestellt wird. Hierdurch kann sich die Situation ergeben, dass ein Angestellter dort, wo er angestellt ist, nicht leitet, und dort, wo er leitet, nicht angestellt ist.[656] In dieser Konstellation besteht – ebenso wie auch in allen anderen praktisch denkbaren Fällen der Bestellung eines Arbeitnehmers zum Organmitglied unter Beibehaltung der anstellungsvertraglichen Beziehungen – die besondere Herausforderung bei der Beantwortung der Beendigungsfrage darin, zu vermeiden, dass die Bestellung zum Organmitglied zum Verlust des bis dahin eingreifenden arbeitsrechtlichen Kündigungsschutzes führt.[657] Dieses Ziel ist dadurch zu erreichen, dass im Verhältnis zwischen dem „überlassenden" (Mutter-)Unternehmen und dem Organmitglied weiterhin vom Bestehen eines Arbeitsverhältnisses auszugehen ist. Zu Recht weist *Windbichler* darauf hin, dass die Arbeitnehmereigenschaft eine relative Rechtsbeziehung und kein Status gegenüber jedermann ist mit der Folge, dass jemand im Verhältnis zu einem Konzernunternehmen Arbeitnehmer und im Verhältnis zu einem anderen Konzernunternehmen freier Dienstnehmer sein kann.[658] Die von *Mertens* vertretene Gegenauffassung, wonach der Anstellungsvertrag zwingend mit der Gesellschaft abgeschlossen werden muss, bei der auch die Organtätigkeit ausgeübt wird,[659] ist abzulehnen. *Mertens* führt zur Begründung seiner Auffassung an, dass bei Anerkennung eines Auseinanderfallens der organschaftlichen Beziehungen einerseits und der anstellungsvertraglichen Rechtsbeziehungen andererseits die Garantie der freien Leitungsmacht gem. § 76 AktG gefährdet wäre. Die diesbezüglichen Bedenken vermögen indessen im Ergebnis nicht durchzugreifen. Im Fall der Beendigung des Arbeitsverhältnisses zur Konzernmutter ohne gleichzeitiges Vorliegen der Voraussetzungen für eine Abberufung aus dem Organverhältnis zum Tochterunternehmen gem. § 84 Abs. 3 AktG, ist nicht davon auszugehen, dass das Organmitglied jeglichen anstellungsrechtlichen Schutz und somit auch seine Vergütungsansprüche verliert. Wäre dies der

[655] Zuletzt: BAG, Urteil vom 17.01.2002 – 2 AZR 719/00 – in DB 2002, 1945 f.
[656] *Windbichler*, S. 503.
[657] Vgl. *Henssler*, RdA 1992, 289 (300).
[658] *Windbichler*, S. 503, vgl. auch *Henssler*, RdA 1992, 289 (301); *Fleck* in FS für Hilger und Stumpf, S. 437 (447).
[659] Kölner Komm./*Mertens*, § 84 Rz. 51.

Fall, so wäre tatsächlich eine Beeinträchtigung der freien Leitungsmacht zu besorgen. Ist ein Arbeitnehmer wie in der hier diskutierten Konzernkonstellation über einen längeren Zeitraum bei einem anderen Unternehmen beschäftigt, so verlagert sich der Schwerpunkt seines Arbeitverhältnisses vom anstellenden Unternehmen auf das Unternehmen, bei dem er tatsächlich seine Arbeitsleistung erbringt.[660] In diesem Fall ist es interessengerecht, den Arbeitnehmer nicht ausschließlich auf sein Anstellungsverhältnis zum „überlassenden" Unternehmen zu verweisen.[661] Zur Begründung anstellungsrechtlicher Ansprüche genügt die durch die Fortführung der Organtätigkeit zum Ausdruck kommende Eingliederung in den Betrieb der Tochtergesellschaft nicht. Es erscheint daher gerechtfertigt, dem Organmitglied ausnahmsweise einen Anspruch auf Abschluss eines Anstellungsvertrages mit der Gesellschaft, bei der er auch seine Organtätigkeit ausübt, zuzubilligen.[662] Kommt es somit nicht zu einem Verlust des anstellungsrechtlichen Schutzes, ist im Ergebnis auch nicht von einer Beeinträchtigung der freien Leitungsmacht durch ein Auseinanderfallen der organschaftlichen Rechtsbeziehungen einerseits sowie der anstellungsvertraglichen Beziehungen andererseits auszugehen.

Aus dem Vorrangprinzip folgt auch in dieser Konzernkonstellation, dass dem Organverhältnis gegenüber dem Anstellungsverhältnis der Vorrang einzuräumen ist, so dass Bestimmungen des Anstellungsvertrages, die die ordnungsgemäße Ausübung der Organtätigkeit beeinträchtigen, überlagert werden.[663] Dies gilt insbesondere in bezug auf das arbeitsrechtliche Direktionsrecht.[664]

Die Möglichkeiten der Beendigung des Arbeitsverhältnisses des AG-Vorstandsmitglieds und der Konzernobergesellschaft gegen den Willen des Vorstandsmitglieds sind allein nach arbeitsrechtlichen Grundsätzen zu beurteilen. Da die Geltungsbereichsausnahme gem. § 14 Abs. 1 Nr. 1 KSchG hier nicht greift, kommt der arbeitsrechtliche Kündigungsschutz vollumfänglich zur Anwendung. Der Umstand, dass bei einem anderen Konzernunternehmen eine Organstellung besteht, hat auf die Beantwortung der hier diskutierten Beendigungsfrage keinen Einfluss.[665]

[660] *Henssler*, Arbeitsvertrag im Konzern, S. 66.
[661] *Henssler*, Arbeitsvertrag im Konzern, S. 66.
[662] Vgl. hierzu ausführlich: *Henssler*, Arbeitsvertrag im Konzern, S. 63 ff.
[663] *Fleck* in FS für Hilger und Stumpf, S. 437 (447); *Windbichler*, S. 503.
[664] *Fleck* in FS für Hilger und Stumpf, S. 437 (447).
[665] Vgl. *Gaul*, GmbHR 1989, 357 (359).

Teil VII
Wesentliche Ergebnisse der Arbeit

I. Die vorliegende Untersuchung hat ergeben, dass das AG-Vorstandsmitglied zur Gesellschaft in der Regel in einer zweifachen Rechtsbeziehung steht. Hierbei handelt es sich einerseits um das Organverhältnis und andererseits um das dies ergänzende Anstellungsverhältnis. Während das Organverhältnis die Rechte und Pflichten des Vorstandsmitglieds als Teil des Geschäftführungsorgans regelt, gestaltet das Anstellungsverhältnis die persönliche Rechtsstellung des Vorstandsmitglieds zur Gesellschaft.

Gem. § 84 Abs. 3 S. 1, 2 AktG ist das Organverhältnis bei Vorliegen einer der dort genannten wichtigen Gründe im Wege des Widerrufs der Bestellung vor Ablauf der regulären Bestellungsdauer beendbar. Für Ansprüche aus dem Anstellungsvertrag gelten gem. § 84 Abs. 3 S. 5 AktG dagegen die allgemeinen Vorschriften.
Aus § 84 Abs. 3 AktG ergibt sich, dass das Schicksal beider Rechtsverhältnisse grundsätzlich voneinander unabhängig zu beurteilen ist. Es gilt das sog. Trennungsprinzip.

Auf dieses Prinzip lässt sich das Verhältnis beider Rechtsverhältnisse zueinander indessen wegen der Bedeutung des Vorstandsamts nicht reduzieren.
Dem Vorstand ist in § 76 AktG die freie Leitungsmacht garantiert. Eine gesellschaftsrechtliche Weisungsgebundenheit des Vorstands gegenüber den anderen Gesellschaftsorganen besteht grundsätzlich nicht. Die Unabhängigkeit des Vorstands ist aktienrechtlich fest verankert und kann durch Einflussmöglichkeiten anderer Gesellschaftsorgane nicht unterlaufen werden. Die Leitungsmacht ist unveräußerlich. Der Vorstand nimmt im Gesamtgefüge der AG eine überragende Stellung ein. Seine Kompetenzen sind für die Bestimmung der Unternehmensgeschicke essentiell. Das Gesetz versetzt den Vorstand in die Lage, sämtliche unternehmerische Entscheidungen in bezug auf die Gesellschaft zu treffen und diese auch entsprechend umzusetzen, sofern sich nicht aus dem Gesetz oder der Satzung ausnahmsweise etwas anderes ergibt. Er ist als gesetzliches Organ innerhalb des ihm vom AktG zugewiesenen Aufgabenkreises zwingend zuständig, d.h. der ihm gesetzlich zugewiesene Aufgabenkreis kann nicht im Wege privatautonomer Gestaltung auf die anderen Organe der Gesellschaft übertragen werden. Das einzelne Vorstandsmitglied ist Teil des Gesamtorgans. Seine persönliche Unabhängigkeit muss insoweit gewährleistet sein, als dies zur Wahrung der Unabhängigkeit des Gesamtorgans erforderlich ist.

Die Beteiligung jedes einzelnen Vorstandsmitglieds an der Geschäftsführung ist gleichfalls unabdingbar.
Die überragende Bedeutung, die das AktG dem Vorstandsamt beimisst, gebietet es, dem Organverhältnis gegenüber dem Anstellungsverhältnis den Vorrang einzuräumen, soweit durch die Gestaltung der anstellungsrechtlichen Rechtsbeziehungen Organkompetenzen, insbesondere die Unabhängigkeit des Vorstandsamts, beeinträchtigt werden können. Ergänzend zum Trennungsprinzip gilt für das Verhältnis beider Rechtsverhältnisse zueinander daher das sog. Vorrangprinzip zugunsten des Organverhältnisses.

Die Möglichkeiten der einseitigen Beendbarkeit des Anstellungsverhältnisses eines Vorstandsmitglieds durch die Gesellschaft sind aufgrund der Geltung des Vorrangprinzips sehr eingeschränkt.

II. Ein erfolgter Widerruf der Organstellung hat wegen des Trennungsprinzips auf den Bestand des Anstellungsverhältnisses grundsätzlich keine Auswirkungen. Etwas anderes gilt nur dann, wenn eine wirksame Koppelung des Anstellungsverhältnisses an das Organverhältnis anstellungsvertraglich vereinbart worden ist. Ist dies der Fall, so tritt die Beendigungswirkung in Bezug auf das Anstellungsverhältnis allerdings nicht unmittelbar mit der Beendigung der Organstellung, sondern erst mit Ablauf der in § 622 BGB bezeichneten Kündigungsfristen ein.

III.

1. Das Vorstands-Anstellungsverhältnis ist aufgrund der aktienrechtlich zwingend vorgeschriebenen Höchstdauerbefristung stets als befristetes Anstellungsverhältnis zu qualifizieren. Aufgrund der Befristung ist die ordentliche Kündigungsmöglichkeit des Anstellungsverhältnisses nur dann eröffnet, wenn diese ausdrücklich anstellungsvertraglich vereinbart worden ist

2. Aus der Geltung des Vorrangprinzips folgt, dass die ordentliche Kündbarkeit des Anstellungsverhältnisses darüber hinaus nur dann zulässig ist, wenn zugleich auch die Voraussetzungen für den Widerruf der Organstellung gem. § 84 Abs. 3 AktG vorliegen.

3. Die Machtbefugnisse der einzelnen Vorstandsmitglieder sind im Vorstand in der Praxis selten gleichmäßig verteilt. Eine unterschiedliche Stellung der Vorstandsmitglieder kann sich insbesondere aus der Art der Ausgestaltung der Geschäftsführungsbefugnisse sowie aus dem Umfang einer etwaigen Kapitalbeteiligung ergeben. Im Extremfall sind sogar Fallgestaltungen denkbar, in denen ein einzelnes Vorstandsmitglied in seiner sozialen Stellung lediglich mit einem leitenden Angestellten vergleichbar ist.

Vor dem Hintergrund einer konkret feststellbaren sozialen Schutzbedürftigkeit von Vorstandsmitgliedern erscheint die Anwendung arbeitsrechtlicher Kündigungsschutzbestimmungen auf diese erwägenswert.

Die direkte Anwendbarkeit der arbeitsrechtlichen Kündigungsschutzvorschriften auf AG-Vorstandsmitglieder scheidet aus. Diese würde den Arbeitnehmerstatus von AG-Vorstandsmitgliedern voraussetzen. Der Organstatus steht jedoch der Erfüllung der Voraussetzungen für das Vorliegen einer Arbeitnehmereigenschaft von AG-Vorstandsmitgliedern zwingend entgegen. Vorstandsmitglieder können daher – abgesehen von den hier als Sonderkonstellationen bezeichneten Fallgestaltungen – niemals Arbeitnehmerstatus haben.

Für die Vorliegen einer Arbeitnehmereigenschaft ist die Erfüllung des Merkmals der Weisungsgebundenheit unverzichtbar. Alternative Lösungsansätze in der neueren Literatur, die das Vorliegen dieses Merkmals für verzichtbar halten, sind zur Bestimmung der Arbeitnehmereigenschaft nicht geeignet.

Die Garantie der freien Leitungsmacht in § 76 AktG verbietet das Vorliegen einer arbeitsrechtlichen Weisungsgebundenheit sogar einzelner AG-Vorstandsmitglieder in einem Kollegialorgan in sämtlichen gesellschaftsrechtlich in Betracht kommenden Ausgestaltungsvarianten der Geschäftsführung.

Die analoge Anwendbarkeit der arbeitsrechtlichen Kündigungsschutzvorschriften setzt das Bestehen einer planwidrigen Regelungslücke voraus.

An einer Regelungslücke fehlt es dann, wenn Organmitglieder ausdrücklich aus dem Anwendungsbereich einzelner arbeitsrechtlicher Gesetze ausgenommen sind.

Ist dies nicht der Fall, erscheint ihre Anwendbarkeit vor dem Hintergrund des Schutzzwecks der arbeitsrechtlichen Kündigungsschutzgesetze auf AG-Vorstandsmitglieder geboten, sofern im Hinblick auf AG-Vorstandsmitglieder und Arbeitnehmer diesbezüglich eine vergleichbare Interessenlage vorliegt. Das Bestehen einer solchen setzt zunächst eine einem Arbeitnehmer vergleichbare Interessenlage voraus. Weiterhin ist erforderlich, dass der Schutzzweck der arbeitsrechtlichen Gesetze auf AG-Vorstandsmitglieder und Arbeitnehmer gleichermaßen anwendbar ist und der Anwendbarkeit mit der Organstellung des AG-Vorstandsmitglieds verbundene Besonderheiten nicht entgegenstehen.

Die einem Arbeitnehmer vergleichbare soziale Schutzbedürftigkeit ist dann anzunehmen, wenn das AG-Vorstandsmitglied seine Arbeitskraft dem Unternehmen hauptberuflich zur Verfügung stellt und es auf seine Tätigkeit wirtschaftlich angewiesen ist. Sie ist daher in allen denjenigen Fällen festzustellen, in denen Vorstandsmitglieder als solche hauptberuflich tätig und am Kapital der Gesellschaft nicht maßgeblich beteiligt sind.

Ausgehend von diesen Grundsätzen ergibt sich für die analoge Anwendbarkeit der exemplarisch betrachteten, praktisch wichtigsten arbeitsrechtlichen Kündigungsschutzvorschriften auf AG-Vorstandsmitglieder folgendes:

Das KSchG ist wegen § 14 Abs. 1 Nr. 1 KSchG im Fall der ordentlichen Kündigung von Vorstandsmitgliedern nicht analog anwendbar. Die vom Gesetzgeber getroffene Wertenentscheidung steht einer Analogiebildung bereits im Ansatz entgegen.

Die Kündigungsschutzvorschriften gem. §§ 85 ff. SGB IX können auf AG-Vorstandsmitglieder nicht analog angewandt werden.

Das Kündigungsverbot gem. § 9 MuSchG kann analog greifen, sofern die erwerbstätige Mutter in einem Kollegialorgan tätig ist.

Das Kündigungsverbot gem. § 18 BErzGG findet dagegen unabhängig davon, wie der Vorstand im Einzelfall organisiert ist, keine analoge Anwendung.

4. Auch nach der Neuregelung der gesetzlichen Kündigungsfristen durch das KündFG ist davon auszugehen, dass im Hinblick auf die im Fall der ordentlichen Kündigung eines nicht mehrheitlich kapitalbeteiligten Organmitglieds anzuwendende Kündigungsfrist eine planwidrige Regelungslücke vorliegt, die im Wege einer analogen Anwendung des § 622 BGB zu schließen ist. Im Fall der ordentlichen Kündigung eines nicht mehrheitlich kapitalbeteiligten AG-Vorstandsmitglieds normiert daher § 622 BGB die maßgebliche Kündigungsfrist. Dies gilt für beide Absätze der Vorschrift. Für eine Differenzierung nach der Anwendbarkeit der Grundkündigungsfrist des § 622 Abs. 1 BGB und der zeitlich gestaffelt verlängerten Frist des § 622 Abs. 2 BGB im Fall der Kündigung eines AG-Vorstandsmitglieds besteht nach der Gesetzesnovellierung kein Raum mehr.

5. Die ordentliche Kündigung eines AG-Vorstandsmitglieds hat die Anhörung des Betriebsrats nicht zur Voraussetzung.

6. Ebenso wie die analoge Anwendbarkeit der arbeitsrechtlichen Kündigungsschutzvorschriften erscheint auch die analoge Anwendung des § 623 BGB im

Fall der Kündigung eines nicht mehrheitlich am Kapital beteiligten AG-Vorstandsmitglieds interessengerecht. Die Schriftlichkeit empfiehlt sich ohnedies aus Sicht der Gesellschaft stets unter Beweisführungsgesichtpunkten,

IV.

1. Die außerordentliche Kündigung des Anstellungsverhältnisses eines Vorstandsmitglieds ist bei Vorliegen der Voraussetzungen des § 626 BGB zulässig.

   § 626 BGB stellt an das Vorliegen eines „wichtigen Grundes" zur außerordentlichen Kündigung des Anstellungsverhältnisses höhere Anforderungen, als § 84 Abs. 3 AktG für den Fall des Widerrufs der Bestellung.

   In der Praxis liegt der Hauptschwerpunkt möglicher „an sich" zur außerordentlichen Kündigung geeigneter wichtiger Gründe im Bereich der verhaltensbedingten Kündigungsgründe.
   Auch personenbedingte oder betriebsbedingte Gründe können eine außerordentliche Kündigung des Anstellungsverhältnisses rechtfertigen.

2. Bei der außerordentlichen Kündigung des Anstellungsverhältnisses eines Vorstandsmitglieds ist die Gesellschaft zur Wahrung der zweiwöchigen Kündigungserklärungsfrist gem. § 626 Abs. 2 BGB verpflichtet. Probleme bei der Einhaltung dieser Voraussetzung können sich daraus ergeben, dass der Aufsichtsrat als Kollegialorgan Kündigungsberechtigter ist. Hinsichtlich des Fristlaufs gem. § 626 Abs. 2 BGB ist von folgenden Grundsätzen auszugehen:
   Die Frist beginnt zu laufen, wenn sämtliche Aufsichtsratsmitglieder von den die Kündigung begründenden Umständen im Zusammenhang mit ihrer Organtätigkeit Kenntnis erlangt haben.
   Die zur Einberufung einer Aufsichtsratssitzung berechtigten Personen sind verpflichtet, die Einberufung in angemessener Frist ab Kenntniserlangung der die Kündigung begründenden Umstände einzuberufen.
   Wird die Einberufung unangemessen verzögert, so muss sich die Gesellschaft so behandeln lassen, als sei die Aufsichtsratssitzung mit der zumutbaren Beschleunigung einberufen worden.

V. Im Fall des Betriebsübergangs geht das Anstellungsverhältnis der Vorstandsmitglieder, unabhängig davon, ob es sich hierbei um ein freies Dienstverhältnis oder um ein Arbeitsverhältnis handelt, nicht gem. § 613 a BGB auf den Erwerber über.

Ob das Anstellungsverhältnis vom Veräußerer gekündigt werden kann, bemisst sich unabhängig vom erfolgten Betriebsübergang nach denjenigen Grundsätzen, die auch sonst für die Kündbarkeit des Anstellungsverhältnisses von Vorstandsmitgliedern gelten. Die Kündigungssperre gem. § 613 a Abs. 4 BGB ist nicht anwendbar.

VI. Sind Vorstandsmitglieder von einer Unternehmensumwandlung betroffen, so folgt der Übergang ihrer Anstellungsverhältnisse aus dem im Rahmen der Unternehmensumwandlung nach dem UmwG geltenden Grundsatz der Gesamtrechtsnachfolge.

Auch hier bemisst sich die Beendbarkeit des Anstellungsverhältnisses nach den für die Kündigung von Vorstandsmitgliedern geltenden allgemeinen Grundsätzen.

VII. In der Insolvenz scheitert die ordentliche Kündbarkeit von Vorstandsmitgliedern nicht an der Befristung ihres Anstellungsverhältnisses, vgl. § 113 InsO. Ihr Anstellungsverhältnis kann daher in der Insolvenz ausnahmsweise ordentlich gekündigt werden. Darüber hinaus ist die außerordentliche Kündigung möglich, sofern die in § 626 BGB bezeichneten Vorsaussetzungen vorliegen.

VIII. Kündigungsrechtliche Probleme können unter Anwendung der allgemeinen Prinzipien des Bürgerlichen Rechts sowie des Schuldrechts nicht vermieden werden.
Zwar kann sich die Gesellschaft bei Vorliegen der gesetzlichen Voraussetzungen zulässigerweise im Wege der Anfechtung des Anstellungsvertrages vom Anstellungsverhältnis eines AG-Vorstandsmitglieds lösen. Jedoch ergibt sich die Beendigungsfolge in Fällen, in denen die Organstellung vorzeitig beendet worden ist, nicht unter dem Gesichtpunkt der Unmöglichkeit sowie der Störung der Geschäftsgrundlage.

Die Gesellschaft kann jedoch bereits bei der Vertragsgestaltung vor Aufnahme der Tätigkeit kündigungsrechtlichen Probleme durch die Vereinbarung von Koppelungsklauseln vorbeugen.

IX. Ob in Fällen, in denen die Organstellung wirksam widerrufen worden ist, das Anstellungsverhältnis jedoch nicht vorzeitig beendet werden kann, das (ehemalige) Vorstandsmitglied zu einer Tätigkeit unterhalb der Organebene verpflichtet werden kann, hängt von den Umständen des Einzelfalls, hier insbesondere von Zumutbarkeitserwägungen ab.

X. AG-Vorstandsmitglieder sind nicht gezwungen, sich gegen eine ihnen gegenüber ausgesprochene Kündigung innerhalb der Drei-Wochen-Frist des § 4 KSchG zur Wehr zu setzen. Die Kündigungsschutzklage ist gegen die Gesellschaft, vertreten durch den Aufsichtsrat zu richten. Für die Klage ist der Rechtsweg zu den ordentlichen Gerichten eröffnet.

XI. Besonderheiten bei der Beendbarkeit des Anstellungsverhältnisses sind dann zu beachten, wenn ein AG-Vorstandsmitglied ausnahmsweise Arbeitnehmerstatus besitzen sollte.
Dieses Konstellation kann dann vorliegen, wenn ein bislang als leitender Angestellter Tätiger zum Organmitglied bestellt wurde und das Arbeitverhältnis im Zuge dieser Bestellung nicht beendet wurde. Darüber hinaus können auch die praktisch sehr häufigen Konzernkonstellationen mit einer Arbeitnehmereigenschaft von AG-Vorstandsmitgliedern einhergehen.

Literaturverzeichnis

Adam, Roman F., Anmerkung zum BGH-Urteil vom 14.02.2000 – II ZR 218/98 –, LM Nr. 44 zu § 626 BGB.

Aden, Menno, Die Kündigung bei langandauernder Krankheit im Großbetrieb, RdA 1981, 280.

Ascheid, Reiner, Kündigungsschutzrecht – Die Kündigung des Arbeitsverhältnisses –, Köln 1993.

Baeck, Ulrich / Hopfner, Ingrid, Schlüssige Aufhebungsverträge mit Organmitgliedern auch nach Inkrafttreten des § 623 BGB, DB 2000, 1914.

Bauer, Jobst-Hubertus, Aktuelle Probleme betriebsbedingter Kündigung unter besonderer Berücksichtigung des Betriebsübergangs, Köln 1986, (zitiert: *Bauer*, Betriebsübergang).

Bauer, Jobst-Hubertus, Arbeitsrechtliche Aufhebungsverträge – Handbuch –, 6. Auflage, München 1999, (zitiert: *Bauer*, Aufhebungsverträge).

Bauer, Jobst-Hubertus, Rechtliche und taktische Probleme bei der Beendigung von Vorstandsverhältnissen, DB 1992, 1413.

Bauer, Jobst-Hubertus, Kündigung und Kündigungsschutz vertretungsberechtigter Organmitglieder, BB 1994, 855.

Bauer, Jobst-Hubertus, Nun Schriftform bei Beförderung zum Geschäftsführer?, GmbHR 2000, 767.

Bauer, Jobst-Hubertus / Diller, Martin, Koppelung von Abberufung und Kündigung bei Organmitgliedern – Zulässige Gestaltung oder sittenwidrige Falle? –, GmbHR 1998, 809.

Bauer, Jobst-Hubertus / Gragert, Nicola, Der GmbH-Geschäftsführer zwischen Himmel und Hölle ZIP 1997, 2177.

Baumbach, Adolf / Hueck, Alfred, Aktiengesetz, – Kommentar –, 13. Auflage, München 1968, (zitiert: *Bearbeiter* in Baumbach/Hueck, AktG).

Baumbach, Adolf / Hueck, Alfred, GmbH-Gesetz, – Kommentar –, 17. Auflage, München 2000, (zitiert: *Bearbeiter* in Baumbach/Hueck, GmbHG).

Baums, Theodor, Der Geschäftsleitervertrag, Köln 1987.

Becker, Josef, Schwerbeschädigtengesetz, – Kommentar –, 2. Auflage, Berlin/Frankfurt 1962, (zitiert: *Becker*, Schwerbeschädigtengesetz (1962)).

Boecken, Winfried, Die Übertragung von Arbeitsverhältnissen bei Spaltung nach dem neuen Umwandlungsrecht, ZIP 1994,1087.

Boecken, Winfried., Unternehmensumwandlungen und Arbeitsrecht, Köln 1996.

Boemke, Burkhard, Das Dienstverhältnis des GmbH-Geschäftsführers zwischen Gesellschafts- und Arbeitsrecht, ZfA 1998, 209.

Boemke, Burkhard., Neue Selbständigkeit und Arbeitsverhältnis – Grundsatzfragen sinnvoller Abgrenzung von Arbeitnehmern, Arbeitnehmerähnlichen und Selbständigen, ZfA 1998, 285.

Boemke Burkhard, Rechtsprechungsübersicht – GmbH-Geschäftsführer – ruhendes Arbeitsverhältnis –, JuS 2001, 200.

Brachert, Sebastian, Organmitgliedschaft und Arbeitnehmerstatus: Ein Beitrag zur arbeitsrechtlichen Einordnung von Geschäftsführern der Gesellschaft mit beschränkter Haftung und von Vorstandsmitgliedern der Aktiengesellschaft, Frankfurt/Bern/New York/Paris 1991.

Brandes, Helmut, Die Rechtsprechung des Bundesgerichtshofs zur Aktiengesellschaft, WM 2000, 53.

Braun, Eberhard / Uhlenbruck, Wilhelm, Unternehmensinsolvenz, -Grundlagen, Gestaltungsmöglichkeiten, Sanierung mit der Insolvenzordnung-, Düsseldorf 1997, (zitiert: *Braun/Uhlenbruck,* InsO).

Brox, Hans / Rüthers, Bernd, Arbeitsrecht, 15. Auflage. Stuttgart 2002.

Buchner, Herbert / Becker, Ulrich, Mutterschutzgesetz und Bundeserziehungsgeldgesetz, 6. Auflage, München 1998, (zitiert: *Buchner/Becker*).

Buchner, Herbert, Das Recht der Arbeitnehmer, der Arbeitnehmerähnlichen und der Selbständigen, NZA 1998, 1144.

Bydlinski, Franz, Juristische Methodenlehre und Rechtsbegriff, 2. Auflage, Wien/New York 1991.

Caspers, Georg, Personalabbau und Betriebsänderung im Insolvenzverfahren, Köln 1998.

Cramer, Horst, Schwerbehindertengesetz, -Kommentar-, 5. Auflage, München 1998.

Däubler, Wolfgang ,Das Arbeitsrecht im neuen Umwandlungsgesetz, RdA 1995, 136.

Däubler, Wolfgang., Die Flexibilität des Arbeitsrechts, Festschrift für Thomas Dieterich zum 65. Geburtstag, Hrsg.: Peter Hanau, Friedrich Heither, Jürgen Kühling, S. 63 ff., (zitiert: *Däubler* in FS für Dieterich).

Däubler, Wolfgang., Obligatorische Schriftform für Kündigungen, Aufhebungsverträge und Befristungen - Der neue § 623 BGB, AiB 2000, S. 188 (189).

Densch, Reinhard, Die Ausschlußfrist des § 626 Abs. 2 BGB bei fristloser Kündigung eines GmbH-Geschäftsführers durch die Gesellschafterversammlung, DB 1983, 811.

Dose, Stefan, Die Rechtsstellung der Vorstandsmitglieder einer Aktiengesellschaft, 3. Auflage, Köln 1975.

Dütz, Wilhelm, ‚Kirchliche Festlegung arbeitsvertraglicher Kündigungsgründe?, NJW 1990, 2025.

Dütz, Wilhelm., Arbeitsrecht, 7. Auflage, München 2002.

Eckardt, Bernd, Die Beendigung der Vorstands- und Geschäftsführerbestellung in Kapitalgesellschaften, Frankfurt 1989.

Eisenbeis, Ernst / Mues, Werner M., Arbeitsrecht in der Insolvenz, Neuwied/Kriftel 2000.

Erfurter Kommentar ‚zum Arbeitsrecht. Hrsg.: Thomas Dieterich, Peter Hanau, Günter Schaub, 3. Auflage, München 2003, (zitiert: Erfurter Komm./*Bearbeiter*).

Ettwig, Bettina, Betriebsbedingte Kündigung in der Insolvenz, Berlin 1999.

Fleck, Hans-Joachim, Das Organmitglied – Unternehmer oder Arbeitnehmer?, FS für Marie Luise Hilger und Hermann Stumpf, München 1983, (zitiert: *Fleck* in FS für Hilger und Stumpf).

Fleck, Hans-Joachim, Anmerkung zum BGH-Urteil vom 19.12.1988 – II ZR 74/88 – EWiR 1989, 317.

*Fleck, Hans-Joachim,*Das Dienstverhältnis der Vorstandsmitglieder und Geschäftsführer in der Rechtsprechung des BGH, (Fortsetzung zu WM 1968 Sonderbeilage 3). WM 1981 Sonderbeilage 3.

Fleck, Hans-Joachim, Das Dienstverhältnis der Vorstandsmitglieder und Geschäftsführer in der Rechtsprechung des BGH, (Fortsetzung zu WM 1985, 677 ff.), WM 1994.

Fleck, Hans-Joachim, Das Dienstverhältnis der Vorstandsmitglieder und Geschäftsführer in der Rechtsprechung des BGH, (Fortsetzung zu WM 1981 Sonderbeilage 3), WM 1985, 677.

Flume, Werner, Allgemeiner Teil des Bürgerlichen Rechts, Erster Band, 2. Teil, Die juristische Person, Heidelberg 1983.

Frankfurter Kommentar zur Insolvenzordnung, Hrsg.: Klaus Wimmer. Neuwied/Kriftel 1999, (zitiert: FK-InsO/*Bearbeiter*).

Gaul, Björn, Aktuelles Arbeitsrecht, Band I / 2000, Köln 2000.

Gaul, Björn., Der Betriebsinhaberwechsel und seine einzelvertraglichen Auswirkungen, BB 1979, 1666.

Gaul, Björn., Der leitende Angestellte in Doppelfunktion als Organmitglied, GmbHR 1989, 357.

Gemeinschaftskommentar zum Kündigungsschutzgesetz und zu sonstigen kündigungsrechtlichen Vorschriften, 3. Auflage, Neuwied/Kriftel/Berlin 1989, (zitiert: KR/*Bearbeiter*, 3. Auflage (1989); 6. Auflage, Neuwied/Kriftel 2002, (zitiert: KR/*Bearbeiter*).

Gemeinschaftskommentar zum Schwerbehindertengesetz, Hrsg.: Ruprecht Großmann, Werner Schimanski, Friedrich-Wilhelm Dopatka, Ursula Spiolek, Hans-Joachim Steinbrück, 2. Auflage, Neuwied/Kriftel 2000, (zitiert: GK-SchwbG/*Bearbeiter*).

Gerlach, Hans W.,Die Anstellung eines Vorstandsmitglieds einer Aktiengesellschaft ohne Beschluß des Aufsichtsrates und deren Folgen, AG 1965, 251.

Germelmann, Claas-Hinrich / Matthes, Hans-Christph / Prütting, Hanns, Arbeitsgerichtsgesetz, Kommentar, 3. Auflage, München 1999, (zitiert: *Germelmann/Matthes/Prütting*, ArbGG).

Geßler, Jörg H.,Aktiengesetz 2001, -Kommentar-, (Stand: Juli 2001), Neuwied/Kriftel 2001, (zitiert: *Geßler*, AktG).

*Geßler, Ernst / Hefermehl, Wolfgang,*Kommentar zum Aktiengesetz, Band II, §§ 76-147, München 1973/1974, (zitiert: *Bearbeiter* in Geßler/Hefermehl).

Giesen, Richard, Das neue Kündigungsschutzrecht in der Insolvenz, ZIP 1998, 46.

Gissel, Ralf, Arbeitnehmerschutz für den GmbH-Geschäftsführer, Köln/Berlin/Bonn/München 1987.

Godin, Freiherr von René / Wilhelmi, Sylvester, Aktiengesetz, -Kommentar-, Band I, §§ 1-178, 4. Auflage, Berlin/New York 1971, (zitiert: *Godin/Wilhelmi*).

Goette, Wulf, Das Anstellungsverhältnis des GmbH-Geschäftsführers in der Rechtsprechung des Bundesgerichtshofs, DStR 1998, 1137.

Goette, Wulf, Anmerkung zum BGH-Beschluss vom 03.07.1995 – II ZR 187/94 –, DStR 1995, 1120.

Goette, Wulf, Anmerkung zum BGH-Urteil vom 13.07.1998, – II ZR 131/97 –, DStR 1998, 1400.

Goette, Wulf, Anmerkung zum BGH-Urteil vom 10.01.2000, – II ZR 251/98 –, DStR 2000, 566.

Goette, Wulf, Anmerkung zum BGH-Urteil vom 14.02.2000 , – II ZR 218/98 –, DStR 2000, 696.

Gottwald, Peter, Insolvenzrechtshandbuch, Hrsg.: Peter Gottwald, 2. Auflage, München 2001, (zitiert: Gottwald/*Bearbeiter*).

Gravenhorst, Wulf, Anmerkung zum Urteil des OLG Bamberg vom 23.11.1994 – 8 U 76/94 –, EzA Nr. 3 zu § 112 AktG.

Gravenhorst, Wulf., Anmerkung zum Urteil des BGH vom 10.09.2002 – II ZR 14/00 –, EzA Nr. 43 zu § 611 BGB Abmahnung.

Griebeling, Gert, Der Arbeitnehmerbegriff und das Problem der „Scheinselbständigkeit", RdA 1998, 208.

Groeger, Axel, Problem der außerordentlichen betriebsbedingten Kündigung ordentlich unkündbarer Arbeitnehmer, NZA 1999, 850.

Groß, Volker, Das Anstellungsverhältnis des GmbH-Geschäftsführers im Zivil-, Arbeits-, Sozialversicherungs- und Steuerrecht, Köln 1987.

Groß, Volker, Das Phantom des Arbeitnehmer-Geschäftsführers im Konkursausfallgesetz und in der Konkursordnung, DB 1984, 1447.

Großkommentar zum Aktiengesetz, Hrsg.: Carl Hans Barz, Herbert Brönner, Ulrich Klug, Konrad Millerowicz, Joachim Meyer-Landrut, Wolfgang Schilling, Herbert Wiedemann, Hans Würdinger, Erster Band, 2. Halbband, §§ 76-147, Berlin/New York 1973, (zitiert: Großkomm. AktG/ *Bearbeiter*).

Großkommentar zum Kündigungsrecht, Hrsg.: Reiner Ascheid, Ulrich Preis, Ingrid Schmidt, München 2000, (zitiert: APS/*Bearbeiter*).

Grunewald, Barbara, Festschrift für Karl Beusch zum 68. Geburtstag am 31. Oktober 1993, S. 301 ff., Berlin/New York 1993.

Grunsky, Wolfgang, Arbeitsgerichtsgesetz, Kommentar, 7. Auflage, München 1995, (zitiert: Grunsky, ArbGG).

Haase, Karsten, Zum Schicksal des Arbeitsverhältnisses bei Bestellung eines Arbeitnehmers zum Geschäftsführer bei GmbH-Ausgliederung, GmbHR 2000, 1095.

Hachenburg, Max, Gesetz betreffend die Gesellschaften mit beschränkter Haftung (GmbHG), Zweiter Band, §§ 35-52, 8. Auflage, Berlin/New York 1997, (zitiert: Hachenburg/*Bearbeiter*).

Hanau, Peter / Adomeit, Klaus, Arbeitsrecht, 13. Auflage, Neuwied/Kriftel 2000.

Happ, Wilhelm, Aktienrecht, -Handbuch-Mustertexte-Kommentar-, Köln-Berlin-Bonn-München 1995.

Hartmann, Christian, Die privatautonome Zuordnung von Arbeitsverhältnissen nach Umwandlungsrecht, ZfA 1997, 21.

Hauck, Karl / Nofz, Wolfgang,(Hrsg.), Sozialgesetzbuch, Gesamtkommentar, SGB IX, Berlin 2001, (zitiert: *Bearbeiter* in Hauck/Nofz).

Hauer, Ulrich, Die Abmahnung im Arbeitsverhältnis, Baden-Baden 1990.

Hefermehl, Wolfgang, Einführung zur dtv-Ausgabe des Aktiengesetzes, 35. Auflage, München 2003, (zitiert: *Hefermehl* in Einf. zur dtv-Ausgabe des AktG).

Heilmann, Joachim, Mutterschutzgesetz, -Kommentar-, 2. Auflage, Baden-Baden 1991.

Heinze, Meinhard, Arbeitsrechtliche Fragen bei der Übertragung und Umwandlung von Unternehmen, ZfA 1997, 1.

Heinze, Meinhard, Das Arbeitsrecht in der Insolvenzordnung, NZA 1999, 57.

Heinze, Meinhard, Bestandsschutz durch Beschäftigung trotz Kündigung?, - Zum Beschäftigungsanspruch des Arbeitnehmers aus dem Arbeitsvertrag -, DB 1985, 111.

Henn, Günter, Handbuch des Aktienrechts, 7. Auflage, Heidelberg 2002.

Henssler, Martin, Das Anstellungsverhältnis der Organmitglieder, RdA 1992, 289.

Henssler, Martin., Der Arbeitsvertrag im Konzern, Berlin 1983, (zitiert: *Henssler,* Arbeitsvertrag im Konzern).

Herschel, Wilhelm, Die leitenden Angestellten im Kündigungsschutzgesetz, RdA 1962, 59.

Herschel, Wilhelm, ,Anm. zum BAG-Urteil vom 16.08.1977, - 5 AZR 290/76 - , AP Nr. 23 zu § 611 BGB Abhängigkeit.

Herschel, Wilhelm, Unmöglichkeit der Dienstleistung und Kündigung, insbesondere bei Krankheit, BB 1982, 253.

Heyll, Jens, Die Anwendung von Arbeitsrecht auf Organmitglieder, Frankfurt 1994.

Hirte, Heribert, Die Entwicklung des Unternehmens- und Gesellschaftsrechts in Deutschland 1998 und 1999, NJW 2000, 3531.

Hromadka, Wolfgang, Rechtsfragen zum Kündigungsfristengesetz, BB 1993, 2372.

Hromadka, Wolfgang, Arbeitnehmerbegriff und Arbeitsrecht, - Zur Diskussion um die „neue Selbständigkeit" -, NZA 1997, 569.

Hromadka, Wolfgang / Maschmann, Frank, Arbeitsrecht Band 1, -Individualarbeitsrecht-, 2. Auflage, Berlin/Heidelberg/New York 2002, (zitiert: *Hromadka/Maschmann*).

Hueck, Götz, Bemerkungen zum Anstellungsverhältnis von Organmitgliedern juristischer Personen, FS für Marie Luise Hilger und Hermann Stumpf, München 1983, S. 365, (zitiert: *Hueck* in FS für Hilger und Stumpf).

*Hueck, Alfred,*Die Rechtsstellung der Mitglieder von Organen der juristischen Personen, DB 1954, 274.

Hueck, Alfred / Nipperdey, Hans Carl, Lehrbuch des Arbeitsrechts, Erster Band, 7. Auflage, Berlin/Frankfurt 1963, (zitiert: *Hueck/Nipperdey*).

Hueck, Alfed / von Hoyningen-Huene, Gerrick, Kündigungsschutzgesetz -Kommentar-, 13. Auflage, München 2002, (zitiert: *Hueck/v. Hoyningen-Huene*).

Hüffer, Uwe, Aktiengesetz, 5. Auflage, München 2002.

Hümmerich, Klaus, Grenzfall des Arbeitsrechts; Kündigung des GmbH-Geschäftsführers, NJW 1995, 1177.

*Junker, Abbo,*Grundkurs Arbeitsrecht, München 2001.

Kasseler Handbuch, zum Arbeitsrecht, Hrsg.: Wolfgang Leinemann, Band 1, 2. Auflage, Neuwied/ Kriftel/Berlin 2000, (zitiert: Kasseler Hdb. z. ArbR/*Bearbeiter*).

Kessler, Manfred H., Die Leitungsmacht des Vorstandes einer Aktiengesellschaft, Tübingen 1991.

Köhl, Dietmar, Die Einschränkung der Haftung des GmbH-Geschäftsführers nach den Grundsätzen des innerbetrieblichen Schadensausgleichs, DB 1996, 2597.

Kölner Kommentar, zum Aktiengesetz, Band 2, §§ 76-117, 2. Auflage, Köln/Berlin/Bonn/München 1996, (zitiert: *Bearbeiter* in Kölner Komm.).

Kölner Schrift zur Insolvenzordnung, Das neue Insolvenzrecht in der Praxis, Hrsg.: Arbeitskreis für Insolvenz- und Schiedsgerichtswesen e.V., Köln, 2. Auflage, Köln 2000, (zitiert: Kölner Schrift zur InsO/*Bearbeiter*).

Kowalski, André, Anmerkung zum BGH, Urteil vom 15.06.1998, – II ZR 318/96 –, EWiR 3/98.

Krause, Rüdiger, Das Schriftformerfordernis des § 623 BGB beim Aufstieg eines Arbeitnehmers zum Organmitglied, ZIP 2000, 2284.

Krauss, Lutz, Status und Kündigungsschutz von arbeitnehmerähnlichen Vorstandsmitgliedern der Aktiengesellschaft, Frankfurt/Bern/New York/Paris 1989.

Krey, Volker, Zur Problematik richterlicher Rechtsfortbildung contra legem (I), JZ 1978, 361.

Krieger, Gerd, Personalentscheidungen des Aufsichtsrats, Köln/Berlin/Bonn/München 1981.

Kucera, Stefan, Die arbeitsrechtliche Stellung des Vorstandsmitglieds einer kleinen Aktiengesellschaft, Münster 1998.

Kuhn, Georg / Uhlenbruck, Wilhelm, Konkursordnung, -Kommentar-, 11. Auflage , München 1994.

Küttner, Wolfdieter, Personalbuch 2002, Arbeitsrecht-Lohnsteuerrecht-Sozialversicherungsrecht 9. Auflage, München 2002, (zitiert: Küttner/*Bearbeiter*).

Larenz, Karl, Methodenlehre der Rechtswissenschaft, 6. Auflage, Berlin/Heidelberg/New York 1991.

Lieb, Manfred, Arbeitsrecht, 7. Auflage, Heidelberg 2000.

Löwisch, Manfred, Arbeitsrecht, 6. Auflage, Düsseldorf 2002.

Lüders, Jürgen ,Beginn der Zwei-Wochen-Frist des § 626 Abs. 2 BGB bei Kenntniserlangung durch Organmitglieder, BB 1990, 790.

Lutter, Marcus, Umwandlungsgesetz, Band I, §§ 1-151, 2. Auflage, Köln 2000, Band II, §§ 152-325 2. Auflage, Köln 2000, (zitiert: Lutter/*Bearbeiter*).

Lutter, Marcus / Hommelhoff, Peter, GmbH-Gesetz, -Kommentar-, 15. Auflage, Köln 2000.

Lutter, Marcus / Krieger, Gerd, Rechte und Pflichten des Aufsichtsrats, 3. Auflage, Freiburg 1993.

Mack, Wolfgang, Die Begründung und Beendigung der Rechtsstellung von Organmitgliedern juristischer Personen im Handelsrecht dargestellt am Beispiel eines Vorstandsmitglieds einer Aktiengesellschaft, Mainz 1974.

Martens, Klaus-Peter, Die außerordentliche Beendigung von Organ- und Anstellungsverhältnis, FS für Winfried Werner zum 65. Geburtstag am 17.10.1984, Berlin 1984, S. 495, (zitiert: *Martens* in FS für Werner).

Martens, Klaus-Peter., Vertretungsorgan und Arbeitnehmerstatus in konzernabhängigen Gesellschaften, FS für Marie-Luise Hilger und Hermann Stumpf, München 1983, S. 437, (zitiert: *Martens* in FS für Hilger und Stumpf).

Mäschle, Walter, Lexikon der Kündigungsgründe, Kündigungssachverhalte für die Arbeitgeberkündigung im Spiegel der Rechtsprechung, 2. Auflage, München 1996.

Mauer, Reinhold / Schüßler, Antje, Kündigung unkündbarer Arbeitnehmer, BB 2001, 466.

Meilicke, Wienand, Abberufung und Kündigung eines Vorstandsmitglieds: Richtige Klageerhebung bei Unklarheiten über den richtigen Beklagtenvertreter, (Anmerkung zum BGH-Urteil vom 09.10.1986, – II ZR 284/85 –, DB 1987, 1723.

Meisel, Peter G. / Sowka, Hans-Harald, Mutterschutz, -Kommentar-, 5. Auflage, München 1999.

Miller, Fritz Georg, Anm. zum Beschluss des OLG Karlsruhe vom 10.07.1973 – 8 U 74/73 -, BB 1973, 1089 (1090).

Miller, Fritz Georg, Der Anstellungsvertrag des GmbH-Geschäftsführers – Rechtliche Einordnung und gesetzliche Mindestkündigungsfrist, BB 1977, 723.

Müller, Welf, Anmerkung zum Urteil des LAG Köln vom 18.11.1998 – 2 Sa 1063/98 –, EWiR 1999, 493.

Müller-Ehlen, Frank, Der Übergang von Arbeitsverhältnissen im Umwandlungsrecht, Frankfurt 1999.

Münchener Handbuch ,des Gesellschaftsrechts, Band 4, Aktiengesellschaft, Hrsg. Michael Hoffmann-Becking, 2. Auflage, München 1999, (zitiert: Münch.Hdb.AG/*Bearbeiter*).

Münchener Handbuch zum Arbeitsrecht, Band 1, Individualarbeitsrecht I, Hrsg.: Reinhard Richardi, Otfried Wlotzke, 2. Auflage, München 2000; Band 2, Individualarbeitsrecht II, Hrsg.: Reinhard Richardi, Otfried Wlotzke, 2. Auflage, München 2000, (zitiert: MünchArbR/*Bearbeiter*).

Münchener Kommentar, zum Handelsgesetzbuch, Hrsg.: Karsten Schmidt, Band 1, Erstes Buch. Handelsstand, §§ 1-104, München 1996, (zitiert: MüKo HGB/*Bearbeiter*).

Münchener Kommentar, zum Aktiengesetz, Hrsg.: Bruno Kropff, Johannes Semler, Band 1, §§ 1-53, 2. Auflage, München 2000, (zitiert: MüKoAG/*Bearbeiter*).

Münchener Kommentar, zum Bürgerlichen Gesetzbuch, Band 4, §§ 607-704, 3. Auflage, München 1997, (zitiert: MüKo/*Bearbeiter*).

Nebendahl, Mathias, Ansprüche des GmbH-Geschäftsführers aus betrieblicher Übung?, NZA 1992, 289.

Neumann, Dirk / Pahlen, Ronald, Schwerbehindertengesetz, 9. Auflage, München 1999.

Niebler, Michael, Die Rechtsprechung des BAG zum Schicksal des Arbeitsverhältnisses bei Geschäftsführerbestellung nach In-Kraft-Treten des § 623 BGB, NZA-RR 2001, 281.

Nikisch, Arthur, Arbeitsrecht, I. Band, Allgemeine Lehren und Arbeitsvertragsrecht, 3. Auflage, Tübingen 1961.

Nordhues, Günther, Arbeitsrechtliche Einordnung von Organmitgliedern, Aachen 1996.

Obermüller, Manfred / Hess, Harald, Isolvenzordnung, Eine systematische Darstellung des neuen Insolvenzrechts, 3 Auflage, Heidelberg 1999.

Oetker, Hartmut, Bestellung des Arbeitnehmers zum GmbH-Geschäftsführer, EWiR 2000, 1045.

Palandt, Otto, ‚Bürgerliches Gesetzbuch, -Kommentar-, 6. Auflage, München 2001, (zitiert: Palandt/*Bearbeiter*, 60. Auflage); 62. Auflage, München 2003, (zitiert: Palandt/*Bearbeiter*).

Peltzer, Martin, Rechtsprobleme beim unfreiwilligen vorzeitigen Ausscheiden von Vorstandsmitgliedern von Aktiengesellschaften und Gesellschaften mbH, BB 1976, S. 1249.

Preis, Ulrich, Arbeitsrecht, Praxis-Lehrbuch zum Individualarbeitsrecht, Köln 1999.

Preis, Ulrich / Gotthardt, Michael, Schriftformerfordernis für Kündigungen, Aufhebungsverträge und Befristungen nach § 623 BGB, NZA 2000, S. 348.

Preis, Ulrich / Hamacher, Anno, Die Kündigung der Unkündbaren, Arbeitsrecht und Arbeitsgerichtsbarkeit, FS zum 50-jährigen Bestehen der Arbeitsgerichtsbarkeit in Rheinland-Pfalz, S. 245 ff., Neuwied/ Kriftel 1999, (zitiert: *Preis/Hamacher* in FS Arbeitsgerichtsbarkeit).

Preis, Ulrich / Willemsen, Heinz Josef, Umstrukturierung von Betrieb und Unternehmen im Arbeitsrecht, Köln 1999, (zitiert: *Bearbeiter* in Preis/Willemsen).

Reichold, Hermann, Arbeitsrecht, München 2002.

*Reichsgerichtsrätekommentar,*Das Bürgerliche Gesetzbuch, Mit besonderer Berücksichtigung der Rechtsprechung des Reichsgerichts und des Bundesgerichtshofs, Hrsgg. Von Mitgliedern des Bundesgerichtshofs, Band II, Teil 3/1 / §§ 611-620, 12. Auflage, Berlin/New York 1997, (zitiert: RGRK/*Bearbeiter*).

Reinecke, Gerhard, Der „Grad der persönlichen Abhängigkeit" als Abgrenzungskriterium für den Arbeitnehmerbegriff, Festschrift für Thomas Dieterich zum 65. Geburtstag, Hrsg.: Peter Hanau, Friedrich Heither, Jürgen Kühling, S. 463 ff., (zitiert: *Reinecke* in FS für Dieterich).

Reinecke, Gerhard, Neudefinition des Arbeitnehmerbegriffs durch Gesetz und Rechtsprechung?, ZIP 1998, 581.

*Reiserer, Kerstin,*Die ordentliche Kündigung des Dienstvertrages des GmbH-Geschäftsführers, DB 1994, 1822.

*Reuter, Dieter,*Die Wandlung des Arbeitnehmerbegriffs – Befund und Konsequenzen –, FS für Thomas Dieterich zum 65. Geburtstag, Hrsg.: Peter Hanau, Friedrich Heither; Jürgen Kühling, München 1999, S. 473 ff., (zitiert: *Reuter* in FS für Dieterich).

Richardi, Reinhard / Annuß, Georg, Der neue § 623 BGB – Eine Falle im Arbeitsrecht?, NJW 2000, 1231.

Röder, Gerhard, Schicksal von Vorstand und Geschäftsführer bei Unternehmensumwandlung und Unternehmensveräußerungen, DB 1993, 1341.

Rowedder, Heinz,(Begr.) Christian Schmidt-Leithoff, Gesetz betreffend die Gesellschaften mit beschränkter Haftung (GmbHG), -Kommentar-, 4. Auflage, München 2002, (zitiert: Rowedder/ Schmidt-Leithoff/*Bearbeiter*).

Säcker, Jürgen, Kompetenzstrukturen bei Bestellung und Anstellung von Mitgliedern des unternehmerischen Leitungsorgans, BB 1979, 1321.

Sagasser, Bernd / Bula, Thomas / Brüninger, Thomas R., Umwandlungen, Verschmelzung - Spaltung - Formwechsel – Vermögensübertragung, 3. Auflage, München 2002, (zitiert: *Bearbeiter* in Sagasser/Bula/Brüninger).

Schaub, Günter, Arbeitsrechtshandbuch, Systematische Darstellung und Nachschlagewerk für die Praxis, 10. Auflage, München 2002.

Schellhammer, Kurt, Zivilrecht nach Anspruchsgrundlagen, BGB Allgemeiner Tel und gesamtes Schuldrecht mit Nebengesetzen, 4. Auflage, Heidelberg 2002.

Schmidt, Karsten, Gesellschaftsrecht, 4. Auflage, Köln/Berlin/Bonn/München 2002.

Schneider, Uwe H., Abmahnung des Geschäftsführers vor Kündigung des Anstellungsvertrages, GmbHR 2003, 1.

Scholz, Franz, Kommentar zum GmbH-Gesetz, Band I, §§ 1-44, 9. Auflage, Köln 2000, (zitiert: Scholz/*Bearbeiter*).

Schumacher-Mohr, Marion, Das Abmahnungserfordernis im Fall der außerordentlichen Kündigung von Organmitgliedern – Was gilt nach der Schuldrechtsreform?, DB 2002, 916.

Schumacher-Mohr, Marion, Fristprobleme bei der außerordentlichen Kündigung von Vorstandsmitgliedern einer Aktiengesellschaft, ZIP 2002, 2245.

Schwarz, Christian, Bestellung und Anstellung der Verwaltungsmitglieder von Kapitalgesellschaften, Berlin 1983.

Seiter, Hugo, Betriebsinhaberwechsel, Arbeitsrechtliche Auswirkungen eines Betriebsübergangs unter besonderer Berücksichtigung des § 613 a BGB i. d. F. vom 13. August 1980, Stuttgart/ Wiesbaden 1980.

Söllner, Alfred, Grundriß des Arbeitsrechts, 12. Auflage, München 1998.

Söllner, Alfred / Waltermann, Raimund, Grundriss des Arbeitsrechts, 13. Auflage, München 2003, (zitiert: *Söllner/Waltermann*).

Sowka, Hans-Harald,(Hrsg.), Kündigungsschutzgesetz, Kölner Praxiskommentar unter Berücksichtigung sozialrechtlicher Bezüge, 2. Auflage, Köln 2000.

Spirolke, Matthias, Der Betriebsübergang nach § 613 a BGB im neuen Umwandlungsgesetz, Bonn 1998.

Stahlhacke, Eugen / Preis, Ulrich / Vossen, Reinhard, Kündigung und Kündigungsschutz im Arbeitsverhältnis, 8. Auflage, München 2002.

Staudinger, von Julius,(Begr.), Kommentar zum Bürgerlichen Gesetzbuch, Zweites Buch. Recht der Schuldverhältnisse, §§ 611-615, 13 Auflage, Berlin1999; Zweites Buch. Recht der Schuldverhältnisse, §§ 616-630, 14. Auflage, Berlin 2002, (zitiert: Staudinger/*Bearbeiter*).

Stein, Ursula, Die neue Dogmatik der Wissensverantwortung bei der außerordentlichen Kündigung von Organmitgliedern der Kapitalgesellschaften, ZGR 1999, 264.

Stötter, Viktor, Vorwegerfüllung des Ausgleichsanspruchs eines Handelsvertreters, - Die Umgehung zwingenden Gesetzesrechts -, BB 1972, 1036.

Trinkhaus, Hans, Aktuelle Probleme des Rechts der leitenden Angestellten (im weitesten Sinne), DB 1968, 1756.

Wank, Rolf, Arbeitnehmer und Selbständige, München 1988, (zitiert: *Wank*, Arbeitnehmer und Selbständige).

Wank, Rolf, Die „neue Selbständigkeit", DB 1992, 90.

Wank, Rolf, Die neuen Kündigungsfristen für Arbeitnehmer (§ 622 BGB), NZA 1993, 961.

*Weber, Ulrich,*Die Verlängerung von Anstellungsverträgen mit Vorständen, DB 1996, 2373.

*Weber, Ulrich / Dahlbender, Frank,*Verträge für GmbH-Geschäftsführer und Vorstände, 2. Auflage, Köln 2000, (zitiert: *Weber/Dahlbender*).

Weber, Ulrich / Ehrich, Christian / Hoß, Axel, Handbuch der arbeitsrechtlichen Aufhebungsverträge, -Aufhebung von Arbeits- und Dienstverhältnissen mit arbeits-, sozial- und steuerrechtlichen Folgen-, 2. Auflage, Köln 1998, (zitiert: *Weber/Ehrich/Hoß*).

Weber, Ulrich / Hoß, Axel / Burmester, Antje, Handbuch der Managerverträge, Köln 2000, (zitiert: *Weber/Hoß/Burmester*).

Wiedemann, Herbert, Das Arbeitsverhältnis als Austausch- und Gemeinschaftsverhältnis, Karlsruhe 1966.

Wiedemann, Herbert / Moll, Wilhelm, Der persönliche Geltungsbereich des Gesetzes zur Verbesserung der betrieblichen Altersversorgung, RdA 1977, 13.

Windbichler, Christine, Arbeitsrecht im Konzern, München 1989.

Willemsen, Heinz Josef / Hohenstatt, Klaus Stefan / Schweibert, Ulrike, Umstrukturierung und Übertragung von Unternehmen, -Arbeitsrechtliches Handbuch-, München 1999, (zitiert: *Bearbeiter* in Willemsen/Hohenstatt/Schweibert).

Wlotzke, Otfried, Arbeitsrechtliche Aspekte des neuen Umwandlungsrechts, DB 1995, 40.

Wörlen, Rainer, Arbeitrecht, 5. Auflage 2002.

Zimmermann, Klaus, Anm. zum BGH-Urteil vom 29.05.1989 / - II ZR 220/88 -, EWiR 1989, 1051.

Zmarzlik, Johannes / Zipperer, Manfred / Viethen, Peter, Mutterschutzgesetz, Mutterschaftsleistungen, Bundeserziehungsgeldgesetz -mit Mutterschutzverordnung-, 8. Auflage, Köln/Berlin/Bonn/München 1999.

Zöllner, Wolfgang, Die Schranken mitgliedschaftlicher Stimmrechtsmacht bei den privatrechtlichen Personenverbänden, München, Berlin 1963, (zitiert: *Zöllner*, Stimmrechtsmacht).

Zöllner, Wolfgang; Bemerkungen zu allgemeinen Fragen des Referentenentwurfs eines Umwandlungsgesetzes, ZGR 1993, 334.

Zöllner, Wolfgang / Loritz, Karl-Georg, Arbeitsrecht, 5. Auflage, München 1998, (zitiert: *Zöllner/ Loritz*).

FORUM ARBEITS- UND SOZIALRECHT

Ascheid, Reiner
Beweislastfragen im Kündigungsschutzprozeß
Bd. 1, 1989, 215 + XIX S., ISBN 978-3-89085-268-3, 24,54 € (vergriffen)

Braunert, Ulrich:
Schranken der kollektivrechtlichen Regelung flexibler Arbeitszeitverträge
Bd. 2, 1990, 298 S., ISBN 978-3-89085-490-8, 35,28 €

Oberklus, Volkmar
Die rechtlichen Beziehungen des zu einem Tochterunternehmen im Ausland entsandten Mitarbeiters zum Stammunternehmen
Bd. 3, 1991, 223 + XLVI S., ISBN 978-3-89085-510-3, 22,50 €

Urbatsch, Peter
Grundzüge der betrieblichen Altersversorgung und des Versorgungsausgleichs. Unter besonderer Berücksichtigung der neueren Änderungen im Recht der Scheidungsfolgen sowie der Reform der Hinterbliebenenversorgung in der gesetzlichen Rentenversicherung
Bd. 4, 1991, 514 + LII S., ISBN 978-3-89085-603-2, 29,65 €

Hübner, Betina
Die individualrechtliche Versetzungsbefugnis und Versetzungspflicht des Arbeitgebers unter besonderer Berücksichtigung von Schwerbehinderten und älteren Arbeitnehmern
Bd. 5, 1992, 233 + XXXV S., ISBN 978-3-89085-636-0, 24,54 €

Boerner, Dietmar
Altersgrenzen für die Beendigung von Arbeitsverhältnissen in Tarifverträgen und Betriebsvereinbarungen
Bd. 6, 1992, 356 S., ISBN 978-3-89085-705-3, 35,28 €

Schartel, Klaus
Rechtsprobleme unternehmensübergreifender Sozialplandotierung
Bd. 7, 1992, 205 + XXXV S., ISBN 978-3-89085-711-4, 29,65 €

Fecker, Jörg
Rechte, Pflichten und Regelungsmöglichkeiten des privaten Arbeitgebers im Hinblick auf Alkoholkonsum von Arbeitnehmern. Unter Berücksichtigung der Alkoholkrankheit
Bd. 8, 1992, 297 + LX S., ISBN 978-3-89085-709-1, 34,77 €

Schulenburg, Werner Graf von der
Der tarifliche Rationalisierungsschutz im deutschen und schweizerischen privaten Bankgewerbe
Bd. 9, 1993, 239 S., ISBN 978-3-89085-718-3, 29,65 €

Federlin, Ulrich
Der kollektive Günstigkeitsvergleich
Bd. 10, 1993, 207 + XXX S., ISBN 978-3-89085-762-6, 29,65 €

Ricken, Oliver
Rechtliche Probleme bei der Standortplanung von medizinisch-technischen Großgeräten. Eine Untersuchung unter Berücksichtigung der Vorschriften des Gesundheits-Reformgesetzes und des Gesundheitsstrukturgesetzes
Bd. 11, 994, 224 S., ISBN 978-3-89085-979-8, 35,28 €

Robben-Vahrenhold, Andrea
Die Haftung der Treuhandanstalt für Sozialplanansprüche der Arbeitnehmer
Bd. 12, 1995, 142 S., ISBN 978-3-89085-998-9, 29,65 €

Lohse, Eva
Grenzen gesetzlicher Mitbestimmung. Eine Untersuchung neuerer Tendenzen der Rechtsprechung zur Mitbestimmung in Arbeitszeitfragen
Bd. 13, 1995, 194 + XXXIV S., ISBN 978-3-8255-0053-5, 34,77 €

Poletti, Elisabeth
Auswirkungen fehlender oder fehlerhafter Beteiligung des Betriebsrats bei der Versetzung auf das Einzelarbeitsverhältnis
Bd. 14, 1996, 226 + XXII S., ISBN 978-3-8255-0057-3, 35,28 €

Sievers, Jochen
Die mittelbare Diskriminierung im Arbeitsrecht
Bd. 15, 1997, 192 S., ISBN 978-3-8255-0136-5, 35,28 €

Trefz, Ulrich
Der Rechtsschutz gegen die Entscheidung der Schiedsstellen nach § 18 a KHG
Bd. 16, 2002, 386 S., ISBN 978-3-8255-0385-7, 34,80 €

Schneider, Monika
Die Koordinierung der Leistungen der sozialen Pflegeversicherung in der Europäischen Union
Bd. 17, 2003, 202 S., ISBN 978-3-8255-0423-6, 26,90 €

Kowalski, Nina
Vom passiven zum aktiven Sozialplan. Vergleich zwischen dem gesetzlichen Förderungsinstrument der §§ 254 ff. und dem Transfer-Sozialplan-Konzept des BAVC e.V.
Bd. 18, 2004, ca. 240 S., ISBN 978-3-8255-0472-4, ca. 28,– €

Seeger, Silke
Organisationskonflikte und Tarifvertrag
Bd. 20, 2004, ca. 220 S., ISBN 978-3-8255-0474-8, ca. 27,– €

Fandel, Stefan
Die Angabepflicht nach § 5 Abs. 1 Nr. 9 UmwG
Bd. 21, 2004, ca. 200 S., ISBN 978-3-8255-0483-0, ca. 26,– €

GPSR Compliance

The European Union's (EU) General Product Safety Regulation (GPSR) is a set of rules that requires consumer products to be safe and our obligations to ensure this.

If you have any concerns about our products, you can contact us on ProductSafety@springernature.com

In case Publisher is established outside the EU, the EU authorized representative is:

Springer Nature Customer Service Center GmbH
Europaplatz 3
69115 Heidelberg, Germany

Batch number: 10577919

Printed by Printforce, the Netherlands